동아시아
전통과 시민

시민교육 연구총서 5

동아시아 전통과 시민

이동수 편

인간사랑

차례

서문

이동수

18세기까지 중국은 세계에서 가장 발달한 국가로 인정되었다. 하지만 서구는 산업혁명과 근대화 등을 통해 중국을 앞서게 되었으며, 이를 토대로 19세기에는 동아시아 지역에 대한 제국주의적 침략이 극대화되었다. 뒤늦게 동아시아는 근대화를 추진하였으나, 중국, 일본, 한국 모두 적절히 대응하지 못한 채 어두운 20세기를 보내야 했다.

먼저 19세기 중국 청조(淸朝)는 전통적인 중화주의 세계관에 사로잡힌 채 현실에 안주함으로써, 서구열강에게 여러 이권과 조차지들을 넘겨주어야 했다. 반면 일본은 중국을 반면교사로 삼아 재빠르게 개국하고 서양 문물을 받아들이고자 했으나, 전통적인 국가주의가 부국강병론을 통해 군국주의로 타락하였고, 그 결과 태평양전쟁의 주범으로서 참담한 패배를 경험하였다. 한편 조선은 중국의 속국으로부터 독립하고자 했지만, 다른 외세에 의존하다가 결국 일본에 합병되는 결과를 빚었다. 따라서 중국, 일본, 한국 등 동아시아 삼국의 근대화는 훗날을 기약해야 했으며, 시민의 탄생도 그만큼 늦어지게 되었다.

원래 시민이란 국가의 주도에서 벗어나 사회 영역에서 스스로 주체적인 행동을 통해 삶을 영위하는 존재를 의미한다. 서구 민주주의 발달은 국가로부터 독립된 영역, 예컨대 길드조합이나 결사체를 비롯한 경제 부문, 교회나 학교를 포함한 종교 및 교육부문, 법률가나 의사 등과 같은 전문직들이 활동하는 사회 부문 등이 자생적으로 발전한 것과 궤를 같이 한다. 하지만 동아시아는 전통적으로 국가가 사회를 압도했으며, 사회 각 부문의 활동이 국가주도 하에 놓여 있었다. 이것이 동아시아에서 근대화와 시민사회 형성을 더디게 한 원인이다.

20세기 후반부에 접어들면서 동아시아에서는 근대화가 다시 추진되었다. 하지만 이 역시 전통적인 국가주도 방식으로 이루어졌으며, 따라서 경제적 발전에 있어서는 성과를 냈음에도 불구하고 정치적·사회적 발전에 있어서는 여전히 미흡했던 것이다. 이것이 일본에서의 시민사회 확대에 대한 요구, 한국에서의 민주화에 대한 요구, 중국에서의 자유주의에 대한 요구가 이어졌던 이유이다.

그런데 동아시아 전통에서는 시민의 형성에 필요한 덕목들이 많이 강조되어 왔으며, 문화적으로도 시민사회의 발전에 필요한 상호부조와 같은 관습들이 존재해 왔다. 따라서 이런 것들은 단순히 서구적 근대화라는 명목으로 폐기될 것이 아니라 다시금 되새길 만한 가치가 있다. 요컨대 서구에서의 국가와 사회의 분리 외에 동아시아에서의 덕성과 관습을 잘 융합할 필요가 있다는 것이다. 이럴 때에 동아시아에서 시민의 형성과 시민사회의 확대가 더욱 자연스럽게 이루어질 수 있는 것이다.

이 책은 2011년부터 2014년까지 3년간 수행한 한국연구재단 토대기초 연구지원사업인 〈한국 대학교육에서 '시민교육' 연구 및 자료 총서〉(NRF-2011-322-B00003) 프로젝트의 일환으로 출판하게 되었다. 각 장들은 이 프로젝트에 참여하는 분들이 각각의 전공에 맞추어 집필하였으며, 특히 매달 진행된 세미나와 워크숍 그리고 여러 차례의 중간발표회를 통해 전체적인 통일성을 기하였다. 항상 모임에 참석하여 장시간에 걸친 열띤 토론과 진지한 고민을 함께 해준 연구자들에게 진심으로 사의를 표한다. 그리고 이 책의 출판을 지원해준 한국연구재단과 사명의식을 갖고 출판을 기꺼이 수락해준 도서출판 인간사랑 관계자들, 그리고 교정을 도와준 김은순 선생에게 깊은 감사의 말씀을 전한다.

2017년 5월

경희대 NGO국제연구소장 이동수

1부

서구의 충격과 동아시아

1장
19세기 한중일 근대화 비교: 지배양식과 삶의 운영원리를 중심으로*

이현휘

19세기 중국, 일본, 한국에서 경주한 근대화 노력은 모두 실패로 돌아갔다.[1] 중국은 아편전쟁 이후 양무운동, 변법자강운동 등 다양한 근대화 노력을 경주했지만 이른바 '100년 국치'(Century of Humiliation)

---

* 이 논문의 제6절, "21세기 한국의 패권제적 사회질서와 '대한양궁협회,' 그리고 시민사회의 과제"를 집필하는 과정에서 서울대학교 언론정보학과 박승관 교수님과 대한양궁협회 윤병선 사무국장님으로부터 큰 도움을 받았다. 두 분 선생님께 감사의 말씀을 드린다.

1 주지하듯 19세기 중국의 정확한 명칭은 '청'이었고, 한국은 '조선'이었다. 하지만 이 글에서는 논의의 편의상 중국과 한국으로 통일해서 사용하고자 한다.

의 길을 걷고 말았다. 일본은 메이지유신을 통해서 상당 수준 이상 근대화를 성취했지만, 그런 성취는 궁극적으로 히로시마와 나가사키의 원자탄 피폭으로 귀결되었다. 한국 역시 척사파와 개화파 등이 다양한 노력을 경주했지만 일본 식민지로 전락하고 말았다. 왜 그랬는가?

이 연구에서는 막스 베버의 사회학적 방법을 채택해서 19세기 중국, 일본, 한국의 근대화 노선을 비판적으로 검토해 보고자 한다. 베버가 말하는 사회학이란 구체적으로 '이념형'(ideal type)[2]을 구성해서 '사회학적 규칙'(soziologische Regeln, sociological rules)을 추적하는 학문을 의미한다.[3] 구체적으로 그것은 현실의 '특수성'을 베버 특유의 '인과관계'에 입각해서 해명하려는 학문이다.[4] 먼저 베버가 제시한 '정당한 지

---

2 이념형의 의미와 구성 방법에 관해서는, 이현휘, 「고대 중세 시민의 역사적 전개: '호모 폴리티쿠스'에서 '호모 에코노미쿠스'로」, 이동수 편, 『시민은 누구인가』(고양: 인간사랑, 2013), 42－45.

3 막스 베버, 「사회학 기초개념」, 베버, 전성우 역, 『막스 베버 사회과학방법론 선집』(파주: 나남, 2011), 218, 229.

4 막스 베버, 「사회과학적 그리고 사회정책적 인식의 '객관성'」, 베버, 전성우 역, 『막스 베버 사회과학방법론 선집』(파주: 나남), 63. 현실의 특수성을 인과적으로 해명하려는 베버의 사회학적 방법론을 자세히 검토한 연구로는, Ola Agevall, "A Science of Unique Events: Max Weber's Methodology of the Cultural Sciences," Ph.D. diss., Uppsala University (1999). 이 학위 논문을 필자에게 보내준 저자에게 감사의 말씀을 전한다. 한편, 프리드리히 텐부룩(Friedrich H. Tenbruck)과 차성환은 막스 베버의 사회학에서 '인과관계'가 존재하지 않는다고 주장한다. 베버는 법칙을 추구하는 기존의 사회과학(법칙추구과학, Gesetzeswissenschaf)을 비판하고, 현실의 특수성에 내포된 문화적 의미를 해명하는 것(현실탐구과학, Wirklichkeitswissenschaft)을 연구 목표로 설정했기 때문이라는 것이다. 자세한 내용은, 프리드리히 텐부룩, 차성환 편역, 『막스

배유형'(the types of legitimate domination)과 '삶의 운영원리'(Lebensfürung,

---

베버의 사회과학 방법론』(서울: 문학과 지성사, 1990); 차성환, 「독일 사회과학의 오리엔탈리즘: 막스 베버를 중심으로」, 『담론201』 제7권 1호 (2004), 273-302. 심지어 차성환은 2002년 12월 8일 필자와 대화 도중 베버가 명시적으로 제시한 '사회학적 규칙'의 존재성을 부정하기까지 했다. 그러나 텐부룩과 차성환은 사실과 가치, 객체와 주체, 자연과 문화 등을 준별하는 뉴턴 패러다임 내부의 신칸트학파의 시각에서 베버의 사회학을 해석했기 때문에 위와 같은 결론에 도달했다. 그들이 이해하는 '법칙추구과학'은 사실, 객체, 자연 등의 영역에서 성립하는 반면, '현실탐구과학'은 가치, 주체, 문화 등의 영역에서 성립하는 것이었다. 그리고 가치, 주체, 문화 등의 영역에서는 객관적 법칙을 추구하는 것이 불가능하기 때문에 '현실탐구과학'에서는 인과관계가 존재하지 않는다고 주장했던 것이다. 요컨대 '법칙추구과학'과 '현실탐구과학'을 준별하는 사고방식 그 자체가 사실과 가치를 준별하는 뉴턴 패러다임의 전형적 산물이었다. 뉴턴 패러다임의 요체에 관해서는, 에롤 E. 해리스, 이현휘 역, 『파멸의 묵시록: 과학적 패러다임과 일상의 사유양식』(부산: 산지니, 2009), 49-81; 이현휘, 「화이트헤드와 근대 세계관의 철학적 성찰」, 『화이트헤드 연구』 제21집 (2010), 123-165. 그러나 텐부룩과 차성환의 주장은 베버의 사회학을 성립시킨 철학적 기반에 대한 이해의 빈곤으로부터 파생된 것이었다. 베버의 사회학이 딛고 선 철학적 기반은 사실과 가치, 객체와 주체, 자연과 문화 등을 준별하는 뉴턴 패러다임을 근원적으로 넘어선 것이었다. 그런 성취는 베버가 사실의 지평에서 성립하는 '설명'(explanation)과 가치의 지평에서 성립하는 '이해'(understanding)를 준별하는 대신, 양자를 결합시킨 '설명적 이해'(erklärendes Verstehen, explanatory understanding)를 추구한 데서 단적으로 확인해 볼 수 있다. 베버, 「사회학 기초개념」, 212; Max Weber, *Economy and Society: An Outline of Interpretive Sociology*, ed. by Guenther Roth and Claus Wittich (New York: Bedminster Press, 1968), 8. 따라서 뉴턴 패러다임에 고착된 신칸트학파의 시각에서는 베버의 사회학을 이해하는 것이 원천적으로 불가능하다. 자세한 내용은, Basit Bilal Koshul, *The Postmodern Significance of Max Weber's Legacy* (New York: Palgrave, 2005); Basit Bilal Koshul, *Max Weber and Charles Peirce: At the Crossroads of Science, Philosophy, and* the conduct of life)의 주요 내용을 검토한 다음, 서양에서 성취한 근대성의 의미, 서양 근대화의 역사적 과정 등을 지배유형과 삶의 운영원리에 입각해서 설명할 것이다. 이어서 19세기 중국, 일본, 한국의 근대화 노선이 결국 실패로 돌아간 까닭을 역시 지배양식과 삶의 운영원리에 입각해서 해명할 것이다. 끝으로 21세기 한국 근대화의 실상을 점검하고, 한국사회가 해결해야 할 과제를 제안하고자 한다.

Culture (Lanham: Lexington Books, 2014). 그런데도 텐부룩과 차성환은 '낡은' 신칸트학파의 틀로 베버의 '새로운' 사회과학을 인위적으로 짜맞춰냈던 것이다. 특히 차성환은 자신이 견지한 낡은 틀을 옹호하기 위해 베버가 천명한 '사회학적 규칙'의 존재성을 거부하기까지 했는데, 이는 베버가 그토록 강조했던 '가치자유'(Wertfreiheit, value freedom)의 원칙을 위반하는 처사가 아닐 수 없는 것이었다. 베버가 역설한 '가치자유'의 논점에 관해서는, Max Weber, "The Meaning of 'Value Freedom' in the Sociological and Economic Sciences" in Hans Henrik Bruun and Sam Whimster, eds., *Max Weber: Collected Methodological Writings*, trans. by Hans Henrik Bruun (London: Routledge, 2012), 304-334. 그러나 '인과관계'가 존재하지 않는데 어떻게 사회를 탐구하는 '과학'이 성립할 수 있겠는가? 상식적으로도 납득할 수 없는 일 아닌가? 특히 베버는 자신이 추구하는 사회학의 인과관계를 상세하게 제시했는데, 그것의 요체는 '의미적합성'(Sinnhaft adäquat)과 '인과적합성'(Kausal adäquat)을 결합시킨 '사회학적 규칙'(soziologische Regeln, sociological rules)이었다. 베버는 자신의 인과관계 개념의 최종판을 「사회학 기초개념」에서 명료하게 제시했다. 또한 베버 사회학의 용어사전에는 '인과관계'(causality) 항목을 설정해서 기존 연구 성과를 종합적으로 안내하기까지 했는데, 어찌 이들의 논의를 모두 부정할 수 있겠는가? Cf. Richard Swedberg, *The Max Weber Dictionary: Key Words and Central Concepts* (Stanford, California: Stanford University Press, 2005), 28-31.

1. 지배양식과 삶의 운영원리 그리고 서양 근대혁명의 사회학적 의미

베버의 사회학적 방법에 입각해서 19세기 동아시아 각국의 근대화 노선을 연구하려면 특히 베버가 이념형적으로 제시한 지배양식과 삶의 운영원리를 '묶어서' 고찰할 필요가 있다.[5] 이 방법은 베버가 사용한 연구전략이기도 한데, 예컨대 그는 『유교와 도교』[6]에서 중국의 지배양식과 삶의 운영원리(유교와 도교)를 동시에 고려하면서 중국 자본주의 정신의 한계를 연구했다.

베버가 말하는 지배양식이란 국가의 피지배자가 지배자에게 심리적으로 복종하는 근거를 의미한다. "국가는 정당한 (다시 말하여, 정당하다고 간주되는) 강제력이라는 수단에 기반하여 성립되는 인간의 인간에 대한 지배관계입니다. 따라서 국가가 존속하려면 피지배자가 그때그때의 지배집단이 주장하는 권위에 '복종'하지 않으면 안 됩니다. 그런데 피지배자들은 어느 경우에 그리고 무엇 때문에 복종을 할까요? 이러한 지배는 어떠한 내적 정당화 근거(에) … 기반하고 있는 것일까

---

5 베버가 제시한 지배양식과 삶의 운영원리의 관계를 이론적 측면에서 간략하게 검토한 사례로는, 박성환, 『막스 베버의 한국사회론』(울산대학교출판부, 1999), 37-41.

6 막스 베버, 이상률 역, 『유교와 도교』(서울: 문예출판사, 1990).

요?"[7] 주지하듯 베버는 지배양식을 3가지 유형으로 분류했는데, '전통적 지배,' '카리스마적 지배,' '합법적 지배'가 각각 그것이다.

> 내적 정당화의 근거, 다시 말하여 지배의 정당성 근거로는 … 원칙적으로 세 가지가 있습니다. 첫째로 '영원한 과거'가 가진 권위로서 이것은 아득한 옛날부터 통용되어 왔고 또한 습관적으로 준수되어서 신성화된 관습의 권위입니다. 옛 유형의 가부장과 가산제 군주가 행사하는 '전통적' 지배가 이 유형에 속합니다. 다음으로 비범한 개인의 **천부적 자질**(카리스마)에 의거한 권위를 들 수 있습니다. 여기서는 한 개인이 전하는 신의 계시, 그가 가진 영웅적 자질 혹은 다른 지도자적 자질에 대해서 피지배자가 순전히 개인적으로 헌신하고 또 신뢰하는 것이 지배 정당성의 근거가 됩니다. 이것은 '카리스마적' 지배로서 예언자, 또는 — 정치 분야에서는 — 선출된 전쟁군주, 국민투표에 의거한 통치자, 탁월한 선동정치가(데마고그) 그리고 정당 지도자들이 행사하는 지배가 여기에 속합니다. 마지막으로 '합법성'에 의거한 지배가 있습니다. 이것은 합법적 규약의 타당성에 대한 믿음 그리고 합리적으로 제정된 규칙이 정하는 객관적 '권한'의 타당성에 대한 믿음에 의거한 지배입니다. 따라서 여기서 복종은 법규가 규정한 의무의 수행을 의미하며 이런 뜻의 복종 관념에 의거하여 지배가 행사됩니다. 이것은

---

7 막스 베버, 전성우 역, 『직업으로서의 정치』(파주: 나남, 2007), 21.

> 근대적 '공무원'을 비롯하여 공무원과 유사한 모든 권력자가 행사하는 지배형태입니다. … 물론 이러한 순수 유형들은 현실에서는 거의 존재하지 않습니다. 그러나 오늘 이 자리에서 위의 순수 유형들이 현실에서 취하는 지극히 복잡한 변형들, 이행 형태들 그리고 결합 형태들을 다룰 수는 없습니다.[8]

베버가 분류한 세 가지 지배유형이 현실에서 존재하지 않는다는 얘기는 그 각각이 유토피아적 성격을 지닌 이념형이라는 뜻이다. "(이념형은) 그 개념적 순수성에서는 현실의 어느 곳에도 존재하지 않으며, 따라서 그것은 하나의 **유토피아**이다."[9] 현실에서는 세 가지 지배유형이 복잡하게 혼합된 형태로 존재한다. 또한 전통적 지배와 카리스마적 지배에서는 특정 인간을 대상으로 복종이 이뤄지는 반면(obedience to some particular person), 합법적 지배에서는 인간이 아니라 추상적 규범을 대상으로 복종이 이뤄지는(obedience is thus given to the norms rather than to the person)[10] 차이가 있다.

한편, '삶의 운영원리'는 인간의 사회적 행위를 지배하는 '동기'(motivation)를 의미한다. 그런데 삶의 운영원리는 영미 학자들 사이에서 해석이 분분한 용어이기도 하다. 'conduct of life,' 'way of life,' 'manner of conducting one's life' 등으로 옮겨야한다는 주장이 있는

8 막스 베버, 『직업으로서의 정치』, 21-23.

9 막스 베버, 「사회과학적 그리고 사회정책적 인식의 '객관성'」, 90.

10 Weber, *Economy and Society*, 954.

가 하면, 그런 주장을 반박하면서 'a way of consciously conducting one's life'로 이해하려는 경우도 있으며, 영어 번역이 곤란하다는 이유로 독일어 원어를 그대로 사용하는 경우도 있기 때문이다.[11] 하지만 베버는 삶의 운영원리를 명확하게 정의하지 않은 채 사용했다. 따라서 그것은 베버의 사회학에서 비전문적 용어(non-technical term)에 해당한다. 베버는 사회학의 기초개념을 명확하게 정리한 논문에서 삶의 운영원리에 상응하는 전문용어(technical term)로 사회적 행위의 '동기'라는 개념을 제시했다.[12] 그런데 베버가 제시한 동기는 인간 내면에서 존재하는 심리적 동기(psychological motivation)가 아니라, 인간의 삶의 터전에서 존재하는 문화적 동기(cultural motivation)를 의미한다는데 유의할 필요가 있다.[13] 베버의 사회학에서 심리적 동기와 문화적 동기를 구분하는 것은 대단히 중요하다. 베버는 인간의 행동을 심리적 동기에 입각해서 이해하려는 시도를 '심리학주의'(psychologism)로 지칭하면서 적극 비판했기 때문이다.[14] 실제로 베버는 자신의 방대한 종교사회학적 연구에서 자본주의적 삶의 운영원리를 심리적 동기 대신 문화적 동기의 일종인 종교적 동기에 입각해서 해석했다.[15] 하지만 초창기 미

---

11 Swedberg, *The Max Weber Dictionary*, 150–151.

12 베버, 「사회학 기초개념」, 216–218.

13 Max Weber, "Some Categories of Interpretive Sociology" in Bruun and Whimster, eds. *Max Weber*, 276–278.

14 Max Weber, "Roscher and Knies and the Logical Problems of Historical Economics" in Bruun and Whimster, eds. *Max Weber*, 40–41.

15 Wilhelm Hennis, *Max Weber's Science of Man: New Studies for a Biography of*

국 사회과학계에서는 베버의 문화적 동기를 심리적 동기로 이해하는 오류를 범했었다.[16] 이 연구에서는 미국 사회과학계에서 범한 오류를 반복하지 않기 위해서 동기 대신 삶의 운영원리를 선택해서 논지를 전개하고자 한다. 우리 언어의 용례에서 동기는 심리적 동기를 의미하지 문화적 동기를 의미하지 않기 때문이다.

서양 근대혁명은 사회학적 시각에서 해석할 경우 '전통적 지배'에서 '합법적 지배'로의 전환을 의미한다. 그런 전환이 가능할 수 있으려면 가장 우선적으로 인간 사회의 강고한 씨족(clan) 내지 혈연적 유대(consanguinity)를 해체한 다음, 그것을 비인격적 규칙 내지 법칙에 입각해서 재조직한 비혈연적 동료관계(confraternity)로 대체해야만 한다.[17] 씨족이 건재한 사회에서는 씨족 내부의 윤리와 씨족 외부의 윤리를 확연하게 구분한다(the ethics of internal and external relations are categorically distinct). 그래서 씨족 내부 구성원끼리는 가족처럼 서로서로 도우면서 관대하게 대하지만, 씨족 외부 구성원에 대해서는 어떤 윤리적 고려도 불필요한 적대세력으로 간주한다.[18] 이처럼 씨족의 대내외 윤리를 준별하는 사회에서는 씨족의 경계를 가로지르는 공적 규칙 내지 법칙이 씨족의 유대 앞에서 번번이 와해되는 문제를 야기한다. 그래

---

the Work, trans. by Keith Tribe (Newbury: Threshhold Press, 2000), 55.

16 Peter A. Munch, "'Sense' and 'Intention' in Max Weber's Theory of Social Action" in Peter Hamilton, ed., *Max Weber (I): Critical Assessments*, Vol. 2 (London: Routledge, 1991), 12–22.

17 이현휘, 「고대 중세 시민의 역사적 전개」, 55–56.

18 이현휘, 「고대 중세 시민의 역사적 전개」, 57–58.

서 비인격적 규칙 대신 씨족의 연장자, 우두머리 등과 같은 '인간'에 대한 충성을 우선시하는 '전통적 지배'가 유지된다. 하지만 혈연적 유대가 비혈연적 동료관계로 대체된 사회에서는 씨족의 대내외 윤리를 더 이상 준별할 필요가 없다. 따라서 씨족의 경계를 가로지르는 공적 규칙 내지 법칙을 안정적으로 정착시킬 수 있게 된다. 다시 말해서 인간 대신 '비인격적 규칙 내지 법칙'에 헌신하는 '합법적 지배'가 가능하게 된다.

인간 사회에서 강고한 씨족을 해체한다는 것은 대단히 어려운 과제인데, 서양에서는 기독교를 배경으로 육성된 삶의 운영원리에 입각해서 그 과제를 점진적으로 해결했다. "서양에서 씨족은 예언의 종교적 힘(the religious force of prophesy)에 의해서 완전히 해체되었다. 예언자는 씨족의 멤버십을 전혀 고려하지 않은 채 자신의 공동체를 구성하고자 했다. 예수의 다음과 같은 말씀, 즉 '나는 세상에 평화가 아니라 칼을 주러 왔다. 나는 아들이 그의 아버지와 맞서게 하고, 딸이 그의 어머니와 맞서게 하기 위해서 왔기 때문이다'(마태복음, 10:34-35), '누구든지 나한테 와서 자신의 아버지와 어머니와 아내와 자식과 형제와 자매를 버리지 못하면 내 제자가 될 수 없다'(누가복음, 14:26) 등은 씨족 제도를 부정하는 예언의 강령을 표현한 것이었다."[19]

서양 고대 및 중세 도시의 '게마인데'(Gemeinde, Commune)는 기독교적 삶의 운영원리에 입각해서 씨족을 해체할 수 있는 토양을 제공

---

19 이현휘, 「고대 중세 시민의 역사적 전개」, 56.

했는데, 베버는 게마인데의 이념형을 다음과 같이 제시했다.

> 도시의 게마인데가 형성되기 위해서는 비농업 및 상업 활동이 주를 이루는 정주지이면서 적어도 다음과 같은 특징을 갖추어야 한다. 1. 방어 시설, 2. 시장, 3. 게마인데 자체의 법정과 부분적이나마 게마인데에서 자율적으로 운용할 수 있는 법률, 4. 연합의 구조(an associational structure), 그리고 그것과 연관된 5. 게마인데의 부분적 자율성과 자치독립교회(autocephaly), 그리고 여기에 시민이 어떤 형태로 참여해서 임명한 관리가 행정을 수행하는 것도 포함된다.[20]

서양 고대 및 중세 도시에서 게마인데가 성립할 수 있었던 까닭은 '봉건제'(feudalism)가 서양 지배양식의 주류를 이루었기 때문이다. 봉건제의 지방분권적 성격은 도시의 자율적 생존공간을 허용해 주었다. 비서구 지역의 역사에서는 봉건제 대신 제국이 지배양식의 주류를 이루었다는 것, 그래서 도시의 자율적 생존공간을 허용하지 않았다는 사실을 고려하면 서양 역사의 봉건적 전개는 지극히 예외적 사례에 속한다. "대부분의 문명의 역사는 제국의 성장과 쇠퇴에 관한 얘기다. 제국의 질서는 국가들 간의 균형을 통해서 유지된 것이 아니라, 제국 내부의 통치력을 통해서 유지되었다. … 그러나 유럽의 역사는

20 이현휘, 「고대 중세 시민의 역사적 전개」, 53-54.

그런 길을 걷지 않았다. 로마제국 붕괴 이후 다양한 국가가 공존하는 다원주의(pluralism)가 유럽의 지배적 질서로 자리를 잡았기 때문이다. … 유럽은 단일한 통치체제나 안정적으로 통합된 정체성을 확보한 적이 결코 없었다."[21]

서양 근대 혁명은 고대 및 중세 도시의 게마인데 유산을 딛고서 전개된 5대 혁명, 즉 12세기와 13세기의 이탈리아 혁명, 16세기의 네덜란드 혁명, 17세기의 영국 혁명, 18세기의 미국과 프랑스 혁명을 거치면서 완성된 것이었다.[22] 그리고 그런 과정을 거치면서 씨족은 완전히 해체되었다. 따라서 전통적 지배를 합법적 지배로 대체한 서양 근대혁명은 1000년 이상의 장구한 세월을 거치면서 점진적으로 완성된 것이었다.[23] 베버는 그런 거시적 맥락에서 서양 근대 자본주의 정신의 탄생 과정을 되짚어보고자 했던 것이다.[24] "… (베버에) 대한 우리의 접근은 여전히 하나의 단편적인 역사과정, 즉 자본주의 발생과 직접 연

---

21 Henry Kissinger, *World Order* (New York: Penguin Press, 2014), 11. 키신저의 논점은 사실상 베버의 논점을 차용한 것이었다. 베버는 자신의 연구 활동 초기에 이미 봉건제가 주류를 이루는 서양 역사의 예외적 성격을 간파했기 때문이다. 자세한 내용은, 전성우, 『막스 베버 역사사회학 연구: 서양의 도시시민계층 발전사를 중심으로』(사회비평사, 1996), 120-121.

22 베버, 『유교와 도교』, 92-93.

23 자세한 내용은, Richard Münch, *The Ethics of Modernity: Formation and Transformation in Britain, France, Germany, and United States* (Lanham: Rowman & Littlefield Publishers, Inc., 2001), 34-117.

24 Gianfranco Poggi, *Calvinism and the Capitalist Spirit: Max Weber's Protestant Ethic* (London: The Macmillan Press, 1983), 92-113.

관된 근세 초기의 상황이라는 부분 현상에 집중되어 있으며, 따라서 '신교윤리-자본주의 발생'을 그의 역사사회학의 전부라고 보는 관습적 베버해석의 굴레에서 아직 헤어나지 못하고 있(다.) … 베버의 자본주의 발생론에 깔린 역사적 맥락은 근대 초기라는 단면이 아니라 서양 사회사 전체이며, 이것은 '고대 사회'(중근동의 일부를 포함)와 '중세 사회'를 포용하는 거시적 틀이다. 그리고 이 '고대 및 중세 사회'는 다시 '전통사회'라는 사회학적 이념형으로 응집되면서 세계사적인 맥락에서 영입된다."[25]

하지만 19세기 중국, 일본, 한국의 정치인과 지식인은 서양 근대혁명이 1000년 이상의 역사적 과정을 거치면서 점진적으로 성취된 것이라는 사실을 간파하지 못했다. 그래서 19세기 당대의 눈에 비친 서양 근대문명의 표피만을 답습하려는 노력을 경주했는데, 그런 노력은 모두 전통적 지배를 합법적 지배로 전환시키는 데 실패했다. 절을 바꿔 이 문제를 구체적으로 검토해 보자.

25 전성우, 『막스 베버 역사사회학 연구』, 113-114. 한편, 전성우가 사용하는 '역사사회학'이란 용어는 '사회학'이란 용어로 수정하는 것이 바람직하다. 베버는 사회학과 역사학을 분명하게 구분했기 때문이다. 즉 베버는 이념형을 구성해서 사회학적 규칙을 추구하는 학문을 사회학으로 간주한 반면, 개별적 사실을 탐구하는 학문을 역사학으로 간주했다. 베버가 추구한 학문은 역사학이 아니라 사회학이었다. 자세한 내용은 베버, 「사회학 기초개념」, 229; 이현휘, 「고대 중세 시민의 역사적 전개」, 38-45.

2. 가산제와 전통주의적 혁명

19세기 중국, 일본, 한국의 지배양식은 모두 전통적 지배의 하위 유형인 '가산제'(家産制, patrimonialism)에 속해 있었다. 가산제는 다양한 변형이 존재하는데, 가장 일반적인 양태는 '신분제적 가산제'(ständische Herrschaft, estate-type domination)라고 할 수 있다. 베버는 그것의 의미를 다음과 같이 설명했다.

> 물적 행정수단의 전부 또는 일부가 통치자와 종속관계에 있는 행정 간부진의 수중에 있는 정치체제를 우리는 **'신분적으로'** 조직된 정치체제라고 부르고자 합니다. 예를 들어 봉건적 체제의 경우 가신은 봉토로 부여받은 영토 내의 행정과 사법업무의 비용을 스스로 부담했으며, 전쟁수행을 위한 장비와 식량도 스스로 조달했습니다. 그리고 이것은 그에게 종속된 하위가신들의 경우도 마찬가지였습니다. 이러한 상황이 가신들의 상전인 군주의 권력지위에 영향을 끼쳤음은 두말할 나위도 없습니다. 왜냐하면 군주의 권력지위는 오로지 가신과의 개인적 충성 동맹에만, 그리고 가신의 봉토 소유와 그의 사회적 명예의 '정당성'의 근거가 군주에게 있다는 사실에만 의거하고 있기 때문입니다. … '신분적' 체제하에서 통치자는 자립적 '귀족'의 도움으로 통치를 하며, 따라서 귀족과 지배를 공유하는데 …[26]

위 인용문에서 가신, 귀족 등이 '신분'에 해당한다. 신분제적 가산제에서 통치자가 물적 행정수단을 전적으로 독점한 체제를 '전제군주제'(순수 가산제)라고 부른다. 반면, 행정 간부진이 통치자로부터 물적 행정수단을 거의 전부 전유한 체제를 '봉건제'(feudalism)라고 부른다. 따라서 가산제는 중앙집권적 전제군주제와 지방분권적 봉건제라는 양극단의 가산제 사이에서 신분제적 가산제가 다양하게 분포하는 형식을 취하는 지배양식이라고 할 수 있다. 신분제적 가산제는 행정 간부가 통치자의 권력을 전유한 정도에 따라서 전제군주제와 봉건제 사이의 상대적 위치가 정해진다. 행정 간부가 전유한 권력이 적을수록 전제군주제에 근접하고, 행정 간부가 전유한 권력이 많을수록 봉건제에 근접한다.[27] 전통적으로 중국의 지배양식은 전제군주제에 근접했고, 일본의 지배양식은 봉건제에 근접했으며, 한국의 지배양식은 봉건제 쪽으로 경도된 신분제적 가산제를 유지했다.

한편, 베버는 전통적 지배양식 내에서 사람만 교체하고 지배체제 그 자체는 건드리지 않는 개혁운동을 '전통주의적 혁명'(traditionalist

---

26 베버, 『직업으로서의 정치』, 27-28.

27 자세한 내용은 Weber, *Economy and Society*, 226-241. 베버의 가산제와 봉건제의 개념을 정확하게 해설한 사례로는, 박성환, 『막스 베버의 한국사회론』, 21-67; Hinnerk Bruhns, "Weber's Patrimonial Domination and Its Interpretation" in Daniel C. Bach and Mamoudou Gazibo, eds., *Neopatrimonialism in Africa and Beyond* (Oxford: Routledge, 2012), 9-24; Gianfranco Poggi, "Max Weber's Conceptual Portrait of Feudalism." *The British Journal of Sociology*, Vol. 39, No. 2 (1988), 211-227.

revolution)으로 명명했다. "전통적 지배양식 내에서 저항운동이 발생하면 지배자나 그의 참모들의 권력남용을 이유로 그들의 인격을 비판하게 된다. 그런 저항운동은 지배체제 그 자체는 건드리지 않게 되는데, 이런 경우가 '전통주의적 혁명'에 해당한다. … 모든 가산제는 지배자가 총애하는 측근을 중심으로 운영되기 마련인데, 지배자의 바로 그 측근 편향성 때문에 전통주의적 혁명이 발생하곤 한다."[28] 19세기 중국, 일본, 한국에서 전개된 근대화 운동은 근본적으로 전통주의적 혁명의 성격을 벗어나지 못했다. 따라서 전통적 지배양식으로부터 합법적 지배양식으로의 전환을 의미하는 근대혁명을 성취할 수 없었다. 19세 중국, 일본, 한국의 근대화 노선이 모두 실패로 돌아간 이유가 여기에 있었다. 아래에서 각국의 사례를 나눠서 검토해 보기로 한다.

3. 중국 전제군주제와 유교 및 도교: 양무운동, 변법자강운동 그리고 '백년국치'

19세기 중국 근대화 노선이 실패한 까닭을 이해하기 위해서는 베

28 Weber, *Economy and Society*, 227-228. '전통주의적 혁명'을 구체적으로 해설한 사례로는, William H. Swatos, Jr., "The Disenchantment of Charisma: A Weberian Assessment of Revolution in a Rationalized World," *Sociological Analysis*, Vol. 42, No. 2 (1981), 128-131.

버가 저술한 『유교와 도교』를 참고해볼 필요가 있다. 이 책은 중국에서 근대 자본주의 정신이 출현하지 못한 까닭을 사회학적으로 분석한 내용을 담고 있는데, 중국 근대화 노선이 실패한 까닭을 해명하는 데도 중요한 시사점을 던져주기 때문이다. 그런데 『유교와 도교』는 국내외 학계의 수많은 학자들로부터 격렬한 비판을 받는 책이기도 하다. 중국의 실상을 모르는 베버가 서구 중심주의적 편견을 견지하고서 중국 문명을 심각하게 왜곡했다는 것이 주된 이유였다. 예컨대 토머스 메츠거(Thomas A. Metzger)는 『유교와 도교』를 다음과 같이 평가했다. "베버는 유학의 현대적 해석에 무지한 채 글을 썼다. 대체로 유학이 '세계와의 긴장'을 결여한다는 그의 관념과 공조한 것은 점차 영향력을 확대해 가던 관점, 즉 유학 전통을 '정체적'이라 여기는 현대 중국의 과학주의적 인상이었다. 그러나 베버가 이해한 인성과 윤리적 삶에 관한 유학적 견해는 완전한 오류였다. 이른바 '호리지차 천리지류'(毫釐之差千里之謬, 처음에는 미세하게 다르지만 끝에는 엄청나게 차이가 난다.)라 할만하다."[29] 또한 메츠거의 책을 번역한 나성은 이렇게 거들었다. "이 책을 한마디로 정리하면, 중국의 근대화에 대해 '한자를 아는 막스 베버가 한자를 모르는 막스 베버를 비판한 책'이다. … 우리가 여기서 얻을 수 있는 결론은 근대화가 반드시 서구화는 아니라는 것이다. 다시 말해, 근대성은 다중적(multiple)이라는 것과 이것의 연장선상에서 자본주의는 개신교 윤리로만 가능한 것이 아니라는 사실이

29 토머스 메츠거, 나성 역, 『곤경의 탈피』(서울: 민음사, 2014), 16-17.

다."[30] 메츠거와 나성은 베버의 『유교와 도교』를 비판하는 학자들의 시각을 전형적으로 대변하고 있다. 그러나 그들의 주장은 모두 베버의 사회학이 딛고 선 철학적 기반을 전혀 이해하지 못한 상태에서 개진된 '억측'에 지나지 않는다.[31] 베버의 사회학에 대한 학문적 비판 대신 비학문적 비난을 일삼는 수많은 '딜레탕트'와 달리 최근 띵신짜오(Dingxin Zhao)는 베버의 사회학을 성립시킨 철학적 기반 위에서 『유교와 도교』를 면밀하게 검토한 결과, 베버의 논지가 전반적으로 옳았다는 결론에 도달했다.

> 현재 서양의 많은 사회과학자는 막스 베버의 『중국의 종교: 유교와 도교』를 수많은 왜곡과 잘못된 설명, 그리고 정치적으로 부정확한 내용을 담은 책으로 간주한다. 그러나 이 논문에서는 베버가 매우 제한된 정보에 입각해서 분석을 시도했음에도 불구하고, 베버가 중국 도시의 성격, 중국의 종교, 그리고 중국이 서양 제국주의를 접하기 이전까지 산업자본주의를 성취하지 못한 까닭 등을 설명한 내용이 전반적으로 옳았다는 주장을 제기하고자 한다. 아울러 이 논문에서는 현재 베버에게 가해지는 비판들, 그중에서도 특히 이른바 캘리포니아 학파의 학자들(the so-called California school scholars)이 가하는 비판은 진정한 지적 성취라기보다는 작금의 서구 학계의 일시적 유행과 인기(fads and fashions)를 대

30 나성, 「옮긴이 말」, 메츠거, 『곤경의 탈피』, 367-368.

31 자세한 내용은, 이현휘, 「고대 중세 시민의 역사적 전개」, 45-52.

변하는 것에 지나지 않는다는 사실을 강조할 것이다.[32]

중국의 지배양식은 기본적으로 전제군주제(순수 가산제)를 지향했다.[33] 따라서 자율적 도시가 성장할 수 있는 공간을 허용하지 않았고, 그로인해 혈연적 유대를 타파할 수 있는 '게마인데'도 존재할 수 없었다.[34] 또한 서양의 기독교적 삶의 운영원리는 씨족을 해체했지만, 중국에서 유교 및 도교를 배경으로 형성된 삶의 운영원리는 오히려 씨족을 옹호했다.[35] 그래서 "서양에서는 이미 중세 때에 완전히 소멸된 '씨족'의 의의가, 중국에서는 최소 단위의 지방행정에서뿐만 아니라, 경제적 연합의 방식에 있어서도 완전히 유지되어 있었다."[36] 따라서 씨족의 대내외 윤리를 준별하는 전통이 건재했다. "씨족은 대외적으로는 연대적으로 단결해 있었다. … 더욱이 명백하게 규정된 구난의무(救難義務)와 신용원조(信用援助)는 일차적으로 씨족 내부에만 존재했

---

32 Dingsin Zhao, "Max Weber and Patterns of Chinese History," *Chinese Journal of Sociology*, Vol. 1, No. 2 (2015), 201. 베버의 비교사회학적 구상에서 『유교와 도교』가 차지하는 위상을 정확하게 해석한 사례로는 Andreas E. Buss, *The Economic Ethics of World Religions and Their Laws: An Introduction to Max Weber's Comparative Sociology* (Baden-Baden: Nomos, 2015), 48-67.

33 베버가 제시한 중국의 가산제 개념을 정확하게 검토한 사례로는, Anderew Eisenberg, "Weberian Patrimonialism and Imperial Chinese History," *Theory and Society*, Vol. 27 (1998), 83-102.

34 베버, 『유교와 도교』, 21-23.

35 자세한 내용은, 베버, 『유교와 도교』, 323-352.

36 베버, 『유교와 도교』, 138-139.

다. 씨족은 필요한 경우에는 외부에 대해서 반목을 행하였다. 개인적인 이해(利害)나 유대가 문제되는 이 경우에 있어서의 무분별한 용감함은 강제로 징집된 병사나 용병(傭兵)으로 구성된 정부군의 유명한 '비겁함'과 매우 현저하게 대조를 이루었다."[37] 따라서 중국의 가산제적 지배양식과 유교 및 도교를 배경으로 배양된 삶의 운영원리는 전통적 지배로부터 합법적 지배로 전환할 수 있는 내적 동력을 결여하고 있었다. 19세기 중국 근대화 운동이 모두 '전통주의적 혁명'의 범주를 벗어나지 못한 이유가 여기에 있었다.

중국 근대화 운동이 전통주의적 혁명에 머물렀다는 사실은 예컨대 양무운동과 변법자강운동에서 분명하게 확인해 볼 수 있다. 양무운동은 "'중체서용'(中體西用)의 인식에서 출발하고 우선 무기와 함선만 있으면 양이(洋夷)를 구축할 수 있다고 생각했기 때문에 무기와 장비를 생산할 수 있는 군수공업과 그와 관련된 공업의 육성에만 주력하였다. 또 중국 문화의 우수성을 맹신하고 서양 문화의 본질에 대한 연구를 외면하였으므로 근본적인 정치와 교육제도의 개혁에까지 이르지 못하였다."[38] 즉 양무운동은 처음부터 전통적 지배를 타파하고 합법적 지배로 이행할 의지를 갖고 있지 않았다. 따라서 양무운동이 추진한 근대화 노선은 좌초할 수밖에 없었는데, 그것은 구체적으로 청불전쟁(1884–1885)과 청일전쟁(1894–1895)의 패배로 나타났다. "청불전쟁과 청일전쟁이 굴욕적인 패배로 끝났을 때 강병을 육성하여 외세

---

37 베버, 『유교와 도교』, 141.

38 이춘식, 『중국사 서설』(교보문고, 2005), 574.

의 위협에 대처한다는 명분으로 진행되었던 양무운동은 그 한계와 허구성이 드러나 파탄하지 않을 수 없었다. … 청일전쟁에서 이홍장은 양무운동을 통해 30여 년 동안 길러온 자신의 회군(淮軍)과 북양(北洋) 함대를 동원하여 일본군과 대전했으나 육군은 평양에서, 해군은 황해에서 패배하고 1895년에는 중국 본토인 여순·대련·위해위까지 일본군에 점령당하였다."[39]

강유위가 일본 메이지유신을 모델로 추진한 변법자강운동 역시 전통주의적 혁명의 성격을 탈피하지 못함으로써 실패하고 말았는데, 그런 사실은 이춘식의 다음과 같은 분석에서 분명하게 확인해 볼 수 있다. "(변법자강운동의) 개혁의 목표는 유교적 전통 가치와 질서의 수호 속에서 양무운동의 수준을 극복하고 입헌제 수립, 관제·법제의 개혁, 교육·언론의 혁신, 민간산업 육성 등을 통한 근대국가의 수립이었다. 그러나 … 무술변법은 광범위하고 완강한 보수·수구 세력 속에서 추진된 고립무원의 외로운 개혁운동으로, 당시 중국 사회에 신선한 충격과 자극은 줄 수 있었어도 성공은 할 수 없었다. … 양무·변법 운동의 좌절로 이후 중국 사회에서는 보수·배타적 풍조가 만연하고 서태후에 의한 보수·반동 정치가 노골적으로 자행되었다."[40] 요컨대 유교적 가치질서를 수호하면서 근대국가를 수립하고자 했던 강유위의 사고방식 그 자체가 전통적 지배의 한계를 벗어나지 못한 것이었다. 또한 중국은 양무운동과 변법자강운동의 실패 이후 전통적 지

---

39 이춘식, 『중국사 서설』, 575-576.

40 이춘식, 『중국사 서설』, 586.

배를 더욱 강화하는 '반근대화 노선'을 걸었다. 즉 '백년국치'의 길을 걸어간 것이다.

그러나 일본의 메이지유신은 중국의 근대화 운동과 달리 일정한 성과를 거두었다. 왜 그럴 수 있었는가?

4. 일본 봉건제와 병학: 메이지유신과 '히로시마'

베버의 『프로테스탄트 윤리와 자본주의 정신』을 명시적으로 참고하면서 일본 근대화의 성공 비결을 추적한 선행연구가 존재하는데, 로버트 벨라(Robert N. Bellah)의 『도쿠가와 종교: 일본 근대화』가 바로 그것이다. 이 책은 존 펠젤(John Pelzel)과 탈콧 파슨즈(Talcott Parsons) 두 교수의 지도로 1955년 하버드대학교 극동언어학과와 사회학과에 제출한 박사학위논문을 출간한 것이다.[41] 이 책의 출간으로 벨라는 일약 세계 학계의 스타덤에 올랐다. 벨라는 근대혁명의 요체가 전통적 지배에서 합법적 지배로의 전환이라는 사실을 잘 알고 있었다. "산업사회에 높은 수준의 형식적 합리성이 존재하려면 베버의 의미에서, 전통적 규제로부터 자유로운 그리고 형식적 규범에 의해서만 통제되

41 로버트 앤. 벨라, 박영신 역, 『도쿠가와 종교: 일본 근대화와 종교 윤리』(현상과 인식, 1994), 9-10.

는 끊임없는 수단의 합리화 과정이 필요하다."[42] 또한 벨라는 서양에서 프로테스탄티즘을 배경으로 육성된 삶의 운영원리, 구체적으로 '세속 내 금욕주의'(inner-worldly asceticism)[43]가 전통적 지배로부터 합법적 지배로의 전환을 가능케 한 내적 동력이었다는 사실도 잘 알고 있었다. 그래서 세속 내 금욕주의의 '기능적 등가물'(functional equivalence)을 일본의 종교적 전통에서 찾아보고자 했다.[44] "일본의 종교에 프로테스탄트 윤리에 버금가는 기능적 유사물이 있었는가 하는 것이다. 이 문제는 이 연구 전반에 걸쳐 특별한 관심의 초점이 될 것이다."[45] 벨라는 자신이 '일본 종교'라고 지칭한 것, 즉 유교, 불교, 신토

---

42 벨라, 『도쿠가와 종교』, 16.

43 세속 내 금욕주의는 캘빈주의의 예정설을 신봉하는 신자가 자신의 구원 예정 여부를 확인할 수 없는 상황에서 간접적으로나마 자신의 구원 예정을 확신하기 위해서 선택한 삶의 운영원리다. 그들은 세속에서 금욕적 실천을 거듭하는 가운에 어떤 '뛰어난 업적'(good works)을 성취할 경우, 예컨대 자본주의 영역에서 무한한 부를 창출했을 경우, 그 업적을 신이 자신을 구원으로 예정한 간접적 증표로 간주할 수 있다고 확신했다. 따라서 그들은 자신의 모든 삶의 영역을 극도로 합리화시키면서 '뛰어난 업적'을 성취하기 위해서 혼신의 노력을 경주했는데, 그런 와중에서 전통적 지배를 돌파하고 합법적 지배로 진입하는 '의도하지 않은 결과'(unintended consequences)가 초래되었다는 것이 베버의 논점이었다. 자세한 내용은, 막스 베버, 김덕영 역, 『프로테스탄티즘의 윤리와 자본주의 정신』(서울: 도서출판 길, 2010), 167-331(세속적 금욕주의의 종교적 토대).

44 벨라, 『도쿠가와 종교』, 20-21.

45 벨라, 『도쿠가와 종교』, 13.

(神道), 심학 등이 혼합된 일본 특유의 종교적 신념이[46] 서양의 세속내 금욕주의와 기능적으로 등가에 있는 삶의 운영원리를 탄생시켰고, 그래서 일본 근대화가 성공할 수 있었다는 결론을 도출했다. "일본 종교는 지칠 줄 모르고 계속 근면과 절약의 중요성을 강조하고, 성스러운 것에 대한 자신의 의무를 수행한다는 점에서 그리고 사악한 충동과 욕망을 자기로부터 없애 버린다는 점에서 모두 근면과 절약이 종교적인 중요성을 갖는다고 하였다. 그러한 윤리가 경제적인 합리화에 깊은 수준에서 유리하다는 점이 베버의 프로테스탄트 종교에 대한 연구의 주요점이었고 그러한 윤리는 일본에서도 마찬가지로 유리한 것처럼 생각된다."[47]

하지만 벨라의 연구는 베버의 사회학적 방법에 대한 정확한 이해를 결여한 상태에서 수행되었다. 따라서 그의 연구는 적지 않은 한계를 드러낼 수밖에 없었다. 첫째, 벨라는 일본 특유의 지배양식인 '봉건제'를 고려하지 않았다. 하지만 일본 봉건제는 일본의 근대화 운동이 일정 수준 이상 성공할 수 있었던 역사적 토양을 제공했다. 둘째, 일본 근대화 운동을 지배한 삶의 운영원리는 일본의 각종 종교를 배경으로 형성된 것이 아니라 '병학'(兵學)을 배경으로 형성된 것이었다. 하지만 벨라는 일본의 구체적 현실 그 자체에서 존재하는 병학에 주목한 것이 아니라, 베버의 『프로테스탄티즘의 윤리와 자본주의 정신』에 집착한 나머지 그것과 추상적 수준에서 유비되는(analogy) 일본의

46 벨라, 『도쿠가와 종교』, 75.

47 벨라, 『도쿠가와 종교』, 248.

종교에 강박적으로 집착했다. 그래서 일본 현실과 동떨어진 추상적 가공물을 꿀라주해 놓고서 그것이 마치 일본 현실인양 착각하는 오류, 알프레드 노스 화이트헤드의 용어로 '추상적인 것과 구체적인 것을 뒤바꾸어 이해하는 오류'(the fallacy of misplaced concreteness)[48]를 범했다. 벨라는 베버의 연구를 벤치마킹했지만, 베버가 추구한 학문정신을 정면으로 거부하는 연구를 수행한 것이다. 벨라와 달리 베버는 현실 그 자체의 특수성을 인과적으로 설명하는 '현실과학'(Wirklich-keitswissenschft, science of reality)을 추구했다.[49] 따라서 현실의 특수성을 도외시한 채 추상적 수준에서 유비하는 방법을 일관되게 비판했다.[50] 또한 베버는 일본의 각종 종교가 일본의 근대화 운동을 선도한 삶의 운영원리를 형성하는 데 별다른 기여를 하지 못했다는 점을 일관되게 강조했다. 그런데도 벨라는 『도쿠가와 종교』를 저술하면서 베버의 일본 연구를 참고하지 않은 것처럼 보인다.[51] 『도쿠가와 종교』의 참고문헌에서 베버의 일본 연구가 보이지 않기 때문이다.[52] 벨라의 연구에서

---

48 Alfred N. Whitehead, *Science and the Modern World* (New York: The Macmillan Co., 1950), 75.

49 각주 4번 참조.

50 Stephen Kalberg, *Max Weber's Comparative–Historical Sociology Today: Major Themes, Mode of Causal Analysis, and Applications* (Fanrham: Ashgate, 2012), 116.

51 베버의 일본 연구는, 막스 베버, 홍윤기 역, 『힌두교와 불교: 종교사회학 II』(한국신학연구소, 1986), 386–401 참조.

52 벨라, 『도쿠가와 종교』, 260.

노정된 문제들을 해결하면서 일본의 구체적 현실 그 자체에 접근해 보기로 하자.

일본 근대화 운동이 상대적으로 성공할 수 있었던 까닭을 이해하기 위해서는 일차적으로 일본 지배양식의 주류가 '봉건제'였다는 사실에 주목할 필요가 있다. "유럽과 비슷한 경험을 가진 일본은 유럽 봉건제에서 성장하였고 근대 서양 사회 형성에 도움을 준 것과 똑같은 특성을 적어도 초기 일본의 근대화시기에 창출할 수 있었다. 아주 급속하게 근대 서구 형태의 국가로 전환할 수 있었던 일본의 능력이 무엇인지를 제대로 설명할 수 있는 것은 아시아 여타 국가들에서보다도 일본에서는 그 전환으로 인한 변화가 적었다는 점이다."[53] 일본 봉건제는 활기찬 도시의 성장을 가능케 하는 자율적 공간을 허용해 주었다. "전체적으로 1700년경에는 일본인의 5-6%가 인구 10만 이상의 도시에 살고 있었다. 이 기준에 따르면 당시 유럽의 도시화 수준은 일본의 절반에도 미치지 못했다. … 어떤 기준을 갖다 대더라도 1700년에 일본은 세계에서 가장 도시화된 사회 중 하나였다. … 도시의 성장은 몇 가지 중차대한 경제적 영향을 미쳤다. 우선 도시주민들에게 물자를 공급하고, 수백 명이 수행하던 다이묘의 거대한 행렬이 오가기 위해서는 운송과 통신이라는 인프라가 구축·유지되어야 했다. … 경제가 점점 복잡해지자 사람과 물자 외에 화폐 — 현금뿐만 아니라 — 의 유통도 활기를 띠었다. … 특이하게도 도쿠가와 막부는 마

53 라이샤워, 「일본의 봉건제」, 러쉬튼 콜본 편, 김동순 역, 『봉건제의 이해』(서울: 민음사, 1996), 87.

을 일에 관여치 않았다."[54] 일본 봉건제가 허용한 도시의 경제적 활력은 일본 근대화의 밑거름이 될 수 있었다. 베버 역시 일본 봉건제가 일본 근대화 운동에 유리한 구조적 조건을 제공했다고 설명했다. "일본에서 시행된 봉건제도는 해약 고지권을 행사할 수 있었던 데다가 일정한 계약에 의거하고 있는 권리 관계들을 산출하고 있었기 때문에, 서양적 의미에서 본 '개인주의'에 대해 중국의 신정정치(Chinese theocracy, 번역 수정)보다 더 유리한 기초를 제공할 여지가 항상 구비되어 있었다. 비록 자력으로 자본주의 정신을 창출하지는 못했지만 일본은 비교적 수월하게 인공물로서의 자본주의를 외국에서 받아들일 수 있었다."[55]

하지만 피터 듀스는 일본 봉건제가 일본 근대화 운동의 구조적 배경이었다는 설명을 다음과 같이 비판했다. "일부 역사가들은 일본이 그토록 급속하게 서구화할 수 있었던 요인으로 유럽과 같은 봉건제의 단계를 거쳤기 때문이라고 주장하고 있다. 그러나 이러한 주장은 재미있는 것이긴 하지만 전적으로 설득력이 없다. 만약 일본이 급속하게 근대화할 수 있도록 길을 제공한 어떤 것이 있다면, 그것은 봉건적 유산이 아니라, 도쿠가와 시대를 통해 무사계급이 관료화됨으로써 가져온 봉건적 유산의 부식과 상업화로 인한 경제발전이었다. … 근대 일본의 역사적 기원은 더 먼 옛날의 봉건적 무질서 속에서

54 앤드류 고든, 김우영 역, 『현대 일본의 역사』(서울: 이산, 2005), 61-65.

55 베버, 『힌두교와 불교』, 393.

싹텄던 것이 아니라, 도쿠가와 체제의 평화기에 마련되었다."[56] 하지만 피터 듀스는 도쿠가와 시대의 지배양식이 봉건제가 아니라 중국처럼 전제군주제였다면 사무라이 그 자체가 존재할 수 없었다는 사실을 간과하고 있다. 중앙집권적 전제군주제에서는 무력을 소유한 집단이 지방에서 할거하는 것을 결코 용납할 수 없었기 때문이다.

일본 근대화를 선도한 삶의 운영원리는 종교가 아니라 '병학'을 통해서 형성되었다. 일본의 역사는 중국의 유가관료와 같은 문인이 아니라 무인계층이 이끌었기 때문이다. 일찍이 베버는 그 점을 정확하게 지적했다. "봉건 일본의 상태와 봉건 중국의 전국시대는 아주 유사하지만, 일본의 경우에는 사회적으로 비군사적인 문사계층이 아니라 직업적인 무사계층이 큰 비중을 차지하고 있었다는 데서 중국의 경우와 구별된다. 중세 서양처럼 무사도와 무사교육이 실제의 생활을 지배하고 있었으며, 중국에서와 같은 과거시험이나 학문교육, 서양 고대에서와 같은 세속 내적 교양, 인도에서 있었던 구원의 철학 등은 실천적인 생활 태도에 아무런 영향을 미치지 못했다."[57] 특히 "오다 노부나가와 도요토미 히데요시로부터 도쿠가와 초기 정권에 이르기까지 일관되게, (불교와 기독교처럼) 정권에 대항하는 종교적 권위와 세력은 철저하게 탄압되었(다). … 이 같은 (일본) 근세 국가는, 중세의 종교적

56 피터 듀스, 양필승·나행주 역, 『일본의 봉건제』(서울: 신서원, 1991), 167-168. 이 책에서 역자들이 선택한 '토쿠가와'라는 번역어는 모두 '도쿠가와'로 수정해서 인용한다.

57 베버, 『힌두교와 불교』, 392.

인 권위와 권력을 철저히 궤멸시키고 양심이라는 반항의 내면적 거점을 소거하려 했던 폭력적 국가였다."[58] 그래서 종교를 배경으로 일본의 삶의 운영원리가 배양될 가능성이 철저히 배제되었는데, 베버는 바로 그 점에 주목했다. "1614년의 칙령과 그것에 의거하여 벌어진 그리스도들에 대한 박해는 일본 그리스도 전도와 그 기존 신자층에게 종말을 선고하는 사건이었다. 그와 아울러 일본에서는 어떤 종교에 의해서든 교권주의(clericalism)가 모두 분쇄되고 말았다."[59] 예컨대 일본 유교는 중국이나 한국과 달리 정치를 지배할 수 있는 삶의 운영원리를 전혀 만들어내지 못했다. 그래서 "일본의 유교는 차라리 개별 집단의 문학적 취미였던 것이다."[60] 일본 불교 역시 사정이 다르지 않다. "일본의 불교는 여타 아시아 지역의 힌두교 종파에서 누렸던 그런 식의 강력한 후원 세력이 결여되어 있었다. 다시 말해서 주술을 써서 환난을 구제해주고, 카리스마를 발휘한 '구루'가 없었던 것이다."[61] 요컨대 "마루야마 마사오(丸山眞男)(는) … 근세 일본 국가를 '병영국가'(兵營國家)로 규정했(는데), … 이 병영국가가 통치의 원리와 방법을 이론화한 사상은 중국 송대의 사대부=독서인(讀書人) 관료의 학문이었던

58 마에다 쓰토무, 이용수 역, 『일본사상으로 본 일본의 본질: 병학, 주자학, 난학, 국학』(서울: 논형, 2014), 24-27.

59 베버, 『힌두교와 불교』, 399.

60 베버, 『힌두교와 불교』, 401.

61 베버, 『힌두교와 불교』, 401.

주자학이 아니었으며 하물며 불교도 아니었다."[62]

도쿠가와 막부(1603-1867)는 본질적으로 병영국가이자 무위국가(武威國家)였다. 따라서 그곳의 최우선 관심사는 종교적 신념이 아니라 군사력의 합리적 운영이었다. "'무위'국가는 경제력과 군사력을 노골적으로 과시함으로써 사람들을 굴복시켰다. 쇼군(將軍)과 다이묘(大名)는 '무위'와 '어위광'(御威光=위세)에 의해 그 권력과 권위가 보증되고 있는 것이지, 종교적 성자도 도덕적·문화적인 성인도 아니었다. … 신(神)도 불(佛)도 그리고 유학도 권력을 장식하는 이데올로기 장치로서 이용되었(다.) 여기에는 이런 이데올로기를 조작하여 '무위'와 '어위광'을 더럽히지 않고 군사력을 어떻게 합리적·목적적으로 운용할 것인가 하는 사상이 요구되었다."[63]

병영국가였던 도쿠가와 막부의 삶의 운영원리는 '병학'을 통해서 형성되었는데,[64] 그 병학의 정신은 막부의 기본법인 『무가제법도』(武家諸法度)에서 전형적으로 구현되었다.

> 이 '무위'국가의 원리를 단적으로 표현하는 말이, 히데요시의 차남 도요토미 히데요리(豊臣秀頼, 1593-1615)를 물리친 직후인 겐카(元和) 원년(1615)에 반포한 막부의 기본법인 『무가제법도』이다. 이 법에는 다이묘와 가신의 반역 적발, 다이묘가 머무는 성

62 마에다 쓰토무, 『일본사상으로 본 일본의 본질』, 71-72.

63 마에다 쓰토무, 『일본사상으로 본 일본의 본질』, 35.

64 마에다 쓰토무, 『일본사상으로 본 일본의 본질』, 35-36.

(城)의 허가수리제와 신축금지를 정하고, 막부의 법령을 절대로 위반해서는 안 되는 것으로서, 다음과 같은 위압적인 문구가 포함되어 있다. 법은 예절의 근본이다. 법으로써 도리를 깨트릴 수 있지만 도리로써 법을 깨트리지 못한다. 법을 어기는 무리들은 그 대가가 가볍지 않을 것이다(法是禮節之本也. 以法破理, 以理不破法, 背法之類, 其科不輕矣). '리'(理)보다도 '법'(=권력자의 명령)이 우선함을 말하는 이 한 구절은 종교 세력을 억압했던 근세 국가의 본질을 명확히 표현하고 있다.[65]

『무가제법도』에서 "법으로서 도리를 깨트릴 수는 있지만 도리로써 법을 깨트릴 수는 없다"고 천명한 정신은 크게 주목할 필요가 있다. 그것은 마키아벨리가 종교로부터 독립한 르네상스 시대정신을 적극 수용하면서 구상했던 '국가이성'(reason of state) 사상과[66] 유사한 성격을 지녔기 때문이다. 국가이성은 정치적 자율성을 가장 우선시하는 사고방식이다. 그래서 종교적, 도덕적, 윤리적 가치를 부정하지는 않지만, 그런 가치가 정치적 가치와 충돌할 경우 단호하게 정치적 가치를 가장 우선적으로 선택하는 사상이다.[67] 국가이성은 서양 근대 (국

65 마에다 쓰토무, 『일본사상으로 본 일본의 본질』, 28. 밑줄 추가.

66 Federico Chabod, *Machiavelli and the Renaissance* (New York: Harper & Low, 1958), 149–200; Friedrich Meinecke, *Machiavellism: The Doctrine of Raison D'Etat and Its Place in Modern History* (New Haven: Yale University Press, 1962), 25–48.

67 주수만 역, 『막스 베에버어의 정치사상』(경희대학교출판국, 1982), 41; Bene-

제)정치의 지평을 여는 데 결정적 역할을 수행한 개념이었다.[68] 실제로 일본은 국가이성적 사고방식을 실천함으로써 19세기 서구 열강의 충격에 빠르게 대응할 수 있었다. 예컨대 19세기 일본은 16세기 명나라의 유대유(兪大猷)와 척계광(戚繼光)의 해방론(海防論)을 수용해서 서구 열강에 대응했다. 그런데 유대유와 척계광의 해방론은 명나라에서 실패한 반면, 일본에서 수용한 그들의 해방론은 성공하는 대조적 결과를 보였다. 그 까닭은 명나라의 반국가이성적 사고방식과 일본의 국가이성적 사고방식의 차이에서 찾아볼 수 있다.

> (도쿠가와) 막부 말기의 사람들이 참고했었던 서양 열강에 대응하기 위한 유일한 모델은 기연이라고 할 정도로 명나라 병가의 왜구 대책이었다. 그것이 막부 말기 일본의 병제개혁과 해방론의 출발점이 된 것이다. … 막부 말기의 일본은 이른바 서양의 충격에 대해 중국과 다른 길을 걸었(다). 본래 군사 국가였던 근세 일본은 서양의 충격에 재빠른 군사적 대응을 했다. … 그런데 그런 전술의 출발점을 막부 말기 일본에 제공했던 유대유와 척계광은 당시 중국에서 반드시 행복하지만은 않았다. … 그 배경은 명조의 문관중시 무관경시의 제도와 풍조이다. 그것이 유대유와 척계광의 군

---

detto Croce, *Politics and Morals*, trans. by Salvatore J. Castiglione (New York: F. Hubner & Co., 1945), 64.

68 자세한 내용은, 이현휘, 「주권과 국가이성: 유럽 종교전쟁 100여 년의 나락에서 국제정치적 평화를 창출한 지적 혁신」, 이동수 편, 『지구촌과 세계시민: 세계시민 되기』(고양: 인간사랑, 2017), 제5장.

사적 대응을 방해했다. … 여기서 상기해야 할 것은 에도 시대 중기의 병학자 마쓰미야 간잔(松宮觀山, 1686-1780)이 지적하고 있듯이 병학과 유학에서의 중국과 일본의 역전관계이다. 간잔은 병학자의 입장에서, 일본은 사무라이가 지배하기 때문에 병학이 '대도'(大道)이고 유학이 '소기'(小技)임에 비해, 중국은 문인이 관료가 되므로 병학과 유학의 역학관계는 정반대라고 말하고 있다.[69]

1868년에 출범한 메이지(明治) 정부의 근대화 노력이 상당 수준 이상 성공할 수 있었던 사회학적 이유는 일본 봉건제와 병학을 배경으로 숙성된 국가이성적 삶의 운영원리의 유산 때문이었다. 만일 그런 유산의 순기능적 지지가 없었다면 메이지 정부의 근대화 노선은 중국처럼 이내 좌초되고 말았을 것이다. 베버는 일본 근대화의 사회학적 조건을 검토한 이후 다음과 같은 결론에 도달했다. "외세로부터 압력을 받고 있다는 감정에 짓눌리는 상태에서 군대 및 통치기술 방면에서 일어난 혁명이 봉건적인 군사조직 및 관리조직 등을 전복시켰을 때, 순전히 정치적 관점에서 보면, 그 혁명은 백지상태 또는 적어도 주술이나 구원론에 강력한 뿌리를 박고 종교적 전통주의를 맹신하는 적대 세력의 부재라는 대단히 양호한 상황을 맞을 수 있었다. 만약 그런 세력이 있었더라면 경제적 생활양식의 영역으로 관철시키려 했던 혁명적 의도는 심각한 장애물에 부딪치게 되었을 것이다."[70]

---

69 마에다 쓰토무, 『일본사상으로 본 일본의 본질』, 128-130.

70 베버, 『힌두교와 불교』, 401.

지금까지 검토한 내용에서 볼 때, 전후 일본 학계 최고의 지적 성취로 평가되는 마루야마 마사오의 『일본정치사상사연구』(日本政治思想史研究)의 논지는 어떻게 평가할 수 있을까? 주지하듯 마루야마 마사오는 일본 사상사 내부에 서양 근대 사상과 유사한 전통이 존재했었기 때문에 일본의 근대화가 용이했다고 주장했다. 그는 구체적으로 도쿠가와 시대의 유학자였던 오규 소라이(荻生徂徠, 1666-1728)에 주목했다. 마루야마 마사오는 오규 소라이가 마키아벨리처럼 정치를 도덕으로부터 분리시킴으로써 정치를 발견한 인물이었다고 판단했기 때문이다. "근세 유럽에 있어서 과학으로서의 정치학을 수립한 영예를 『군주론』의 저자가 안고 있는 것처럼, 일본의 도쿠가와 봉건제 하에 있어서 '정치의 발견'(discovery of politics)을 소라이가쿠(徂徠學)에 돌린다 하더라도 부당한 것은 아닐 것이다."[71] 하지만 베버의 사회학적 시각에서 검토할 경우 마루야마 마사오의 논지는 근본적 한계를 드러낸다. 앞에서 확인한 것처럼 베버는 일본에서 유교가 '개별적 집단의 문학적 취미'의 수준에 머물러 있었다고 평가했다. 그렇다면 그런 유교를 통해서 일본 근대화를 선도할 수 있는 일본인 다수의 삶의 운영 원리를 만들어낼 수는 없는 일이었다. 물론 오규 소라이의 사상에서 정치와 도덕이 분리되었다고 평가할 수 있다. 하지만 사상의 수준에서 이룩한 성취가 곧바로 인간의 사회적 행동을 지배할 수는 없다. 알프레드 노스 화이트헤드는 사상이 인간의 행동을 지배하는 관습으로

71 마루야마 마사오, 김석근 역, 『일본정치사상사연구』(서울: 통나무, 1995), 198.

번역되기까지 수천 년 이상의 세월이 소요될 수 있다고 지적한 바 있다. "존 로크를 포함하여 17세기 가장 위대한 정치가나 사상가들 중 많은 사람들이 네덜란드 공화국의 폭넓은 관용의 덕으로 살아남았다는 점을 잊어서는 안 된다. 물론 이들이 그 찬탄할 만한 관념의 창시자는 아니었다. 그 기원을 찾으려면 이들보다 2천 년 전으로 거슬러 올라가야 한다. 관념이 습관으로 번역되기까지는 그토록 오랜 시간이 걸린 것이다."[72] 따라서 마루야마 마사오는 오규 소라이가 추상적 수준에서 이룩한 성취를 일본의 구체적 삶의 현실로 착각하는 오류, 다시 말해서 로버트 벨라처럼 '추상적인 것과 구체적인 것을 뒤바꾸어 이해하는 오류'(the fallacy of misplaced concreteness)를 범했던 것이다.

우리는 앞에서 일본 근대화를 이끈 삶의 운영원리가 병학을 배경으로 형성되었다는 점을 확인했다. 그리고 "법으로서 도리를 깨트릴 수는 있지만 도리로써 법을 깨트릴 수는 없다"는 『무가제법도』(武家諸法度)의 논지가 당대 병학의 정신을 전형적으로 집약했다는 점도 확인했다. 『무가제법도』에서 도리로부터 법(권력)의 자율성을 역설했다는 것은 곧 도덕으로부터 정치를 분리시켰다는 것을 의미한다. 따라서 도덕과 정치를 분리시킨 오규 소라이의 사상은 병학적 정신을 구현한 삶의 운영원리로부터 '파생된 것'이었지, 거꾸로 병학적 삶의 운영원리를 창조한 것이 아니었다고 이해해야 마땅했다. 따라서 마에다 쓰토무의 다음과 같은 논지를 눈여겨볼 필요가 있다.

72 A. N. 화이트헤드, 오영환 역, 『관념의 모험』(파주: 한길사, 1996), 113.

> … 걸출한 사상가였던 이토 진사이(伊藤仁齊, 1627-1705)와 오규 소라이는 주자학에서 빠져나와 그것을 비판하면서 독자적인 사상을 형성했다. 이런 사실을 상기할 때, 근세 일본의 학문과 사상 속에서 주자학이 가장 영향력 있는 사상의 하나였음은 부정할 수 없다. 그러나 주의해야 할 것은 이 주자학이 근세 일본의 '무위' 국가의 지배 사상이 아니었다는 점이다.[73] … 앞에서 말한 대로, 이 '무위'의 병영국가의 지배를 이론화하고 그 합리적인 운용법을 논했던 사람이 병학자였다. 근세 일본의 사상사는 이 병학과 주자학을 대립 축으로 하여 전개되었다고 할 수 있다. 에도 시대의 대표적 사상가인 야마가 소코(山鹿素行, 1622-1685)와 오규 소라이, 그리고 후기 미토(水戶)학파의 사상에는 병학의 영향이 농후하다. 농후하다기보다 기본적인 사고가 병학사상 그 자체였다.[74]

한편, 일본의 메이지유신은 보통 성공한 사례로 평가되지만, 궁극적으로는 히로시마와 나가사키에서 원자탄 피폭을 당하는 대재앙으로 귀결되었다. 무엇이 잘못된 것일까? 마루야마 마사오는 메이지 정부가 천황에 정신적으로 종속된 '초국가주의'를 지향한데서 그 원인을 찾았다.

---

73 마에다 쓰토무, 『일본사상으로 본 일본의 본질』, 32.

74 마에다 쓰토무, 『일본사상으로 본 일본의 본질』, 39-40.

근세 초기 유럽의 절대군주는 중세 자연법에 기초한 지배적 계약의 제약으로부터 해방되어 스스로를 질서의 옹호자(Defensor Pacis)로부터 그것의 작위자(Creator Pacis)로 높아졌을 때, 그야말로 근세사에서 최초의 '자유로운' 인격으로 출현했다. 그러나 메이지유신에서 정신적 권위가 정치적 권력과 합일되었을 때, 그것은 단순히 '진무'(神武) 천황이 창업했던 옛날로 되돌아간 것이었다. … 천황은 만세일계(萬世一系)의 황통(皇統)을 이어받고, 황조(皇祖)·황종(皇宗)의 유훈(遺訓)에 따라 통치한다. 흠정(欽定) 헌법은 천황이 주체적으로 제작한 것이 아니라 바로 '통치의 홍범(洪範)을 소술(紹述)한 것'이었다. 그리하여 천황도 역시 무한한 옛날로 거슬러 올라가는 전통의 권위를 등 뒤에 짊어지고 있는 것이다. 천황의 존재는 그러한 선조들의 전통과 떼어놓을 수 없으며, 황조·황종과 **더불어** 일체가 됨으로써 비로소 위에서 말한 것과 같은 내용적 가치의 절대적 체현으로 받아들여진다. … 이렇게 해서 바야흐로 초국가주의가 그려내는 모습은 그 전모를 드러내게 되었다. … 모든 나라의 종주국인 일본에 의해서 각 국가들이 신분적 질서 속에 위치 지워지는 것이 세계평화이며, "천황의 무한한 위엄이, 그 빛이 세계 모든 나라에 미치게 되는 것이 세계사의 의의이며, 그러한 빛이 미치는 것은 바로 황국(皇國) 무덕(武德)의 발현으로 달성되는 것이다"(佐藤通次, 『皇國哲學』). … '하늘과 땅의 무궁함'(天壤無窮)이 가치의 타당한 범위의 끊임없는 확대를 보장해주고, 거꾸로 '황국무덕'(皇國武德)의 확대가 중심가치의 절대성을 강화시켜간다. 이런 순환과정은 청일전쟁·러일전쟁으로부터

> 만주사변·중일전쟁을 거쳐 태평양전쟁에 이르기까지 나선형을 그리며 고조되어갔다. 일본 제국주의에 마침표가 찍힌 8월 15일은 동시에 초국가주의 전 체계의 기반인 국체가 절대성을 상실하고 비로소 처음으로 자유로운 주체가 된 일본 국민에게 그 운명을 넘겨준 날이기도 했던 것이다.[75]

마루야마 마사오가 근대 초기 유럽의 절대군주가 취한 행동과 메이지정부가 취한 행동을 비교한 부분에 주목할 필요가 있다. 전자는 베버의 지배유형 중 합법적 지배의 영역으로 직행한 반면, 후자는 전통적 지배의 영역으로 회귀한 사실을 대비시키고 있기 때문이다. 전자는 근대화 노선을 고수한 것이고, 후자는 근대화 노선을 철회한 것이었다. 다시 말해서 메이지정부는 도쿠가와 막부에서 유산으로 물려준 국가이성적 사고방식을 포기하고, 천황을 정점으로 한 전통적 지배질서에 복종하는 '반동적' 노선을 걸었다. 그런데 그 노선은 천황의 영광을 위한 제국주의 전쟁을 독려하는 길이었다. 요컨대 히로시마 및 나가사키의 원자탄 피폭은 전통적 지배를 타파하는 데 한계를 보인 메이지유신 그 자체의 산물이었다.

19세기 한국 근대화 운동은 일본 근대화 운동과 많은 부분에서 차이가 난다. 절을 바꿔서 그런 양상을 구체적으로 검토해 보자.

---

75 마루야마 마사오, "초국가주의의 논리와 심리," 마루야마 마사오, 김석근 역, 『현대정치의 사상과 행동』(파주: 한길사, 1997), 62-64.

5. 한국 신분제적 가산제와 신유학: 척사파와 개화파, 그리고 일제 식민지

베버의 사회학적 시각에서 한국 근대화 문제를 검토한 선행연구가 있는데, 노먼 제이콥스의 『한국의 근대화와 발전의 길』이 바로 그것이다. 이 책은 제이콥스가 벨라처럼 하버드대학교에서 탈콧 파슨즈의 지도로 작성한 박사학위논문을 출간한 것이었다. 그러나 제이콥스와 벨라는 연구방법에서 차이를 보였다. 벨라가 일본의 종교적 삶의 운영원리에 입각해서 일본 자본주의 발전을 설명하고자 했다면, 제이콥스는 지배양식에 입각해서 한국 근대화 문제를 검토하고자 했기 때문이다. 제이콥스는 먼저 가산제와 봉건제가 질적으로 상이한 체제라는 점을 강조한다.[76] 그러면서 일본의 지배양식인 봉건제는 근대화를 용이하게 했지만, 한국의 지배양식인 가산제는 근대화를 저해하는 힘으로 작용했다고 주장한다. 또한 한국사회에서 가산제 유산이 계속 버티고 있는 한 향후 한국 근대화의 여정은 순탄치 않을 것이라는 전망을 제시했다.[77]

제이콥스의 분석은 21세기 현대 한국사회에서도 적실성을 갖는다고 할 수 있다. 근대화란 전통적 지배에서 합법적 지배로의 전환을 의

---

76 Norman Jacobs, *The Korean Road to Modernization and Development* (Urbana: University of Illinois Press, 1985), 1–5.

77 Norman Jacobs, *The Korean Road to Modernization and Development*, 298-301.

미하는데, 전통적 지배의 하위유형인 가산제는 여전히 현대 한국의 근대화를 저해하는 강력한 힘으로 작용하기 때문이다. 다만 연구방법 측면에서 제이콥스의 연구가 안고 있는 몇 가지 문제를 지적할 수 있다. 첫째, 제이콥스는 가산제와 봉건제를 질적으로 다른 지배유형으로 파악하는 오류를 범했다. 하지만 앞에서 검토한 것처럼 봉건제는 가산제의 일종이다. 다만 봉건제는 가산제의 행정간부가 지배자로부터 물적 행정수단을 대부분 전유한 극단적 유형이었다. 둘째, 가산제를 지배양식으로 갖는 사회가 모두 한국과 같은 근대화의 길을 걷는 것은 아니다. 가산제는 근대화의 구조적 여건만을 얘기해 줄 수 있을 뿐, 그 여건 내에서 왜 하필이면 한국과 같은 근대화 노선을 걷게 되었는지는 설명해 줄 수 없기 때문이다. 후자를 설명하려면 한국의 독특한 삶의 운영원리를 추가로 고려해야만 한다. 하지만 제이콥스는 한국의 가산제만 고려했을 뿐, 삶의 운영원리는 고려하지 않는 한계를 드러냈다. 따라서 제이콥스 연구에서 노정된 문제를 보완하면서 한국 근대화 문제를 좀 더 구체적으로 고찰할 필요가 있다.

제이콥스의 지적처럼 한국의 지배양식은 '신분제적 가산제'가 주류를 이루었다.[78] 그런데 한국 정치사의 전반적 특징 중 하나는 왕권이 대단히 약했다(weakness of absolute monarch)는 사실이다.[79] 따라서 한국의 신분제적 가산제는 봉건제 쪽으로 치우친 형식을 취했다. 한

78 박성환, 『막스 베버의 한국사회론』, 54-55.

79 James B. Palais, "A Search of Korean Uniqueness," *Harvard Journal of Asiatic Studies*, Vol. 55, No. 2(1995), 421-422.

국의 신분제적 가산제 하에서 자율적 도시는 발달할 수 없었으며, 따라서 씨족을 해체한 '게마인데' 역시 자리를 잡을 수 없었다. 이런 역사적 유산은 현대 한국사회에 계승되어 혈연, 학연, 지연 등이 건재한 양상을 만들어냈다.[80] 사적 유대가 온존하는 한국사회에서는 사적 유대를 경계로 내집단과 외집단을 준별하는(in-group/ out-group distinctions) 사회윤리가 뿌리를 내렸다.

19세기 한국의 삶의 운영원리는 신유학을 배경으로 형성된 것이었다. 그런데 한국의 신유학은 대단히 독단적 성격을 지녔다. 한국 신유학의 독단적 성격을 이해하기 위해서는 중국이나 일본의 신유학보다 이슬람교와 비교하는 것이 더욱 적절할 수 있었다. 한국 신유학과 이슬람교의 독단적 성격을 선구적으로 비교한 마이클 세스(Michael J. Seth)는 이렇게 말한다.

> 조선의 유가관료들은 장기간에 걸쳐 정부조직, 사회제도, 그리고 인간의 행동양식을 신유학적 규범에 일치시키려는 노력을 경주했다. 이러한 유가관료는 이 프로젝트를 대단히 열정적으로 수행함으로써 조선 사회를 신유학적 이데올로기에 입각해서 재조직하는 목표를 성공적으로 달성했는데, 그런 성공은 동아시아에서 유례가 없는 것이었다. 중국 송대에 활동한 신유학적 개혁가들은 그들의 사회에 커다란 영향력을 행사했지만, 국가까지는 결코 지

80 이현휘, 「고대 중세 시민의 역사적 전개」, 57-61.

배하지 못했다. … 중국 역대 어떤 왕조도 한국처럼 철저하게 신유학적 정통성을 강제한 적이 없었다. … 17세기 일본 도쿠가와 막부의 통치자들은 신유학을 진작시키기는 했지만, 어떤 신유학적 신념체계도 경직된 정통 이데올로기로 정착되지 못했다. … 아마도 신유학적 도덕사회를 건설하려는 조선 유가관료들의 노력과 잘 어울리는 사례로는 19세기 중반 무슬림 세계를 풍미한 이슬람 부흥운동에서 찾아볼 수 있을 것이다.[81]

한국 신유학의 독단적 성격이 빚어낸 삶의 운영원리는 내집단과 외집단을 준별하는 가산제적 사회윤리와 착종되면서 한국사회의 보수적, 독단적, 배타적 성격을 극단적으로 강화시켰다. 그리고 그런 사회적 성격은 전통적 지배로부터 합법적 지배로의 전환을 원천적으로 봉쇄하는 힘으로 작용했다. 따라서 19세기 한국의 근대화 노선은 처음부터 좌초될 수밖에 없었다. 우선 위정척사파는 전통적 지배를 강력하게 옹호하는 주역으로 활동했다. '위정척사'(衛正斥邪)라는 용어 그 자체가 '정'(正)으로 간주한 조선의 전통적 지배를 옹호하고 '사'(邪)로 간주한 서양의 합법적 지배를 철저히 배척한다는 의미를 갖고 있었다.[82] 반면, 개화파는 후쿠자와 유키치의 개화사상을 '카피'해서 근대

---

81 Michael J. Seth, "Korean Neo-Confucianists and Islamic Reformers: A Historical Comparison," 『정치와 평론』 제19집 (2016), 2.

82 베버의 사회학적 시각에서 위정척사파의 활동을 검토한 사례로는, 정재식, 『한국유교와 서구문명의 충돌: 이항로의 척사위정 이데올로기』(연세대학교출

화를 시도했는데,[83] 그런 노력 또한 처음부터 실패가 예고된 것이었다. 두 가지 이유를 꼽을 수 있는데, 첫째는 한국사회의 '지배적 현실'(paramount reality)[84]이 지극히 보수적, 독단적, 배타적 성격을 지녔다는 데서 찾아볼 수 있다. 한국사회의 보수적 성격은 개화파의 노력을 강력하게 거부하는 힘으로 작용했기 때문이다. 이런 양상은 일본에서 봉건제의 유산과 병학적 삶의 운영원리가 메이지유신에 순기능적 지지를 제공했던 것과 극명한 대조를 이루는 것이었다. 두 번째 이유는 후쿠자와 유키치의 개화사상을 피상적으로 카피해서 형성된 한국 개화파 인식의 한계에서 찾아볼 수 있다. 메이지유신은 후쿠자와 유키치의 개화사상 일방에 의해서 성취된 것이 아니라, 일본 봉건제와 병학적 삶의 운영원리가 그의 개화사상을 순기능적으로 지지해 주었기 때문에 가능할 수 있었다. 조선에서 전개된 그 밖의 근대화 노력도 전통적 지배의 범주 내부에서 전개된 '전통주의적 혁명'의 성격을 벗어나지 못했기 때문에 합법적 지배로의 이행은 기대할 수 없는 일이었다. "조선 왕조의 후반기에 등장했던 다양한 체제 개혁의 노력(실학·동학 등)이 어느 정도나 기존의 지배 구조 그 자체는 건드리지 않은 채 지배층의 구성원만을 교체하는 이른바 '전통주의적 혁명'의 성격을 탈피할 수 있었던가(?) … 그러한 자주적 체제 개혁의 시도가 결국 역

판부, 2005).

83 쓰키아시 다쓰히코, 정녕 역, 「조선개화파와 후쿠자와 유키치」, 『한국학연구』 제26집 (2012), 307-335.

84 박승관의 용어를 차용한 것이다(2016년 11월 18일 전화통화).

사적으로 성공을 거두지 못했었다는 점은 우리가 쉽게 확인할 수 있는 바이다."[85] 이처럼 19세기 한국 근대화 노력이 모두 실패로 돌아갔을 때, 남은 것은 일본 식민지배로 전락하는 길뿐이었다.

6. 21세기 한국의 패권제적 사회질서와 '대한양궁협회,' 그리고 시민사회의 과제

19세기 중국, 일본, 한국의 근대화 노력은 모두 실패로 돌아갔다. 전통적 지배를 타파하는데 한계를 보임으로써 합법적 지배로의 이행을 성공적으로 성취하지 못했기 때문이었다. 그러면 21세기 한국사회는 전통적 지배의 유산을 어느 정도나 극복했는가? 긍정적 답변을 제시하기가 쉽지 않다. 여전히 혈연, 학연, 지연 등과 같은 가산제적 유산이 건재하고, 신유학적 삶의 운영원리 또한 거의 그대로 온존하고 있기 때문이다. 그래서 제임스 그레이슨은 현대 한국사회가 여전히 '유교사회'에 머물러 있다고 평가했다. "유교는 현재 정치적 영역이나 문화적인 영역에서 그 힘을 더 이상 발휘하지 못하고 있다. 그러나 유교는 여전히 한국사회에서 구조적이고 문화적인 측면에서 사회 전반에 많은 영향을 미치고 있다. … 유교의 정치제도가 폐지되었음에도

85 박성환, 『막스 베버의 한국사회론』, 56.

불구하고 공교롭게도 여전히 사회적인 영향력을 행사하고 있다. 이런 이유로 인해 1980년대 중반까지도 한국은 여전히 유교적인 사회로 남아 있다고 할 수 있다."[86] '1980년대 중반'은 그레이슨이 위 얘기를 담은 책을 펴낸 시점이며, 2016년 현재까지도 그레이슨의 논점은 한국에서 여전히 유효하다고 할 수 있다.

박승관은 가산제적 유산과 유교적 삶의 운영원리가 착종되어 빚어낸 현대 한국사회 특유의 지배적 현실을 '패권제적 사회질서'라는 이념형으로 정리했다.

> 제 생각으로는 우리 한국사회는 기본적으로 패권제적 사회질서, 소위 영어로 굳이 번역하자면 '임피리얼 소셜 오더'(imperial social order)라 할까? … 이것을 막스 베버 식으로 이념형으로 우리가 개념적 작업을 시도할 수 있다는 생각이 드는데 … 첫 번째로는 지배적인 가치, '도미넌트 밸류 시스템'(dominant value system)이 뭐냐? 우리사회에서는 역시 권력입니다. 권력! 권력을 장악하고자 하는 욕망, 권력 지향적 의식구조, 가치질서가 있다. 그리고 권력자와 친하고, … 권력 정점과 주관적 객관적 거리를 축소시키려고 하는 그런 노력에서 모든 것이 결정되고, 판단되고 선택되는 그런 원리가 있다. … 권력이 최고, 최강, 최종의 가치로 인정받고, 모든 가치는 정치권력으로 수렴되고 환산되고, 그렇지 않은 가치는

86 제임스 헌틀리 그레이슨, 강돈구 역, 『한국종교사』(서울: 민족사, 1995), 275.

지엽 말단적인 것이 되고, 권력을 장악하면 나머지의 정신적 가치들은 전부 패키지로 획득되는 이런 질서들이 있다. … 두 번째, … 능력과 업적에 대한 정의, 평가 방식도 매우 독특하다. 뭐냐면 어떤 직능 자체와 관련된 업적이 중요한 것이 아니고, 그 사람이 어떤 개인이 가진 권력으로서의 환산가치에 의해서 그 사람의 업적과 삶이 평가되는 경향이 있다는 것입니다. 그러니까 학자도 … 무슨 훌륭한 업적을 많이 내서 평가도 받겠지만, 더욱 중요한 평가는 사회 일반적으로 보면 학장이 될 수 있는 가능성에 대한 주관적 평가, 또는 뭐 장관이 될 수 있는 기대, 이런 것에 의해서 전면적으로 평가되는 경향이 어떤 사회보다도 농후하다. 그러다 보니까, 직업 정치인이 아닌 다른 직능 집단에 종사하는 사람들마저도 누구나 정치인을 닮을 수밖에 없고, 실제로는 정치인으로 변신하고, 누구나 끊임없는 패주 지향적 행동, 삶의 오리엔테이션이 발생한다. 그걸 잡으면 정치권력 이외의 다른 자원이나 능력까지도 확보하는 복합적 특권을 가질 수 있기 때문입니다. 여기에서 승리하는 자는 이김으로써 모든 면에서 정당화되고, 지는 자는 졌다는 점에서 모든 점에서 그걸로 끝나는, 이러한 획일적이고 집중적 가치 질서에 의해서 많은 사람들이 움직인다. 세 번째로는, 역시 권력과 자원의 배분 방식에 있어서도 우리나라의 굉장히 독특한 배열 방식이 있는데, 이것은 시민 단체, 종교 단체, 학술 단체, 경제 단체에서도 패주와의 친화력, 패주와의 사적 거리, 연계망의 강도에 의해서, 즉 자원의 배분 방식이 불평등 배분되기 때문에, 유사 패주, 군왕적 인간이 되지 않고서는 사회적으로 존경이나 지위를 누릴 수 없는 … 심지어 돈을 벌고 장사를 하고 사업을 할 때도 누군가 높은 놈을 알고 권력자와 친해야만 굉장히 유리한 형태의 행위 구조 내지 의식 구조가 우리나라에 굉장히 침윤되어 있다, 깊이. 그래서 패권에 대한 충성 서열이 굉장히 중요하고, … 직능적 메리트에 토대로 한 거리보다도 인간적 관계나 주관적 거리가 훨씬 더 중요한, 그럼으로써 전문가적인 업적 기반보다도 사적 연결 기반이 훨씬 더 개인의 출세와 부 축적을 위해서 더 강력하게 작용하는 현실이 발생하는 것이 아닌가? 그렇다보니까 마지막으로 사회 성원들의 행동전략 마저도 여기에 대응해서 굉장히 성공한 사람을 보면 정치인들을 닮아 있습니다. 정치인 모형으로 수렴되는 현상이 발생하고, 이것이 심지어 종교인들도 보면 굉장히 정치인들 같고, 사회 시민 단체에도 정치인이 안 되면 안 되고, '억울하면 누구나 출세하라 출세!' 출세하면 모든 게 얻어지고 설명이 되고 그렇게 되면 배타적이고 선별적이고 독점적인 권력과 지위를 배분받을 수 있는 이 구조, 이것이 만연하다보니까 다른 어떤 사회와 비교할 수 없이 우리 사회에서는 집단 독재, 카르텔 독재, 이런 것이 심화된다.[87]

---

87 박승관, "패권제적 사회질서: 한국인의 삶의 양식과 한국 사회과학의 시대적 과제," 『정치와 평론』 제16집 (2015), 204–206. 박승관의 '패권제적 사회질서'는 다음 논문에서 자세히 소개되었다. 박승관, 「패권제적 사회질서와 한국 언론」, 정운찬 엮음, 『한국사회가 묻고 동반성장이 답하다: 위기의 본질과 대응 전략』(동반성장연구소, 2015), 424–448.

패권제적 사회질서에서 활개를 치는 인간 유형은 '손발이 머리를 이기는 인물'이다. 박승관의 얘기를 계속 들어보자.

> '아는 것이 힘이다'라는 지식정보사회의 고전적 이상에 비추어 볼 때, 우리 사회의 현실은 과연 어떠한가. 어떤 의미에서는 우리 사회에서도 이미 오래전부터 '아는 것이 힘'이며, '배워야 면장'이다. 우리 사회에서는 학벌이 그만큼 소중하고 일류대학이 그처럼 중요하다. 우리나라만큼 교육열이 높고 과외가 성행하는 나라도 없다. 지식을 추구하는 배움의 길에서 한국인들은 '헝그리 정신'으로 매진하고 있다. 자식교육을 위해 얼마나 많은 부모들이 허리띠를 조르고 논밭을 팔아왔는가. … 그러나 조금만 깊이 생각해 보면 우리 사회는 아는 것이 '힘'이 아니라 도리어 '병'이 되는 역설적인 사회다. 이 나라에서는 대학을 나오고 박사가 될 때까지는 분명 아는 것이 힘이 된다. 그러나 학교 교육이 끝나자마자 '지식'보다는 '인맥'이 백배 소중해 지는 곳이 바로 한국 사회다. 우리나라에서는 유능한 사장이 되기 위해서 드러커나 토플러나 경영학 서적 따위를 읽고 앉아 있어서는 안 된다. 책을 읽기보다는 밖으로 나가 지식 축적 대신 정·관계에 지면을 넓히고 로비력을 키울 궁리를 해야 한다. 이 사회는 지식이나 정보나 이론에 입각해 움직이는 사회가 아니라 뇌물과 아첨과 인맥에 의해 움직이기 때문이다. 그러므로 이 사회에서 출세하고 권력 잡고 돈 벌기 위해서는 '머리'에 지식을 채우려 하기보다는, '손'을 잘 비빌 줄 알아야 하고, '발'을 넓힐 줄 알아야 한다. 우리 사회의 학벌에 대한 '헝그리

정신'은 졸업하고 자리만 잡으면 '마당발 정신'으로 탈바꿈한다. 어느 누구도 이 사회를 '지식'이나 '실력'이나 '능력'에 의해 움직이는 사회라고 보지 않기 때문이다. '실력'보다는 '인간'이 우선하며, '능력'보다는 '관계'가 우선하기 때문이다. 한국 사회는 지식정보사회의 이상과 달리 '머리'가 아니라 '손발'에 의해 움직이고 지배된다. 바로 이런 이유로, 평생을 바쳐 외길을 걸으며 한 분야에서 지식과 경험을 진지하게 추구하는 전문가 정신과 장인(匠人) 정신이 우리 사회에서 소멸해 가고 있다. 이제 이 땅에선 자기만의 주관적 소신을 지키며 내면적 실력을 연마하는 사람은 출세도 치부도 어렵게 됐다. 이런 유형의 사람들은 존경받고 출세하기는커녕 무능력하다느니 경영능력이 없다느니 하여 배척받고 고립되기 쉽다. 소신과 원칙을 가지고 살아온 사람들보다는 두루두루 원만한 인간관계만 유지하며 남들과 잘 어울리는 '세일즈맨' 타입들이 이 땅에서 인정받고 출세하고 돈 벌게 됐다. 한 개인의 내면적 자질이나 업적이 중요한 것이 아니라 겉으로 드러난 스타일이 지배하는 사회가 도래하고 있는 것이다. … 올바른 지식정보사회를 구현하기 위해서는 원론으로 돌아가 아는 것이 '병'이 아닌 '힘'이 되는 사회를 만들어야 한다. 실력과 능력이 인맥과 뇌물을 대체하는 사회, '손발'이 아니라 '머리'가 지배하는 사회를 건설해야 한다.[88]

---

88 박승관, "'손발'이 '머리'를 이기는 사회," 《중앙일보》(1999. 8. 6). 박승관의 논지는 다음 논문에서 자세히 확인할 수 있다. 박승관, 「지식 정보 사회의 이상과 한국 사회의 현실: 아는 것은 '힘'인가, '병'인가?」, 크리스챤아카데미 시민

BBC는 박근혜 정부의 부패문제를 다룬 2016년 11월 24일자 기사에서 다음과 같은 분석을 제시했다. "일반 사람들이 대통령에 접근하기는 어렵다. 그러나 일단 대통령에 가까이 접근하는데 성공하기만 하면 대통령의 권력과 가까운 점을 이용해서 돈을 긁어모을 기회를 잡을 수 있다"(… even if the president seems untouched, those close to him–or now her–harvest opportunities for reaping cash from their closeness to power). BBC의 기사를 목도하노라면 작금의 박근혜 정부의 끝없는 추락이 패권제적 사회질서에서 '손발이 머리는 이기는 사람들'이 만들어낸 최종 결정판이라는 사실을 문득 깨닫게 된다. 그런데 BBC 기사는 "왜 남한의 부패 스캔들은 새롭지 않은가"(Why South Korea's Corruption Scandal is Nothing New)라는 제목을 뽑았다 점에 주목할 필요가 있다. BBC에서 그런 제목을 뽑은 까닭은 박근혜 정부의 부패 스캔들이 박근혜 정부 특유의 사건이 아니라고 판단했기 때문이다. BBC는 김대중, 노무현, 이명박 정부 말기에 발생한 부패 스캔들을 예시하면서 박근혜 정부의 부패 스캔들 역시 그런 패턴의 연장선상에서 발생한 것처럼 보인다고 분석했다.[89] 역대 정부 말기에 부패 스캔들이 예외 없이 반복되었다는 사실은 박근혜 정부가 차기 정부로 교체되어도 부패 스캔들이 종식될 가능성이 별로 없다는 전망을 가능케 한다. 왜 그런

사회 정보포럼 편, 『시민이 열어가는 지식 정보 사회』(서울: 대화출판사, 1999), 29–67.

89 "Why South Korea's Corruption Scandal is Nothing New," *BBC* (24 Nov., 2016).

가? 정권이 바뀌고, 그 정권을 운영하는 사람이 바뀌어도 한국사회에 뿌리내린 패권제적 사회질서와 그곳에서 활개를 치는 '손발이 머리를 이기는 인간형'은 전혀 바뀌지 않기 때문이다. 다시 말해서 '전통주의적 혁명' 이상의 의미를 갖지 못하는 것이다. 그렇다면 19세기 한국이 직면했던 근대화 과제는 21세기 한국 사회에서도 여전히 미결 상태에 있다는 사실을 확인할 수 있다.[90]

어찌해야 하는가? 필자는 먼저 '대한양궁협회'에 주목할 필요가 있다고 본다. 필자는 2016년 11월 22일 대한양궁협회에 찾아가 윤병선 사무국장과 약 2시간에 걸친 인터뷰를 진행했다.[91] 대한양궁협회는 한국에서 전통적 지배로부터 합법적 지배로의 전환을 성공적으로 성취한 선구적 사례라고 판단했기 때문이다. 이미 언론을 통해서도 많이 알려진 것처럼 대한양궁협회에서는 혈연, 학연, 지연 등과 같은 가산제적 질서가 완전히 타파되었다. 또한 한국양궁은 몇몇 스타플레이어를 중심으로 세계 정상을 유지하지 않는다. 매번 새로운 선수가 등장해서 세계 최고 수준을 꾸준히 유지하기 때문이다. 이는 대한양궁협회가 비인격적 규칙(impersonal rules)에 입각해서 공정하고 합리적으로 운영되고 있다는 사실을 단적으로 예증하는 포인트라고 할 수 있다. 두 가지 예를 더 들어보겠다. 대한양궁협회는 1988년 서울올림

90 이 문단의 논지는 박승관의 견해를 차용해서 재구성한 것이다」(2016년 11월 18일 전화통화).

91 인터뷰 전문은 윤병선, 「세계 최고 한국 양궁의 전략은 원칙과 선제대응」, 『정치와 평론』 제19집 (2016), 151-200.

픽 선발전을 치르기 이전 '한번 정해놓은 원칙은 지키자'라는 모토를 채택했다. 그런데 그 모토를 철저히 준수함으로써 당대 최고의 실력자였던 김경욱 선수가 선발전에서 탈락하는 문제가 발생했다. 당시 세계양궁연맹에서 제정한 규정에 따르면 과녁에 꽂힌 화살은 심판이 체크한 이후에만 선수가 뽑을 수 있었다. 만일 심판이 체크하기 이전에 선수가 화살을 뽑으면 실격 처리된다. 그런데 선발전에서 김경욱의 화살 3발은 모두 10점 만점을 기록했다. 그 순간 선발을 확신한 김경욱은 너무도 기쁜 나머지 심판이 체크하기 전에 화살 3발을 뽑고 말았다. 그러자 심판은 김경욱의 화살 3발을 모두 0점 처리했다. 김경욱이 선발전에서 탈락한 것이다. 엄청난 충격이었다. 정말 원칙을 이런 식으로 지켜도 되는 것인가? 선발전은 한국 내부에서 치러진 비공식 경기였다. 따라서 원칙을 약간만 유연하게 적용하면 김경욱은 선발될 수 있었다. 하지만 대한양궁협회는 원칙을 철저히 준수하는 선택을 했다. 이후 김경욱은 무려 8년을 기다린 1996년 애틀랜타 올림픽에 가서야 여자 양궁 개인전과 단체전 금메달을 목에 걸을 수 있었다. 또 하나의 사례로는 2012년 런던 올림픽 여자 양궁 단체전에서 금메달을 따는데 결정적으로 기여한 최현주 선수를 꼽을 수 있다. 최현주는 약 7개월에 걸친 혹독한 선발전을 통과해서 대표선수로 선발되었다. 그런데 올림픽 경기 직전 극심한 컨디션 난조로 대단히 저조한 성적을 냈다. 그러자 협회에서는 선수를 교체해야 한다는 의견이 대두되었다. 하지만 선수를 교체할 경우 대한양궁협회에 정착된 공정하고 투명한 선발 시스템을 훼손하는 문제가 발생할 수 있었다. 대한양궁협회는 많은 고민 끝에 자체의 선발 시스템을 신뢰해야 한다는 결단을 내렸다. 최현주의 출전을 지지한 것이다. 그런데 최현주는 경기에 나가 3명의 대표선수 중 가장 우수한 성적을 거두었다. 최현주 때문에 금메달을 딸 수 있었던 것이다! 우리가 대충 머리로만 이해하는 합법적, 합리적, 공적 가치에 대한 헌신은 이 같은 '치열한' 정신으로 견인되는 경우에 한해서만 현실에서 구현될 수 있는 것이었다.

필자는 윤병선의 얘기를 들으면서 비인격적 원칙에 입각해서 작동하는 합법적 시스템이 현실에서 얼마나 '위대한' 힘을 발휘할 수 있는지를 절감했다. 그리고 그런 시스템에 입각해서 꾸준히 운영되는 대한양궁협회가 한국 사회에서 모범시해야 할 진정한 '시민단체'이기도 하다는 사실을 깨달았다. 무엇보다도 대한양궁협회의 존재 그 자체는 한국에서 전통적 지배를 타파하고 합법적 지배에 입각한 민주주의로 이행할 수 있는 길을 소리 없이 안내하고 있었다. 미국의 민주주의는 뉴잉글랜드의 타운미팅에서 발아한 민주주의 정신이 미국 대륙 전역으로 전파되면서 정착한 것이었다.[92] 한국의 시민사회는 대한양궁협회가 묵묵히 축적한 성과와 추구하는 정신을 성원하고, 보호하고, 배우고, 자기 분야에 응용하면서 합법적 지배의 질서를 점진적으로 확대해 나갈 필요가 있다고 본다. 윤병선은 인터뷰 말미에서 다음과 같은 얘기를 들려주었다. "잊지 마세요. 당신은 누군가의 '영웅'입니다!" 순간 인터뷰 내내 궁금했던 문제가 해결되었다. 대한양궁협회의 합리적 운영을 이끈 '정신'이 바로 이것이었다는 사실을 뒤늦게 깨달았기 때문이다.

---

92 A. 토크빌, 임효선·박지동 역, 『미국의 민주주의 I』(파주: 한길사, 1997), 92.

참고문헌

고든, 앤드류. 김우영 역. 2005. 『현대 일본의 역사』. 서울: 이산.

그레이슨, 제임스 헌틀리. 강돈구 역. 1995. 『한국종교사』. 서울: 민족사.

나성. 2014. 「옮긴이 말」. 메츠거, 토머스. 나성 역. 『곤경의 탈피』. 서울: 민음사.

듀스, 피터. 양필승·나행주 역. 1991. 『일본의 봉건제』. 서울: 신서원.

라이샤워. 1993. 「일본의 봉건제」. 러쉬튼 쿨본 편. 김동순 역. 『봉건제의 이해』. 서울: 민음사.

마루야마 마사오. 1997. 「초국가주의의 논리와 심리」. 마루야마 마사오. 김석근 역. 『현대정치의 사상과 행동』. 파주: 한길사.

______. 김석근 역. 1995. 『일본정치사상사연구』. 서울: 통나무.

메츠거, 토머스. 나성 역. 2014. 『곤경의 탈피』. 서울: 민음사.

박성환. 1999. 『막스 베버의 한국사회론』. 울산대학교출판부.

______. 1996. 「'손발'이 '머리'를 이기는 사회」. 《중앙일보》.

박승관. 2015. 「패권제적 사회질서: 한국인의 삶의 양식과 한국 사회과학의 시대적 과제」. 『정치와 평론』 제16집.

______. 2015. 「패권제적 사회질서와 한국 언론」. 정운찬 엮음. 『한국사회가 묻고 동반성장이 답하다: 위기의 본질과 대응 전략』. 동반성장연구소.

______. 1999. 「지식 정보 사회의 이상과 한국 사회의 현실: 아는 것은 '힘'인가, '병'인가?」. 크리스찬아카데미 시민사회 정보포럼 편. 『시민이 열어가는 지식 정보 사회』. 서울: 대화출판사.

베버, 막스. 2011. 「사회과학적 그리고 사회정책적 인식의 '객관성'」. 베버. 전성우 역. 『막스 베버 사회과학방법론 선집』. 파주: 나남.

______. 2011. 「사회학 기초개념」. 베버. 전성우 역. 『막스 베버 사회과학방법론 선집』. 파주: 나남.

______. 김덕영 역. 2010.『프로테스탄티즘의 윤리와 자본주의 정신』. 서울: 도서출판 길.

______. 전성우 역. 2007. 『직업으로서의 정치』. 파주: 나남.

______. 이상률 역. 1990. 『유교와 도교』. 서울: 문예출판사.

______. 홍윤기 역. 1986. 『힌두교와 불교: 종교사회학 II』. 한국신학연구소.

벨라, 로버트 앤. 박영신 역. 1994. 『도쿠가와 종교: 일본 근대화와 종교 윤리』. 현상과 인식.

쓰키아시 다쓰히코. 정녕 역. 2012. 「조선개화파와 후쿠자와 유키치」. 『한국학연구』 제26집.

쓰토무, 마에다. 이용수 역. 2014. 『일본사상으로 본 일본의 본질: 병학, 주자학, 난학, 국학』. 서울: 논형.

윤병선. 2016. 「세계 최고 한국 양궁의 전략은 원칙과 선제대응」. 『정치와 평론』 제19집.

이춘식. 2005. 『중국사 서설』. 교보문고.

이현휘. 2017, 「주권과 국가이성: 유럽 종교전쟁 100여 년의 나락에서 국제정치적 평화를 창출한 지적 혁신」. 이동수 편. 『지구촌과 세계시민: 세계시민 되기』. 고양: 인간사랑.

______. 2013. 「고대 중세 시민의 역사적 전개: '호모 폴리티쿠스'에서 '호모 에코노미쿠스'로」. 이동수 편. 『시민은 누구인가』. 고양: 인간사랑.

______. 2010. 「화이트헤드와 근대 세계관의 철학적 성찰」. 『화이트헤드 연구』 제21집, 123-165.

전성우. 1996. 『막스 베버 역사사회학 연구: 서양의 도시시민계층 발전사를 중심으로』. 사회비평사.

정재식. 2005. 『한국유교와 서구문명의 충돌: 이항로의 척사위정 이데올로기』. 연세대학교출판부.

주수만 역. 1982. 『막스 베에버어의 정치사상』. 경희대학교출판국.

차성환. 2004. 「독일 사회과학의 오리엔탈리즘: 막스 베버를 중심으로」. 『담론 201』 제7권 1호.

텐부룩, 프리드리히. 차성환 편역. 1990. 『막스 베버의 사회과학 방법론』. 서울: 문학과 지성사.

토크빌, A. 임효선·박지동 역. 1997. 『미국의 민주주의 I』. 파주: 한길사.

해리스, 에롤 E. 이현휘 역. 2009. 『파멸의 묵시록: 과학적 패러다임과 일상의 사유양식』. 부산: 산지니.

화이트헤드, A. N. 오영환 역. 1996. 『관념의 모험』. 파주: 한길사.

Agevall, Ola. 1999. "A Science of Unique Events: Max Weber's Methodology of the Cultural Sciences." Ph. D. diss., Uppsala University.

Bruhns, Hinnerk. 2012. "Weber's Patrimonial Domination and Its Interpretation" in Daniel C.Bach and Mamoudou Gazibo, eds., *Neopatrimonialism in Africa and Beyond.* Oxford: Routledge.

Buss, Andreas E. 1915. *The Economic Ethics of World Religions and Their Laws: An Introduction to Max Weber's Comparative Sociology.* Baden-Baden: Nomos.

Chabod, Federico. 1958. *Machiavelli and the Renaissance.* New York: Harper & Low.

Croce, Benedetto. 1945. *Politics and Morals*, trans. by Salvatore J. Castiglione. New York: F. Hubner & Co.

Eisenberg, Anderew. 1998. "Weberian Patrimonialism and Imperial Chinese History." *Theory and Society*, Vol. 27.

Hennis, Wilhelm. 2000. *Max Weber's Science of Man: New Studies for a Biography of the Work*, trans. by Keith Tribe. Newbury: Threshhold Press.

Jacobs, Norman. 1985. *The Korean Road to Modernization and Development.* Urbana: University of Illinois Press.

Kalberg, Stephen. 2012 *Max Weber's Comparative–Historical Sociology Today: Major Themes, Mode of Causal Analysis, and Applications.* Fanrham: Ashgate.

Kissinger, Henry. 2014. *World Order.* New York: Penguin Press.

Koshul, Basit Bilal. 2014. *Max Weber and Charles Peirce: At the Crossroads of Science, Philosophy, and Culture.* Lanham: Lexington Books.

______________. 2005. *The Postmodern Significance of Max Weber's Legacy.* New York: Palgrave.

Meinecke, Friedrich. 1962. *Machiavellism: The Doctrine of Raison D'Etat and Its Place in Modern History.* New Haven: Yale University Press.

Munch, Peter A. Munch. 1991. "'Sense' and 'Intention' in Max Weber's Theory of Social Action" in Peter Hamilton, ed., *Max Weber (I): Critical Assessments.* Vol. 2. London: Routledge, 1991.

Münch, Richard. 2001. *The Ethics of Modernity: Formation and Transformation in Britain, France, Germany, and United States.* Lanham: Rowman & Littlefield Publishers, Inc.

Palais, James B. 1995. "A Search of Korean Uniqueness." *Harvard Journal of Asiatic Studies*, Vol. 55, No. 2.

Poggi, Gianfranco. 1988. "Max Weber's Conceptual Portrait of Feudalism." *The British Journal of Sociology.* Vol. 39, No. 2.

______________. 1983. *Calvinism and the Capitalist Spirit: Max Weber's Protestant Ethic.* London: The Macmillan Press.

Seth, Michael J. 2016. "Korean Neo–Confucianists and Islamic Reformers: A Historical Comparison." 『정치와 평론』 제19집.

Swatos, Jr. William H. 1981. "The Disenchantment of Charisma: A Weberian Assessment of Revolution in a Rationalized World." *Sociological Analysis.* Vol. 42, No. 2.

Swedberg, Richard. 2005. *The Max Weber Dictionary: Key Words and Central Concepts.* Stanford, California: Stanford University Press.

Weber, Max. 2012. "Roscher and Knies and the Logical Problems of Historical Economics" in Hans Henrik Bruun and Sam Whimster, eds., *Max Weber: Collected Methodological Writings*, trans. by Hans Henrik Bruun. London: Routledge.

__________. 2012. "Some Categories of Interpretive Sociology" in Hans Henrik Bruun and Sam Whimster, eds., *Max Weber: Collected Methodological Writings*, trans. by Hans Henrik Bruun. London: Routledge.

__________. 2012. "The Meaning of 'Value Freedom' in the Sociological and Economic Sciences" in Hans Henrik Bruun and Sam Whimster, eds., *Max Weber: Collected Methodological Writings*, trans. by Hans Henrik Bruun. London: Routledge.

__________. 1968. *Economy and Society: An Outline of Interpretive Sociology*, ed. by Guenther Roth and Claus Wittich. New York: Bedminster Press.

Whitehead, Alfred N. 1950. *Science and the Modern World.* New York: The Macmillan Co.

Zhao, Dingsin. 2015. "Max Weber and Patterns of Chinese History." *Chinese Journal of Sociology.* Vol. 1, No. 2.

"Why South Korea's Corruption Scandal is Nothing New." *BBC* (24 Nov., 2016).

2장
중국의 대응

김시천

한국의 시민들에게 아시아 혹은 '동아시아'(East Asia)라는 지리적 명칭은 매우 익숙한 표현이다. 그러나 장구한 역사적 관점에서 보거나 19세기 이후의 지정학적 관점에서 볼 때 '동아시아'는 여전히 불안정한 개념이다. '동아시아'라는 개념을 단지 세계지도를 펴 놓고, 한반도와 이를 둘러싼 지역으로서, 중국과 일본 그리고 베트남을 포괄하는 지역이라고 말하기는 쉽다. 하지만 역사적으로나 지정학적으로 이 지역은 '동아시아'라는 하나의 명칭으로 포괄하기에는 쉽지 않은 면들이 많다.

19세기에 이르기까지 한반도에 거주했던 사람들에게 더 익숙한 표현은 오늘날 널리 쓰이는 '세계'(World)가 아니라 '천하'(天下)였다. '세계'란 말은 단어의 사전적 정의가 "지구 위의 모든 나라"라고 하듯, 19세기에서 20세기를 거치며 성립된 주권 국가들로서 세계지도에 표기되는 국가들을 포괄하는 명칭이다.[1] 이와 달리 '천하'란 중국의 화이관(華夷觀)을 바탕으로 성립된 동아시아 지역의 국제적 질서를 가리키는 말이면서 동시에 세계관을 담고 있는 말이다.

이른바 19세기 이후 '근대'(the Modern Age)의 도래는 전통적 질서인 '천하'의 붕괴와 함께 새로운 '세계' 질서로의 재편의 과정이었다고 할 수 있다. 그런데 놀라운 것은 21세기 한국에서 전통적 국가 질서를 함축하는 '사대'(事大)가 공공연히 쓰이고 있는 것은 물론, 중국의 사상계에서 '천하'라는 말로 새로운 국제질서를 지칭하는 학자들이 등장하고 있다는 점이다. 20세기를 점철했던 '근대화'(modernization)를 넘어 새로운 세계가 도래하고 있는 것이다.

이 장에서는 19세기 동아시아가 겪은 '서구 충격'(the western impact)으로부터 현재의 탈근대(the post-modern)적 상황에 이르기까지 중국의 경험이 어떠한 과정을 거치며 변화하였는가에 대해 서술하고

---

1 전 세계의 국가 수는 세계지도상으로 237개국, 세계은행 통계로 229개국, UN회원국으로 193개국, 국제법상으로 242개국이다. 이들 중 한국과 교역하는 국가는 224개국이다. 이렇게 국가의 수는 기준에 따라 다르다. 예컨대 바티칸시티와 대만은 독립국이지만 UN회원국이 아니며, 푸에르토리코나 버뮤다는 아직 독립국의 지위를 인정받지 못하고 있다. 이는 어떤 기준에 따라 통계하는가에 따라 달라질 수 있음을 보여주지만, 가장 분명한 사실은 오늘날 '세계'는 이러한 '국가들'로 구성되어 있으며 이러한 세계는 근대를 통해 형성되었다.

자 한다. 이는 '동아시아의 근대'와 '시민 사회의 미래'라는 핵심 주제와 관련하여 최소한의 이해를 바탕으로 향후 바람직한 동아시아 시민 사회를 건설하기 위해 어떠한 노력이 요구되는가를 성찰하려는 시도이다.

1. '서구'의 충격과 전통

대개의 역사 서술에 따르면 동아시아에서 근대(the Modern Age)는 아편전쟁(1840-1842)으로부터 시작한다. 본래 아편전쟁은 청(淸)으로부터 차(茶)와 비단을 수입하던 영국이, 서민들에게까지 홍차를 마시는 습관이 일상화되면서 대량의 차를 수입하게 되자 이를 만회하기 위해 아편을 대량으로 수출하게 되면서 일어났다. 아편중독으로 인해 심각한 피해를 입은 것은 물론 대량의 은이 영국으로 유출되자 청 조정은 대량의 아편을 몰수하여 불태워버렸다.

이를 빌미로 영국은 전쟁을 일으켜 청의 군대를 격파하고 1842년 불평등한 난징(南京) 조약을 강요하였고, 청은 막대한 전쟁 배상금과 함께 홍콩(香港) 등을 할양하게 됨으로써 '천하'의 중심으로서의 지위가 심각하게 손상되었다. 이러한 소식은 조선과 일본에도 전해졌는데, 청이 아편전쟁에 패배했다는 사실에 충격을 받은 일본은 미국과의 개항으로부터 1868년 메이지 유신(明治維新)에 이르기까지 근대화가 시작되는 계기가 되었다.

이와 같이 19세기 동아시아가 서구의 제국주의 열강과 조우하면서 일어난 일련의 변화는 '서구의 충격'(the Western Impact)과 '동양의 대응'(the Eastern Response)이라는 도식으로 다루어져 왔다. 19-20세기 역사를 바라보는 이러한 시각은 동아시아의 근대화, 제국주의와 식민지화, 세계대전에 이르기까지 동아시아의 근본적인 변화를 서술하는 중요한 틀로 작동해 왔다. 미국의 역사학자 코헨(Paul A. Cohen)은 이러한 대표적 서술의 예로 클라이드와 비어스(Clyde and Beers)의 저술을 인용한다.

> 동아시아는 그 영향력의 폭과 깊이에서, 아마도 지금까지 역사에서 유례가 없었던 혁명의 단계에 들어섰다. 그것은 커다란 두 가지 움직임을 포함한다. 첫째는 모든 측면에서 서양 문명이 확장되고 중·동아시아의 낡고 전통적인 사회에서 서양 문명의 힘이 확장되었던 것이다. 이러한 현상은 19세기 초에 시작되었고 보통 '서양의 충격'이라고 하는데, 정치적인 힘이라고 하는 측면에서 20세기 초에 아시아의 거의 대부분을 지배하게 되었다. 그러나 바로 그 때 이러한 혁명의 두 번째 측면이 전개되고 있었다. 서양의 충격에 대한 아시아의 대응은 처음에는 멈칫하고 평탄하지 못하였으며 방향성도 없었지만, 제2차 세계대전이 끝날 무렵 저항하기 어려운 추진력을 가지게 되었다. 결과적으로 20세기 중반에 새로운 동아시아가 나타났다.[2]

클라이드와 비어스의 서술에 따르면, 20세기 중반에 등장한 '동아시아'(Far East)는 서구 문명의 확장과 그 충격에 대한 반응으로 새롭게 출현한 그 무엇이다. 그런데 이런 식의 이해는 매우 도식적이며 충분한 사실에 바탕한 이해가 아니라고 코헨은 비판한다. 그에 따르면 19-20세기 동아시아의 역사는 서양에 의해 초래된 것들과 그러한 영향에 의한 것들 그리고 서양과 상관없는 내적인 영역들을 아우르는 포괄적 시야에서 파악되어야 한다고 제안한다.[3]

이와 유사하게 천샤오밍 등이 공동으로 집필한 『중국 근대사상사 약론』은 19세기 중국의 사상적 변화를 다음과 같이 개괄한다.

> 경학(經學)·불학(佛學)·서학(西學)은 근대에 각각 독립된 원류를 가진 사조다. … 경학과 불학, 서학의 서열은 이미 사상의 논리에 부합할 뿐 아니라 역사의 표상에도 접근한다. 아편전쟁에서 무술변법(戊戌變法, 1898)까지 신사조는 경학(특히 캉유웨이의 금문 경학)의 틀 가운데서 출현했다. 무술년에서 신해혁명(辛亥革命, 1911) 전후까지(탄쓰퉁에서 장타이옌까지) 불학은 평소와 달리 정치 변혁 중에 질풍을 부르는 역할을 했다. 무술변법 이전 "오랑캐의 장기를 배운다"는 구호가 나왔을 때 근대 무대에 오른 서학은 위세가 날로 굳세졌다. 신해 시기에 이르러, 특히 5·4신문화운동 때

2 Clyde and Beers, *The Far East: A History of the Western Impact and the Eastern Response(1830–1965)*, 4th edition (Englewood Cliffs, N. J.: Prentice-Hall, 1966), 6(폴 A. 코헨, 장의식 외 역, 『미국의 중국 근대사 연구』(서울: 고려원, 1995), 38-39에서 재인용).

3 폴 A. 코헨, 『미국의 중국 근대사 연구』, 97-100.

는 그야말로 주류가 되었고 맹주의 지위를 확보했다. 서학은 신전통을 구성하는 데 가장 유력한 역량이었다.[4]

폴 코헨의 지적처럼 서구의 충격이라는 영역에서만 보면 중국은 아편전쟁의 참패로부터 서구로부터 '근대'를 배우고자 낡은 전통을 버린 것처럼 이해될 수 있다. 그러나 천 샤오밍 등은 19세기에서 20세기 초까지 중국의 사상적 변화는 크게 세 갈래가 복잡하게 뒤섞이면서 커다란 흐름을 이루었다고 주장한다. 무엇보다 중국의 내적 정치 개혁을 주도했던 것은, 가장 낡은 것으로 치부되었던 유교의 '경학'이었다.

그러나 1920년대 신문화운동은 전통 자체에 대한 격렬한 부정과 비판을 진행하였지만, 이에 대한 반발로 유학을 부흥시켜야 한다는 새로운 유학이 '현대신유가'(現代新儒家)를 낳는 계기가 되기도 했다. 현대신유가는 한편으로 서양의 사조를 흡수하면서 제1차 세계대전의 폐허를 목도하며 서구가 온전한 대안이라는 생각에 동조하지 않았다. 하지만 이들도 최후의 주인공은 아니었고, 비슷한 시기에 태동한 마르크스주의는 1930년대에 가장 유력한 정치적 힘을 얻어 1949년에는 새로운 중국을 낳는 원천이 되었다.

이렇게 보면 중국은 서구와 조우하면서 '낡은 유학'은 버리고 서구로부터 새로운 '과학'과 '민주'를 수용하여 새로운 세계를 구축하였다는 '근대화' 시나리오는 역사를 너무 피상적으로 단순화하는 우를 범

4 천샤오밍·단스롄·장융이, 김영진 역, 『근대 중국사상사 약론–경학·불학·서학으로 본 중국인의 사유실험』(서울: 그린비, 2008), 22–23.

할 수 있다. 19-20세기 내내 전통은 과거의 시대와 마찬가지로 끊임없이 재해석되었고, 격렬한 비판을 받기도 하였으나, 1980년대를 거치면서 21세기에 이르러 다시금 '중국모델'의 사상적, 문화적 자원으로 재평가 되고 있다. 조경란은 이러한 변화를 이렇게 서술한다.

> 이제 중국에서는 거의 모든 문제를 유학의 눈으로 다시보기를 시작했다고 해도 과언이 아니다. 즉 현대세계에서 중국은 무엇인지, 무엇이 되어야 하는지를 유학의 재정위(再定位)를 통해 고민하고 있다. … 중국의 20세기는 이데올로기적 잣대를 들이대지 않고 건조하게 보면 결과적으로 '부강의 꿈'(富强夢)이 이루어진 세기이다. 전통과 근대 그리고 혁명이라는 담론과 실천은 결과적으로 부강몽에 회수돼버린다. 이는 19세기 말 서세동점의 위기 상황에서 중국이 '유교'와 '국가' 중 후자를 선택했던 데서 비롯된 것이다. '문명-국가'가 아닌 '민족-국가' 패러다임이다. 100-150년 동안의 격랑 끝에 중국은 부강한 국민국가라는 꿈을 실현했다. 물론 이런 성과를 이룬 원인을 두고는 의견이 분분하지만 어찌되었건 이를 바탕으로 이제 다시 새로운 중화제국을 재건하려는 '중국의 꿈'(中國夢)이 제시되었다.[5]

1920년대의 신문화운동은 서구로부터 수용한 '과학'과 '민주'를

5 조경란, 『20세기 중국 지식의 탄생-전통·근대 혁명으로 본 라이벌 사상사』 (서울: 책세상, 2015), 9-10.

바탕으로 과거의 구습과 낡은 전통을 타파해야 한다는 거대한 물결을 이루었다. 하지만 유학을 통해 제1차 세계대전의 폐허를 목격한 일부의 지식인은, 물질문명의 비인간성과 서구적 이성의 폭력성을 폭로하면서 전통 유학의 부흥을 통해 새로운 문화를 창출해야 한다는 문화적 보수주의를 형성하였다. 이들을 '현대신유가'라고 한다.

한편 현대신유가는 1949년 국민당이 대만으로 물러가고 공산당이 중국을 석권하여 신중국 즉 중화인민공화국(中華人民共和國)의 수립과 더불어 대만, 홍콩, 싱가포르와 여러 나라로 흩어졌으나 1980년대 개혁 개방의 물결과 함께 다시금 중국에서 커다란 흐름을 형성하고 있다. 21세기 오늘날 이들은 '대륙신유가'라 불리며, 서구와 다른 새로운 길로서 '중국 모델'을 주창하는 사상적, 문화적 기반이 되고 있다.

매우 거칠지만 1840년의 아편전쟁으로부터 2008년의 베이징 올림픽에 이르기까지 역사적, 사상적 변화의 축은, 서구로부터 수입한 근대를 수용하여 이를 토착화하는 과정으로 이해하는 것의 한계를 보여준다. 오히려 19–20세기 중국의 역사는 '근대화' 혹은 '서구화'라는 일방적 과정이 아니라 '천하'라는 세계질서가 깨지면서 부강한 민족국가로 거듭나는 과정이었고, 그 과정에서 한동안은 '서구화'와 '근대화'를 그 일부로써 수행한 것이라 말할 수도 있다.

하지만 이제 부강한 G2 국가를 달성한 오늘날 중국은 오히려 근대와 서양을 넘어서면서 스스로의 독자적인 길을 세계에 천명하고 있다. 심지어 마르크스주의마저 전통의 유학으로 대체하면서 다시금 '문명–제국'으로서의 천하 질서를 꿈꾸고 있다. 달리 말해 오늘날 중국에서 '근대화'의 과제는 이미 완성된 것이며, 앞으로의 길은 '서구적 방법'을 극복하고 새로운 세계질서를 창출하는 사명을 자처하는 지식인이 등장하고 있다. 그리고 그 주된 자원은 유학을 중심으로 하는 '전통'이다.

그런 의미에서 '전통'은 과거의 유물이나 역사가 아니라 살아있는 문화이자 미래의 힘의 원천으로서 의미를 갖는다.

2. 천하관과 근대화

진 관타오(金觀濤)와 류 칭펑(劉淸峰)은 20세기 중국의 관념사를 서술하면서, '현대성'과 관련된 세 가지 가치를 전제하면서 다음과 같이 서술한다.

> 현대성은 세 가지 기본 가치 위에서 성립된다. 첫째는 도구적 이성이고 둘째는 개인의 권리이며 셋째는 민족주의이다. … 민족주의의 기초는 정체성인데, 그것과 문화적 심층구조의 관계는 착종되어 복잡하다.[6]

진 관타오와 류 칭펑은 19세기에서 20세기에 이르는 다양한 출판

6 진관타오·류칭펑, 양일모·송인재·한지은·강중기·이상돈 역, 『관념사란 무엇인가 2』(서울: 푸른역사, 2010), 222.

물을 데이터베이스화하여 이른바 근현대 사상사에서 가장 중요한 관념들의 의미가 어떻게 변천하고 바뀌어 나가는지를 매우 실증적인 방식으로 연구했다. 그 결과물로 출간된 『관념사란 무엇인가 1. 2』에서 중국 민족주의의 발흥과 관련하여 저자들은 전통적 개념인 '천하'와 '만국'(萬國)의 사용 빈도가 압도적이었으나 대략 1900년을 기점으로 '세계'와 '민족'이 사용 빈도를 대체하는 경향을 나타내는 것으로 분석한다.[7]

진 관타오의 정리에 의하면 고대 중국의 춘추전국 시대로부터 사용되었던 '천하'는 '국國'과 '가家'의 동형 구조와 화하중심주의를 대변하는 개념으로 전통적 국가관과 세계관의 특성을 보여주는 것이었다. 이 천하라는 개념은 특히 세 가지를 핵심 특징으로 한다.

첫째, 천하는 세계 전체를 가리키는 개념으로서 '가'와 '국'의 동형 구조는 일정한 경계가 없고 민족에 의탁하지 않는 개념의 성격을 갖는다. 따라서 황제의 가족을 정점으로 삼는 중앙과 '가'로 이루어진 기층조직은 오로지 유교적 도덕만을 공통 요소로 함으로써 원칙상 전체 인류를 포함하는 세계주의적 경향을 갖는다. 이 때문에 세계는 곧 천하로 불릴 수 있는 원인이 되었다는 것이다.

둘째, 천하는 도덕의 고저에 따라 구분된 등급질서로서, 유교의 도덕질서의 통치 범위로서 반드시 유교 도덕을 받아들이는 정도에 따라 약간의 등급으로 나뉜다. 유교 윤리를 완전히 받아들인 지역은 중

---

7 이하의 논의는 진관타오·류칭펑, 『관념사란 무엇인가 2』, 228-230 참조.

앙 왕조의 군현제에 편입되어 예의의 나라로서 천하의 중심이 되고, 그 주변의 경우는 중앙왕조보다 한 등급이 낮으며, 따라서 주변 지역은 중앙왕조에 조공을 실행해야 한다. 이러한 동심원적 구조는 세계를 화하를 중심으로 삼는 천하로서 민족국가로 구성된 집합이 아니기 때문에, 중국의 천하관은 '화하중심주의'라고 일컬을 수 있다.

셋째, 천하는 하나의 도덕공동체로서 주권은 도덕공동체의 최고 영수인 황제가 행사하는 권력이다. 달리 말하면 천하관에는 국가 주권의 지위가 없다. 이는 서양 근대 국민국가의 관념이 국가를 주권과 동일시하는 것과는 분명한 차이가 있다. 이러한 천하관은 "중심이 유교윤리의 실현여부에 있다고 한다면, 유교의 도덕질서를 실현하는 능력 또한 천하관을 지배하는 내재적 요소가 된다. 일반적으로 외이(外夷)는 도덕 수준이 낮아 화하와 구별되며, 그들은 단지 중앙왕조의 교화, 방비, 정복 대상이다. 이러한 천하관의 주도 하에서는, 이적에 대한 인식과 이적의 내부 사무에 대한 간섭은 결코 그렇게 중요하지 않다."[8]

우리가 익히 알고 있는 동아시아의 '천하'는 단순한 지리적 개념으로서만이 아니라 유교적 도덕질서를 중심으로 하는 문화적 개념이며, 이는 또한 '중화제국'과 그 주변의 조공국으로 이루어지는 동아시아 국제질서를 일컫는 하나의 정치적, 지리적 개념이기도 하였다. 이는 고대 중국적 세계관의 형성과 더불어 2,000여 년이나 동아시아의

8 진관타오·류칭펑, 『관념사란 무엇인가 2』, 231.

지역 질서를 구축해 온 하나의 틀이자 전통 중국의 세계관이기도 하였다.

그러나 19세기 서구 열강과의 조우, 특히 아편전쟁의 패배와 함께 이러한 인식은 점차로 변화하게 된다. 1840년대에 웨이 위안이 쓴 『해국도지』나 1864년 발행된 『만국공법』에 반영된 새로운 세계상은, 중국 또한 수많은 여러 나라 가운데 하나이며, 이러한 국가들 간의 교류는 기존의 방식과 달라져야 함을 인식하고 있음을 보여준다. 하지만 그럼에도 불구하고 진 관타오는 중국적 천하관이 근본적으로 바뀌게 된 계기는 청일전쟁(1894-1895) 이후임을 지적한다.

> 청일전쟁의 패배는 한편에서는 동아시아에 잔존한 천하질서의 철저한 붕괴를 의미하며, 또한 유학의 경세치용(經世致用)에 의거하여 부국강병(富國强兵)을 실현하고 세계 민족국가의 반열에 오르려는 목적의 허망함이 증명된 것이다. 그 결과로 사대부들이 유교윤리에 희망을 걸 수 있다는 점을 의심하기 시작하였고, 아울러 중국문화의 정당성 관념도 거대하게 변했으며, 중국 전통사회의 현대적인 형태 전환도 이로부터 가속화되기 시작했다.[9]

세계의 중심으로서 스스로를 자부하던 중국(中國, the Central Kingdom)의 '천하'는 이렇게 새로운 근대로 접어들게 된 것이다. 이러한 맥

---

9 진관타오·류칭펑, 『관념사란 무엇인가 2』, 246.

락에서 볼 때 중국의 근대화는, 이른바 문명의 중심으로서의 지위에 대한 포기와 함께 근대적 국민국가—혹은 민족국가—의 실현을 가장 중차대한 과제로 설정하게 되는 것이다. 달리 말하자면 중국의 근대화는, 유교를 중심으로 하는 "문화주의를 대신한 새로운 정치구성체를 통해 자기정체성을 유지하지 않을 수 없었으니, 서구의 부강의 요체로 보인 '국민국가'—이미 일본이 도입해 효과를 본—가 그 모델이었다."[10]

이러한 생각의 반영은 수많은 출판물들에서 1900년을 기점으로 '천하'의 사용은 갑자기 감소하며 대신 '민족'의 사용 빈도가 점차로 증가하기 시작한다. 그리고 1902년에 이르러 처음으로 '민족주의'라는 말이 사용되기 시작하는데, 이러한 내용을 잘 보여주는 한 가지 사례는 1903년에 발표된 글로서 다음과 같다.

> 민족의 정치능력에 항상 우열이 있지만, 전제정체에서 민족국가로 진화할 수 있는 자는 우월하여 승리하고 전제정치에서 민족국가로 진화하지 못하는 자는 항상 열등하여 패배한다. 전체정체에서 민족국가로 진화한 인종은 곧 세계국가를 건설하는 주인공이며, 전제정체에서 민족국가로 진화하지 못한 인종은 반드시 머리를 숙여 우열하여 이긴 자의 지휘를 받아야 하니 기치를 들고

---

10 백영서, 『동아시아의 귀환-중국의 근대성을 묻는다』(파주: 창비, 2000), 72-73.

먼저 세계국가의 무대에 오를 수 없다.[11]

이 짧은 문장에서 두드러진 것은, 19세기에 주로 사용되었던 전통적 세계관 용어인 '천하'와 '만국'은 사라지고, 여러 민족들은 스스로 민족국가를 건설해야 하는 사명을 지니며 이러한 민족국가를 통해 '세계'가 구성된다는 것을 밝히고 있다는 점이다. 더 나아가 이 글에서는 생존경쟁과 자연선택을 하나의 공리로 보고 이를 바탕으로 국가주권의 개념이 긍정되면서 중국 민족주의의 탄생을 주도하고 있다는 점이다.

진 관타오가 서술하는 '근대화'는 앞서 인용했던 조경란의 표현으로 바꾸자면, 중국은 19세기 말 서세동점의 상황에서 청일전쟁 이후 '문명-국가'라는 유교적 천하관에서 벗어나 근대적인 '민족-국가'로의 패러다임 전환을 의미한다. 그러나 그럼에도 불구하고 이를 전근대와 근대를 완전히 분리하여 보는 것은 21세기의 현실을 바라보는 관점에서는 부적합한 것임을 놓치지 말아야 한다.

---

11 진관타오·류칭펑, 『관념사란 무엇인가 2』, 254에서 재인용. 원 글의 출처는 다음과 같다. 「國家學上之支那民族觀」, 『遊學譯編』 第11冊(1903. 10. 5).

3. 구국과 계몽의 이중주

19세기에서 20세기 초를 거치며 중국은 이른바 '민족-국가'의 수립이라는 거대한 근대화 프로젝트의 단계에 도달한다. 청일전쟁의 패배에서부터 1910년의 신해혁명을 통한 새로운 체제의 성립에 이르기까지 중국의 현대사는 그야말로 격변의 시대였다. 그런데 중국적 근대화의 출발이 이른바 '민족국가'의 수립에 있었다는 거대한 방향 설정과 더불어 또 한 가지 짚어 보아야 할 것은, 이러한 국가와 구분되면서 자율적 개인들로 구성되는 시민사회의 가능성이다.

적어도 개인에 기초한 서구적 시민사회의 발전과정과 근대적 국가의 출현에 비추어 볼 때, 중국에도 이에 상응하는 근대적 주체로서의 개인과 자율적 개인들로 구성되는 시민사회가 존재하는가 하는 문제는[12] 이 책의 주제의식과 관련하여 대단히 중요한 함의를 갖는다. 그럼에도 과연 이러한 문제의식 자체가 어쩌면 유럽의 역사상을 직접 또는 간접으로 전제하고 그로부터 중국 현대사의 진행 방향이 '근대성'의 성취여야 한다는 전제로 해석하고 있는 것은 아닌가 하는 회의가[13] 제기되는 것도 현실이다.

이러한 현실을 반영하듯 최근 중국에서의 민주주의에 관한 논의를 모은 책, 『중국의 민주주의는 어떻게 가능한가-중국의 논의』에서

---

12 백영서, 『동아시아의 귀환-중국의 근대성을 묻는다』, 95-128 참조.

13 백영서, 『동아시아의 귀환-중국의 근대성을 묻는다』, 127.

는 "자유, 시민사회, 민주를 강조하는 서구적 시각은 효율적 국가에 대한 몰이해에 기초해 공공권위를 제약하는 데에만 초점을 맞추고 있다"[14]는 중국학자들의 비판적 견해와 아울러 중국식 민주주의의 길에 대한 다양한 논의를 소개하고 있다. 이 절에서는 21세기 최근의 현실을 염두에 두면서 20세기 초 중국의 근대에 대한 대응으로서 5·4 시기의 주요한 정치적, 사상적 과정을 간략히 살피고자 한다.

앞의 절에서 논의했던 바와 같이 19세기를 거치며 천하에서 민족국가의 수립이라는 근대화 프로젝트의 거대한 방향설정은, 서세동점의 상황에서 불완전한 개혁으로 이에 대응하려 했던 청(淸) 조정을 타도하고 신해혁명(辛亥革命)을 통해 성취되는 듯이 보였다. 전통적 지배자였던 황제가 물러났고 시대는 바뀌는 듯이 보였으나, 실질적인 공화(共和)와 입헌(立憲)은 쉽지 않았다. 결국 혁명 후 얼마 되지 않아 복고주의가 출현하면서 권력자 위안 스카이(袁世凱)는 황제 체제의 부활을 꾀하였다.

이러한 상황을 목도한 리 다자오(李大釗)는 다음과 같이 서술하였다.

> 나는 결국 중국의 성인과 황제는 상당한 관계가 있음을 깨달았다. 홍헌황제(위안스카이)가 출현하기 이전 존공(尊孔)과 제천(祭天)의 사태가 있었으며, 남해성인(캉유웨이)과 변발장군(장쉰)이

14 이희옥·장윤미 책임편집, 『중국의 민주주의는 어떻게 가능한가-중국의 논의』(성균관대학교출판부, 2013) 참조.

함께 베이징에 오더니 황제가 다시 즉위하는 일이 벌어졌다. 오늘날에도 또한 기를 쓰고 성인 앞에서 노력하는 사람이 있는데, 정말 놀랍고 두려우며 중화민국을 위해 염려하지 않을 수 없다.[15]

신해혁명이 청조 타조를 내걸었던 정치혁명이라면, 1919년에 본격화된 5·4운동은 학생들로부터 시작된 애국운동으로서 천두슈 등이 발간하였던 《신청년》(新青年)과 같은 각종 매체를 통해 전통을 비판하고 서구문화를 소개하며 개인의 자유와 평등 그리고 독립을 쟁취하고자 했던 문화적, 사상적 혁명 운동이었다. 당시 《신청년》의 주필이었던 천두슈에 따르면, 5·4운동 전후에 일어난 신문화운동의 정신은 서구의 개인주의로 중국의 봉건적 집단주의를 대체하려 했다.

특히 신문화운동은 개인의 자주성을 세우기 위해 가족주의와 효를 비판하였고, 여성의 해방을 외쳤다. 이러한 시대적 분위기는 청년 학생들로 하여금 새로운 행위양식을 창조하도록 북돋았으며, 자발적으로 서로 연계하고 단체와 조직을 구성하도록 추동하였다. 이러한 단체 활동을 통해 청년들은 당시 유행하던 사회주의는 물론 다양한 사상 사조를 학습하고, 새로운 이상을 추구하는 기풍을 세웠다. 이러한 단체 가운데 대표적인 것이 공독호조단(工讀互助團) 같은 조직이었다.

---

15 李大釗, 「聖人與皇帝」(1919. 10. 5), 『李大釗文集』(下)(北京: 人民出版社, 1984), 95(리 쩌허우, 김형종 역, 『중국현대사상사론』(파주: 한길사, 2005), 50에서 재인용).

하지만 일종의 공산주의 실험이었던 공독호조단의 구상과 실험은 오래가지 못하였다. 오히려 국민당과 공산당의 10년 내전, 항일전쟁과 같이 망해가는 민족과 국가를 구해야 한다는 '구망'(求亡)을 위한 혁명의 조류가 모든 것을 빨아들였다. 외세에 대한 저항, 국공(國共)의 내전이라는 커다란 정치적, 군사적 투쟁의 과정 속에서 개인의 자유와 민주주의를 위한 계몽이나 개인의 자유와 인격의 존엄을 제창하는 사상은 스러지고, 모든 것을 혁명을 불길 속에 태워야 했던 집단의 의지와 역량만이 강조되었다.

1990년대 중국의 자유화 물결의 상징처럼 등장했던 사상가 리 쩌허우(李澤厚)는 『중국현대사상사론』에서, 앞서 서술한 5·4 시기 중국의 사상적 정치적 변화의 특징을 다음과 같은 네 가지 명제로 요약하여 서술한다.

> 천두슈(陳獨秀)는 1916년 '최후의 각오가 되는 각오'를 제기하여 전통을 반대하면서 계몽을 호소했다. 5·4 운동은 결혼의 자유에서 공독호조단에 이르기까지 청년세대 행위모델의 변화를 가져왔다. 일부 사람들은 무정부주의를 거쳐 마르크스주의를 선택했다. 구망(求亡)은 다시 한 번 계몽을 압도했다. 지식인은 혁명전쟁 속에서 다시 이러한 혁명에 의해 정복당했다. 봉건주의는 결코 해소되지 않았으며, 사회주의의 가면 아래 갖가지 폐단을 가져왔기에, 사람들은 다시금 5·4를 불러 외치게 되었다.[16]

리 쩌허우에 따르면, 19세기말에서 20세기를 거치면서 이른바 중국의 근대에 대한 대응은, 민족국가의 수립을 통해 국제질서에서 스스로의 주권과 정체성을 확립하는 하나의 과정과 더불어 다른 또 하나의 근대적 기획이 태동하였다. 이 과정은 신해혁명으로 타오른 황제지배체제의 타도와 달리 개인의 자유와 인권, 민주주의와 과학적 합리적 생활 태도의 배양을 문화적으로 성취하고자 했던 광범위한 문화 운동이었다.

하지만 반식민화로 인한 항일전쟁과 국공 내전 등의 정치적, 군사적 격변은 이러한 모든 에너지를 혁명의 소용돌이로 빨아들여 봉건적 잔재를 청산하는 데에는 실패하였다는 것이다. 달리 말해 근대적 계몽의 기획은 망해가는 국가와 민족을 구해야 한다는 구망에 온 에너지를 쏟아 부을 수밖에 없었고, 이는 여전히 미완의 기획으로 남게 되었다는 것이다. 그러한 결과 리 쩌허우는 20세기 말에 이르기까지 미완의 기획으로서의 근대화의 과제를 이렇게 요약한다.

> 중국의 전통에는 모든 것을 자신의 독립적인 분투, 모험 정신에 의지하는 적극적이고 진취적인 개인주의가 결여되어 있다. 민주주의의 문제 역시 이와 마찬가지이다. 중국 전통의 민주주의라는 것은 '인민을 위하여 주인이 되는' 것이지 '인민이 주인이 되는' 것은 아니다. 청렴한 관리, 어진 황제가 '백성을 귀하게 여기는' 것이지 백성 자체가 스스로를 귀하게 여기는 것은 아니다. 오늘날에

16 리 쩌허우, 『중국현대사상사론』, 35.

도 여전히 이러한 부당한 사상의 혼동이 존재한다.[17]

이 때문에 리 쩌허우는 중국의 개인주의 전통이 어느 정도 인정되기는 하지만, 전통적인 개인에 대한 긍정은 소극적이며, 현실과 타협하지 않는 현실비판의 태도일 뿐이라고 아쉬움을 토로한다. 내적으로 성인의 인격을 갖추어야 한다는 유교적 프로그램은 서구적 개인에게 요구되는 법률을 준수하는 시민 프로그램보다 실행가능성이 훨씬 적다는 점을 인정한다. 그럼에도 불구하고 리 쩌허우는 전통 유교윤리의 우량한 것을 창조적으로 계승할 것을 과제로 제시한다.[18]

4. 유교적 사회와 시민사회

1979년 개혁 개방 노선을 취한 이후 오늘날 21세기에 이른 중국은 G2라 불릴 정도로 거대한 자본 축적 국가가 되었다. 이른바 '중국굴기'로 상징되는 중국의 부상이라는 거대한 흐름은 이제 세계적인 관심의 중심이 되었다. 이른바 근대화와 관련하여 첸 리췬(錢理群)은 중국의 경제적 부상이 갖는 빛과 그늘을 다음과 같이 선명하게 대비시켜 서술한다.

17 리 쩌허우, 『중국현대사상사론』, 95.

18 리 쩌허우, 『중국현대사상사론』, 98.

> 2009년 중화인민공화국 건립 60주년은 중국 역사에서 하나의 중요한 표지다. 60년의 노력을 포함하여 중국 근현대 100년 동안의 노력으로 중국은 결국 고도의 독립된 통일국가를 건설했고, 기본적으로 13억의 먹는 문제를 해결했으며, 경제적으로는 고속 발전을 이루었다. 이는 중국과 같이 영토가 광대하고 인구가 많으며 거기다가 서방세계의 포위 아래에 있었던 동방대국으로서는 결코 쉬운 일이 아니며 그런 점에서 거대한 역사적 성취라 할 수 있다. … 그러나 다른 한편에서 이런 목표를 실현하기 위해 중국 인민은 엄청난 대가를 치렀다. 자신의 과오로 초래된 몇 천만 명의 죽음을 포함하여, 자연의 대파괴, 집정당의 부패, 극단적인 사회적 불평등, 총체적인 정신적 위기 등 참담한 대가를 지불했다. 성취한 만큼 문제 또한 거대하다. 모든 사람이 함께 성취를 경축할 수 없는 것은 바로 이처럼 정치, 경제, 생태, 사회, 사상, 도덕 등 모든 면에서 위기에 직면했기 때문이다.[19]

2천 여 년 이상 동아시아의 중심으로 자처하였던 중국이 19세기 중엽 아편전쟁에서 서구 열강에 무릎을 꿇고, 전통적 천하관을 포기하면서 하나의 민족국가로서 거듭나려는 근대화의 대응 노력은, 적어도 그 부강(富强)의 측면에서는 성취되었다고 할 수 있다. 하지만 첸

19 조경란, 『현대중국 지식인지도』(서울: 글항아리, 2013), 13-14에서 재인용.

리쥔의 회상처럼 중국의 100년에 걸친 거대한 기획, 그리고 최근 30여 년에 걸친 개혁개방의 고도 경제성장에도 불구하고 오늘날 중국은 여전히 다양한 문제를 안고 있다.

개혁개방의 성과를 중국의 일부 계층이 독점하고 있다는 극단적인 불평등, 도시와 농촌의 문제, 국제적으로 문제가 되는 인권상황, 여전히 관리와 통제의 대상이 되는 인민주권의 부재 등은 '부강한 중국의 꿈'(富强夢)이 실현되었음에도 여전히 우울한 그림자의 원인이 되고 있다. 그럼에도 중국의 지배층과 지식인은 한편에서 근대화가 완성되었다는 자신감과 아울러 새로운 중화제국의 재건이라는 새로운 '중국의 꿈'(中國夢)을 모색하고 있다.

이러한 '중국의 꿈'이라는 모색과 더불어 주목해야 하는 또 다른 현상이 유교적 사회의 복권이라 할만한 사회적 기조이다. 조경란은 이러한 사회 분위기를 보여주는 두 가지 중요한 사건을 소개한다. 하나는 중국유교협회를 통해 발표된 유교 부흥 플랜이다. 그 내용은 다음과 같다.

1. 유교의 정치형태(인정, 왕도정치와 대동이상)

2. 유교의 사회형태(예악교화, 향촌자치, 사구문화를 중심으로 한 도덕 진흥운동)

3. 유교의 생명형태(상제신앙, 귀신신앙, 양지신앙)

4. 유교의 교육형태(전 국민 독경운동, 서원 강학)

5. 유교의 자선형태(빈민구제, 재해 구조, 고아원, 임상심리, 종말치료 등)

6. 유교의 재산형태(문묘, 공묘, 사묘, 성황묘의 건설, '중국유교부흥기금회'에 의한 원조, 유교유산사용세의 징수 등)

7. 유교의 교의형태(중국 유교대학, 지방 각급 유교학원의 창설)

8. 유교의 전파형태(유교출판사, 유교보간잡지, 유교네트워크 논단, 유교TV, 해외 전교센터 창설)

9. 유교의 집회형태(전국 각 급의 강경당을 유교의 종교적인 공동 활동의 장으로 함)

10. 유교의 조직형태(중국유교협회에 의한 성, 시, 현 각급 유교협회의 총괄 관리지도)[20]

유교 부흥 플랜에 따르면 유교는 정치에서 종교적 삶의 영역에 이르기까지 인간과 사회의 모든 영역을 망라하는 지도 원리로서 유교가 역할을 해야 한다는 신념을 보여준다. 이 플랜이 발표된 것이 2005년이라면, 그보다 한 해 전에는 중화민족촉진회가 주최한 한 모임에서 77인의 문화인과 학자가 서명하여 발표된 '갑신문화선언'이 있었다.

이 선언문에는, "중화문화는 인격, 윤리, 이타를 중요하게 여기고 조화로운 동방의 품격을 중시한다. … 오늘날 개인, 물욕의 지상주의, 과도한 경쟁, 약탈적 본능의 범람을 비롯해 인간을 초조하게 만드는 다양한 현상을 사유하여 해소하는 일, 인류의 안녕과 행복을 추구하는 일에 반드시 중요한 사상적 계시를 제공할 것"이라 밝혔는데, 이

---

20 조경란, 『현대중국 지식인지도』, 85에서 재인용.

또한 유교적 가치의 재건을 주장한 것이었다.[21]

1949년 신중국의 성립 이후 중국은 마르크스주의에 입각한 사회주의의 길을 걸어왔으나, 오늘날 중국은 '중국식 사회주의'를 표방하며 시장경제를 받아들여 눈부신 경제성장을 이루어냈으며, 다른 한편으로는 '유학의 현대화'를 통해 국가의 합법성을 모색하는 새로운 사상적 모험을 시도하고 있다. 앞서 소개한 유교부흥플랜이나 갑신문화선언에 동참한 학자들은 유교국가론을 제안하거나, 유교국교화론을 주장하거나 또는 시민종교로서 유교를 보자는 제안 등 매우 급진적인 주장을 하고 있다.

물론 현재 중국의 사상계는 전통적인 좌파로부터 자유주의, 그리고 문화보수주의(신유가)에 이르기까지 매우 다양한 스펙트럼의 사상유파가 존재하며, 중국 사회의 현안에 대해 정치적, 사회적으로 다양한 입장을 보이고 있다. 하지만 현재 중국에서 가장 활발하게 논의되고 있는 '중국모델론'과 '유교중국'은 서로 연관되어 있으며, 그런 의미에서 중국 사회는 다시 유교적 사회로의 변화를 모색하는 것이라 볼 여지가 있으며, 이는 중국적 민주주의의 길과 상당한 연관이 있어 보인다.[22]

특히 2007년 이후 '중국식 민주'에 대한 논의는 우리가 주목해 보아야 할 부분이다. '중국식 민주'란 '사회주의 틀 내의 민주'로서 공산

---

21 조경란, 『현대중국 지식인지도』, 86에서 재인용.

22 이하의 논의는 이희옥·장윤미 책임편집, 『중국의 민주주의는 어떻게 가능한가-중국의 논의』, 특히 '서문'을 참조할 것.

당 일당지배를 유지하면서 새로운 민주모델을 찾는 특징을 지니고 있다. 이희옥은 중국의 주류적 사회과학자들이 대체적으로 지닌 경제발전과 정치발전에 대한 비판적 견해를 다음과 같은 네 가지 점에서 구분하고 소개한다.

> 첫째, 민주의 규범에 관한 것이다. 즉 '민주는 좋은 것'을 대체적으로 수용하고 중국도 민주를 실현해야 한다고 주장하고 있으나, '민주는 좋은 것'을 어떻게 증명할 것인가 하는 점이다. 둘째, 정치체제로서의 민주주의가 최근 200년 동안 '좋은 것'으로 변화되었다고 볼 때 그 변화가 '민(民)'의 개념의 변화인지, '주(主)'의 방식의 변화인지에 대한 설명이 명확하지 않다는 것이다. 셋째, 다양한 민주주의의 존재방식이 있다면, 어떤 민주주의에 '좋은 것'이 더 많이 있는가를 찾을 필요가 있다. 넷째, 민주주의의 실제적 작동원리에서 보면 민주적 원칙에 부합하지 않는 경우를 구분해야 한다는 것이다.[23]

이와 같은 중국식 민주의 대원칙에는 '공산당 일당지배'라는 틀이 존재한다. 이러한 틀은 단지 1949년 신중국만의 특징이라기보다, 지금까지 서술했던 것처럼 19세기에서 20세기를 거치며 형성된 중국적 근대화의 역사적 과정의 산물이라는 측면을 놓쳐서는 안 된다. 게다가

23 이희옥·장윤미 책임편집, 『중국의 민주주의는 어떻게 가능한가-중국의 논의』, 10-11.

현재 중국의 실험은 단순한 학문적 탐구의 대상이기만한 것이 아니라, 우리로부터 가장 가까운 인접의 거대한 국가이자 역사와 전통 속에서 가장 긴밀한 관계를 유지해왔던 지역의 현실이다. 더욱이 오늘날 한국과 중국의 경제적 관계는 이미 떼려야 뗄 수 없는 긴밀한 관계에 놓여있다.

지금까지 소개했던 것처럼, 중국은 19세기에서 21세기에 이르기까지 우리 한국이 거쳐 온 역사적 과정과는 사뭇 다른 길을 걸어왔다. 경제는 물론 문화와 관광에서 한국과 중국은 매우 긴밀한 관계에 놓여있고, 향후의 관계와 긴밀성은 더욱 커져갈 것이다. 그러나 중국이 추구해 온 근대화의 과정과 현대 한국이 걸어온 근대화의 길은 매우 다르다. 냉전시기와 같은 이데올로기적 갈등은 희미해져 가고 있지만, 세계 유일의 분단국, 미국과의 경제적 군사적 관계 등등 한국의 시민사회가 중국과 어떤 관계를 발전시켜 나가야 하는지는 아직 불확실하다.

하지만, 중국의 근대와 한국의 근대가 서로 어떻게 구별되고 다른 과정을 거치며 형성되어 왔는가를 이해하는 것은, 향후의 관계를 위해서는 개인적으로나 사회적으로 매우 중요한 이해와 공감의 출발점이 될 수 있지 않을까 싶다.

참고문헌

리 쩌허우. 김형종 역. 2005. 『중국현대사상사론』. 파주: 한길사.

백영서. 2000. 『동아시아의 귀환-중국의 근대성을 묻는다』. 파주: 창비.

아사히신문 취재반. 백성서·김항 역. 2008. 『동아시아를 만든 열 가지 사건-한국 일본 중국 대만이 함께 읽는 근현대사』. 파주: 창비.

이희옥·장윤미 책임편집. 2013. 『중국의 민주주의는 어떻게 가능한가-중국의 논의』. 성균관대학교출판부.

조경란. 2016. 『국가 유학 지식인-현대 중국의 보수주의와 민족주의』. 서울: 책세상.

______. 2015. 『20세기 중국 지식의 탄생-전통·근대·혁명으로 본 라이벌 사상사』. 서울: 책세상.

______. 2013. 『현대 중국 지식인 지도-신좌파·자유주의·신유가』. 서울: 글항아리.

진관타오·류칭펑. 양일모·송인재·한지은·강중기·이상돈 역. 2010. 『관념사란 무엇인가 2』. 서울: 푸른역사.

천샤오밍·단스롄·장융이. 김영진 역. 2008. 『근대 중국사상사 약론-경학·불학·서학으로 본 중국인의 사유실험』. 서울: 그린비.

코헨, 폴 A. 장의식 외 역. 1995. 『미국의 중국 근대사 연구』. 서울: 고려원.

3장
일본의 대응

이명원

1. 메이지 유신과 자유민권운동

페리 제독의 흑선과 함포외교에 따라 일본이 서구에 문호를 개방하기 이전까지 지배했던 도쿠가와(德川) 막부는 250년간 쇄국정책을 유지했다. 대중국 무역은 류큐 왕국의 대중(對中) 무역을 수탈하는 것으로, 서구와의 교역은 나가사키(長崎) 항을 개항하되 네덜란드와의 제한적 무역만으로 한정했다. 도쿠가와 막부는 중앙집권을 강화하고 지방의 통치자인 다이묘(大名)들에게 절대적인 충성을 요구했으며, 대외무역과 서구와의 접촉을 엄격하게 통제했다.

그러나 이러한 쇄국 속에서의 장기간에 걸친 표면적 안정은 정국과 시대의 변화에 따라 급속한 격변에 직면하게 된다. 내부적으로는 도쿠가와 막부의 통치 체제 아래서 소외된 지역 번주(藩主)들에 의한 불복종 및 반란 위협이 심화되었고, 대외적으로는 자본주의 시장의 발달에 따라 동양으로 눈을 돌린 서구의 개항요구가 고조되고 있었기 때문이다. 특히 도쿠가와 막부가 위기를 실감하게 되는 것은 조공-책봉 시스템을 통해 동아시아적 정치-교역 시스템을 견고하게 유지하면서, 서구에 대해서는 쇄국정책을 펼쳤던 청나라가 영국과의 아편전쟁(1840-1842)에서 패배한 것을 목격한 이후다.

영국과의 전쟁에서 청나라가 패배한 사건은 일본뿐만 아니라 동아시아 전역에서 충격적인 사건으로 받아들여졌다. 이는 중국 중심의 천하체제(조공-책봉 시스템)가 절대적인 것이 아니며, 서구로부터 비롯된 충격이 이후 더욱 본질적인 것으로서 쇄국정책을 강화하느냐, 개항을 통한 근대화를 추진하느냐 하는 시대적인 논란을 가중시키게 하였다.

도쿠가와 막부는 애초에 쇄국정책을 통한 통치권의 보존을 시도했으나, 서구의 개항요구에 무력적으로 대응할 수 있는 능력이 없다는 것을 이후 확인하게 된다. 페리가 몰고 온 함선을 당시의 일본인들은 구로후네(黑船)라 불렀는데, 이것의 출현이 막부와 민중들에게 끼친 공포는 대단한 것이었다. 도쿠가와 막부에 개항을 요구한 페리 제독의 함대는 함포외교를 통해 1854년 '가나가와(神奈川) 조약'으로 불리는 미·일 친선조약과 후속조약인 시모다(下田) 조약을 맺었는데, 이것은 전형적인 불평등조약으로 이를 기점으로 막부를 정점으로 한 일

본의 막번 체제는 붕괴의 길로 나아가게 된다.[1]

페리와의 불평등조약 이후 일본이라는 국가의 목표는 압도적인 서구열강과의 대치 속에서 어떻게든 정치적 독립을 수호하고, 사회를 서양화·근대화함으로써, 구미열강을 따라잡느냐 하는 것이 국가적 과제로 변용되었다.[2] 이것의 결과로서 나타난 것이 메이지(明治)유신(1868)이라고 볼 수 있다.

메이지 유신은 명목상의 권위에 불과했던 천황(天皇)에게 실질적인 주권을 부여하고, 막번 체제에 입각한 무인지배가 지속되어왔던 중세 일본을 근대 국민국가로 전환시키기 위한 위로부터의 혁명의 성격을 갖고 있었다고 볼 수 있다.

그러나 메이지 유신을 통해서 천황주권의 국민국가가 일단 성립된 것은 사실이나, 이후 일본이라는 국민국가의 성격을 어떻게 규정하느냐 하는 문제에서는 정치세력 간의 상이한 이해관계가 충돌할 수밖에 없었으며, 이런 과정 속에서 일본의 민중들 역시 다양한 국가전망을 모색했다. 메이지유신이 진행되는 과정 속에서의 일본의 정치가와 민중들은 한편에서는 부국(富國)과 강병(强兵)을 중심 목표로 설정해야 한다는 '부국강병' 세력과 의회(議會)와 헌법(憲法) 제정을 중심으로 서구적 입헌주의에 기반을 둔 민주주의를 구축해야 한다는 공의여론(公議與論) 파가 경합하고 충돌했다.[3] 이것을 단순화하면 국권파와 민

1 맥세계사 편찬위원회, 『일본사』(고양: 느낌이있는책, 2015), 29-32.

2 大野建一·坂野潤治, 『명치유신 1858-1881』(東京: 株式會社 講談社, 2010), 18.

3 大野建一·坂野潤治, 『명치유신 1858-1881』, 23.

권파의 대립이라고 할 수 있지만, 이 표면적 차이에도 불구하고 일본적 내셔널리즘의 구성·강화를 통한 국민의식의 강조는 이 두 세력 모두가 공유하고 있는 가치와 형태였다고 규정할 수 있다.

부국강병파는 서구적 근대의 핵심이 산업의 진흥과 근대화에 있다고 보았다. 국가주도의 산업화를 진행해야 한다는 이 노선의 대표적인 인물은 오쿠보 도시미치(大久保利通)와 기도 다카요시(木戸孝允)이었는데, 이들은 1871년 이와쿠라사절단(岩倉使節団)을 수행하여 서구의 정치와 산업화 상황을 시찰한 후 충격을 받았다. 오쿠보의 경우는 일본의 산업화를 진흥하기 위한 국가주도의 식산흥업 정책을 강조한 반면, 기도는 독일식의 군주권력을 강화하는 천황친정의 '독재의 헌법'을 제정할 것을 요구했다.[4] 후발 근대화를 추구하는 일본이 독일의 정치체제와 산업화 노선에서 단서를 얻은 것은 어쩌면 자연스런 일이었을 것이다.

반면, 공의여론파는 이타가키 다이스케(板垣退助)를 중심으로 민선의원(民選議院)을 설립할 것을 건의한다. 1874년 1월에 메이지 신정부에 제출한 「민선의원설립건백서(建白書)」를 기화로 이른바 국회개설운동으로 이어지는 자유민권운동이 전개되는 것이다.[5] 일본에서의 자유민권운동은 피치자가 역사상 처음이자 본격적으로 국가의 존재방식을 논의하고 그 실현을 위해 행동했던 획기적인 운동으로 평가될

---

4 大野建一·坂野潤治, 『명치유신 1858-1881』, 52-53.

5 大野建一·坂野潤治, 『명치유신 1858-1881』, 64.

수 있다.[6] 자유민권운동을 통해서, 종래의 신분제질서는 폐지되고, 토지개혁을 통한 농민적 삶의 개선이 주장되었으며, 정치참가운동을 통해 일본적 국민의식이 형성되기 시작했다.

모든 초기의 정치운동이 그렇지만, 일본에서의 자유민권운동 역시 '계몽주의'의 성격을 띠고 있었다. 문명개화의 표어는 민권운동의 과정에서도 중요한 모토가 되었으며, 이 시기에는 운동의 토대가 되는 여러 형태의 사족(士族) 결사체가 형성되었고, 도시를 중심으로 다양한 신문이 창간되어 지식인과 저널리스트들의 활동이 활발해졌다. 연설회 등을 통한 대중들의 정치적 각성과 계몽, 이에 따른 정부에의 청원활동 역시 활발해졌는데, 특히 이 시기의 경제적 빈궁상황은 민중들로 하여금 여러 형태의 집단적 항의운동을 촉발하게 하였으며, 이 과정에서 신정부는 민중들을 봉기를 무력으로 진압하고, 사회운동으로서의 자유민권운동을 역설했던 자유민권운동 지도자들에 대한 탄압 역시 강화하는 등의 강권적·권위주의적 행태를 강화했다.

자유민권운동이 고양되는 과정 속에서, 또 부국강병 노선이 추진되는 과정 속에서의 일본의 양상을 보면 그 안에 이후 전개되게 되는 일본적 모순의 기본형을 발견하게 된다.

우선적으로 언급될 필요가 있는 것은 부국강병 노선이든 자유민권 노선이건, 그것이 서구의 위협이라는 당대 일본의 맥락 속에서 일본적 내셔널리즘을 강화시키고, 이에 따라 아시아 여러 나라에 대한

---

6 牧原憲夫, 『民權と憲法』(東京: 岩波書店, 2006), v.

침략을 일본이라는 내부의 안정과 번영을 위해 필연적인 것으로 승인하는 형태로 귀결되었다는 사실이다. 메이지유신 이후 일본정부는 홋가이도 개척(1869), 류큐 병합(1872), 타이완 출병(1874) 등을 통해 지속적인 대외확장 정책을 시도한다. 이를 통해 국내에서 심화되었던 경제난에 대한 민중들의 항의와 자유민권에의 정치적 요구를 국가주의와 국민주의로 변용시킨다. 이후 청일전쟁(1884)과 러일전쟁(1905)을 통해 조선을 식민화하는 것 역시 이러한 식민주의에 기반을 둔 내셔널리즘의 연장이었다.

이 부분에서 흥미로운 것은 후쿠자와 유키치(福澤諭吉)의 변모다. 그는 계몽활동의 초기에는 서구의 동아시아 침략을 막자며 아시아 연대론을 펼치지만, 이후에는 '탈아입구(脫亞入歐)' 노선을 통한 일본의 아시아에서의 문명화의 사명을 강조하면서 사실상 침략노선을 정당화하게 된다. 그러나 후쿠자와의 논의를 살펴보면, 일관되게 그 자신이 일찍부터 국민의식=내셔널리즘을 강조했다는 것을 우리는 확인할 수 있다. 그는 『학문을 권장함』을 통해서 과거 막번 체제 하의 민중들은 신분제적 질서 아래서의 노예의식(客分)에 종속되어 있었고, 오직 그가 섬기는 주인(主人)에 대한 복종만을 염려했다고 지적한다. 그러나 메이지 신정부가 성립되고 민중 자신이 주인이 된 이상 국민의식과 애국심은 필연적인 것이라 말한다. 그래야 이전에는 찾아볼 수 없었던 "우리나라"라는 의식을 비로소 자각할 수 있다는 것이다. 그렇다면 국민이 된다는 것은 무엇인가. 국가를 위해서 생명을 버릴 각오를 해야 한다는 것을 의미한다고 그는 역설했다.[7] 요컨대 정치적 평등은 국민적 의무와 책임의 평등을 의미하며, 그것은 일본인으로서의 내셔널리즘의 기반 아래 있다는 것이 후쿠자와의 생각이었다.

자유민권 운동의 과정 속에서 민권파와 민중들의 정치적 의사가 강력하게 표출된 것은 사실이지만 그것은 정치적·법적으로 수용되지 못했고 도리어 국가에 의한 무력적 탄압에 빈번하게 노출되었다. 자유민권투쟁의 결과로서 성립된 일본의 제국헌법(1890) 역시 '입헌주의' 국가로의 상징적 출발을 의미하긴 하지만, 천황을 만세일성(萬世一姓)의 신성한 존재이자, 주권의 담지자이자 국가를 지배하는 절대적 존재로 격상시켰다는 점에서 보면, 흡사 유럽의 절대왕정과 유사한 성격을 지닌 것이었다. 입법, 군사통솔권, 재정, 외교권 등 국가업무의 모든 결정권은 천황에게 집중되었고, 국민의 권리는 제한적이어서 신민(臣民)에 불과한 것으로 규정되었다. 평민의회인 중의원의 설치를 헌법은 허용했지만 그 권한은 사실상 미미한 것이어서, 일본의 입헌군주제란 실질적으로 천황제 절대주의로 귀결되었다.[8]

2. 제국헌법과 교육칙어의 반포

전전(戰前) 일본에서의 입헌정치와 시민계층의 출현이 차단되고 천황주권론에 입각한 절대주의 체제가 지속된 것의 핵심적인 근거는

7 牧原憲夫, 『民權と憲法』, 21.

8 맥세계사 편찬위원회, 『일본사』, 198.

대일본제국헌법(1889. 이하 제국헌법으로 약칭)의 존재였다. 애초에 헌법 제정 운동이 자유민권파에 의해 제기될 때 그것의 핵심내용은 사족들뿐만 아니라 신분제 철폐를 통해 자유로운 존재가 된 평민들이 정치과정에 개입하고 이를 통해 대의정치를 구현하고자 하는 이상이 존재했다.

그러나 일본제국 헌법을 제정하는 데 사실상 전권을 갖고 있던 초대 일본 내각총리 이토 히로부미(伊藤博文)와 같은 근황주의자들의 생각은 달랐다. 1882년 이토 히로부미는 헌법조사단으로 유럽을 방문하여 18개월 간 체재하였다. 이토는 제국헌법의 모델을 군주국인 독일, 정확하게는 프로이센에서 찾았다. 그는 가령 입헌군주제 아래서도 시민정부론을 채용했던 영국의 의회정치론에 대해서는 회의적인 시각을 보여주었다. 일본과 같은 나라에서는 조직의 완전한 단결을 통해 땅의 크기와 인구의 왜소함을 보상해야만 한다는 것이 그의 생각이었다.[9] 물론 조직의 완전한 단결을 가능케 하는 것은 천황이라는 생각이 여기에는 담겨 있었다. 다분히 서세동점의 위기의식의 산물이라 볼 수 있지만, 실질적으로 이러한 인식은 민권파들이 요구하는 민주주의에 대해 그가 격렬한 반감을 갖고 있다는 것을 의미했다.

이토 히로부미가 비밀리에 작성하고 반포한 헌법초안은 앞에서 언급한 대로 천황 절대주의 체제를 여러 지점에서 드러낸다.

9 W. G. 비즐리, 장인성 역, 『일본 근현대사』(서울: 을유문화사, 2004), 136.

이러한 접근방법의 결과로서 천황에게는 선전포고, 조약체결, 군 통수권 등을 포함한 많은 권한이 약속되었다. 뿐만 아니라 천황은 통괄적인 포고권을 가졌고, 국회를 자유로이 연기하거나 정지시킬 수 있었다. 더 중요한 사실은 국회가 예산안을 통과시키지 못했을 경우 전년도 예산에 준해서 집행할 수 있도록 규정되었던 것이다. 그리하여 국회는 새로운 조세를 부정할 수 있는 권한 이상의 통제력을 갖지 못했다. 이것은 향후 몇 년 동안 보였듯이 내각을 괴롭히는 강력한 무기일 수 있었지만 국회로 하여금 국가 정책에 관한 통제력을 갖게 해주는 충분한 지렛대가 되지는 못하였다. 선거에 의해 구성되는 중의원(衆議院)이 국회의 결의를 결정할 수 있다는 것도 확실치 않았다. 결국 귀족원(貴族院)이 그것과 동등한 권위를 가졌고, 귀족원 의원은 세습 임명으로 자연스럽게 메이지 체제를 유지하였다.[10]

위에서 볼 수 있듯이 제국헌법에서의 천황은 국가 자체다. 의회의 기능은 구 번벌 귀족 출신인 귀족원이 장악하고 있고, 평민의회라 할 수 있는 중의원의 권한은 미약하다. 천황의 절대성이 극단적으로 강조되는 반면, 국민들은 신민(臣民)이라는 봉건적 정체성으로 환원되었다. 메이지 유신은 명목상의 지위에 있는 천황을 주권의 절대적 담지

10 W. G. 비즐리, 『일본 근현대사』, 136－137.

자로 옹립한 왕정복고의 성격을 갖고 있는 것인데, 그런 점에서 보자면 메이지 신정부의 성격은 18세기 유럽의 절대왕정에 유사한 것인지, 근대적 입헌주의에 가까운 것인지가 헌법의 성립과정에서부터 논점이 되었다.

제국헌법 제1조는 대일본제국은 만세일계(萬世一系)의 천황이 이를 통치한다고 규정, 천황대권(大權)을 명확히 했으며, 제정 과정 전반을 보면 이것은 국민의 의사와 관련이 없이 군주의 단독의사에 의한 흠정헌법(欽定憲法)의 성격을 띤 것이었다.[11] 사정이 이러했기 때문에 이 헌법의 제정을 통해 절대화된 것은 천황의 주권과 의지였으며, 근대 일본의 국민적 공동성을 구축하는 일 역시 만세일계의 천황에 대한 충성과 신민들의 절대적 복종이 강조되었다.

일본제국 헌법 아래서 천황은 가히 절대적 존재였다. 군대에 통수·편제, 선전포고 및 강화, 조약체결 등의 결정은 전적으로 천황에게 속한 것이었다. 천황주권은 무력의 독점을 통해서도 강화되는 것이겠지만, 이것으로 그치는 것은 아니다. 무엇보다도 장구한 무가 지배체제 속에서 천황에 대한 충성심이 사실상 부재했던 국민들에 대한 헤게모니적 통치 역시 긴급한 것이었다. 중세의 일본의 무사나 민중들은 그들이 속해 있던 번(藩)의 수장에 대해서는 절대적으로 복종했지만, 광역적인 봉건적 통치권력으로서의 막부나 교토에 은둔하고 있는 천황에 대한 충성심은 사실상 부재한 상태였다.

---

11 牧原憲夫, 『民權と憲法』, 189.

제국헌법을 통해서 천황주권 또는 천황대권론을 국민적 통합의 핵심적 근거로 삼고, 이를 통해 일본적 국민의식을 체계화하기 위해서는 단순히 무력의 독점을 통한 위로부터의 강제뿐만 아니라, 동의에 의한 지배를 관철시키기 위한 이데올로기적 국가장치의 강화, 즉 교육을 통한 국민의식의 지속적인 내면화와 국민적 주체형성을 필요로 했을 것이다.

두 차원에서 이러한 천황제를 강화시키기 위한 국민적 주체형성이 시도되었다고 필자는 판단한다.

첫째, 상비군 체제의 확립과 천황의 군대 육성이 그 하나다. 메이지 유신 이전의 막번 체제 하에서는 무력이 각각의 번별로 독립적으로 편재되어 있었다. 각 지방의 무사들은 자신이 속해 있는 번의 수장에게는 절대적인 충성심을 보였지만, 중앙권력인 막부나 상징적 지위에 있었던 천황에 대한 복종심은 대체로 미약했다. 때문에 메이지 신국가가 일단 성립되었다고 해도, 그 즉시 천황에 대한 사족 계급들의 충성심이 가능해졌다고는 볼 수 없다. 반대로 메이지 신정부의 출현은 그동안 신분제 질서 하에서 특권계급으로 존속했던 사족(士族)들의 독자적 군사력은 물론 정치·경제적 토대를 상실케 하는 결과를 초래했다. 메이지 유신에 참가한 당사자였던 사이고 다카모리의 사쓰마 번이 정부군과 격돌했던 서남전쟁(1877)의 원인 역시, 이면에는 사족 계급의 급격한 몰락이라는 엄정한 현실이 숨어 있다.

이에 메이지 신정부는 구 사족계층의 반발을 귀족원이라는 세습적 입헌정치 장치 안에 수렴시켜 사회경제적 특권을 제한적으로 보존해 주면서도, 궁극적으로는 국민개병제로서의 징병제(1872)를 실시해

군사력의 중앙집중화를 시도했다. 특히 징병제의 실시는 인구의 절대 다수를 이루는 평민들로 하여금 천황에 대한 충성심을 훈육적 장치를 통해 내면화시키는 또 하나의 교육 장치였다.

칙령의 형태로 반포된 군인칙유(1882)는 이를 잘 보여준다. 군인칙유는 1945년 패전까지 일본의 군국주의를 내면화한 장치였다. "의는 산악보다도 무겁고 죽음은 깃털보다도 가볍다고 각오하라"는 표현을 통해 인간의 생명은 경시되는데, 이 칙유에서의 천황은 "짐은 너희들 군인의 대원수다"라고 선언된다. 1945년 패전에 이르기까지 일본의 천황은 군인은 물론 일본의 국민들에게 스스로를 대원수로 간주하게끔 만드는 의례와 발언을 계속했다. 그는 평시에도 일본 육군 군복을 착용하고 모든 의례에 참가했으며, 초등학교 교과서에는 군복 입은 천황의 모습을 게재함으로써, 천황은 모든 국민의 대원수라는 군국주의적 천황표상이 국민들의 의식 속에 각인되게 되었으며, 이는 대원수 천황에 대한 절대적인 신민(臣民)으로서의 충성심을 내면화시키게 되었다.[12]

둘째, 천황에 대한 충성과 복종을 강화하기 위한 이데올로기적 장치로 가장 명확하게 강조되는 것은 교육이다. 1890년 메이지 천황의 이름으로 교육칙어가 반포되었다. 헌법이 반포된 이후 문부성은 교육에 대한 통제를 강화했다. 메이지 천황 자신이 일본의 역사를 영광의 역사로 기록할 것을 제창했고, 특히 수신(修身) 과목의 경우는

12 山住正己, 『日本教育小史』(東京: 岩波書店, 1987), 40.

문부성이 직접 교과서를 편찬해 덕육(德育) 교육의 기초로 삼았다. 교과서 제도 역시도 검정제로 시행하되, 교육의 핵심은 교육칙어의 가치에 순응할 것을 강조했다. 교육칙어는 그 내용에 있어 유교적 가치로 포장되어 있기는 하지만, 교육의 근본이란 황조황종(皇祖皇宗)의 유훈(遺訓)을 받드는 데 있다는 것이었다. 즉 『일본서기』와 『고사기』에 기록된 천황제의 연속성 아래 신민(臣民)들은 천황에게 절대적인 충성을 해야 한다는 것이었다. 이는 메이지기에 확립된 국민교육의 본질이 신민교육에 있다는 것을 의미한다.

군인칙유나 교육칙어는 천황대권에 기반을 둔 명령의 형태로 반포되었다. 이것은 천황의 명령이었기 때문에 의회에서의 심의는 필요 없었다.[13]

헌법 제정 이후 메이지기의 일본인들은 교육과정에서는 교육칙어로, 군복무 과정에서는 군인칙유에서 강조되는 천황에 대한 복종과 충성이라는 가치를 내면화함으로써, 결국 일본적 내셔널리즘을 형성했다. 천황제에 기반을 둔 국가주의·군국주의가 이 두 가지 칙령에 의하여 공적 세계로부터 일상은 물론 개인의 내면의 통제에까지 제도화된 것이다. 이것은 일본의 천황제 근대국가가 내포하고 있는 근본적인 한계로, 이후 일본 내부에서 민본주의나 사회주의에 입각한 민주주의의 요구가 비등했음에도 불구하고, 결국 좌절되거나 아시아 여러 나라에 대한 침략으로 그 에너지가 전환되는 식의 부정적 양태로 나

13 山住正己, 『日本教育小史』, 58.

타나게 된다.

3. 다이쇼 데모크라시의 실패

메이지기의 일본은 천황주권론을 기반으로 한 근대 국민국가의 형성과정이었다. 부국강경파와 공의여론파가 적절한 균형을 취할 수 있었다면, 이후의 식민주의·제국주의 노선으로의 강경한 경향성은 제어될 가능성이 얼마간 있었다.

그러나 자유민권운동의 좌절 이후 일본의 국권파들은 서구 열강의 침략을 방어하고 주권을 수호한다는 명분 아래 아시아에 대한 침략을 정당화했다. 후쿠자와 유키치 식으로 그것은 일종의 문명론의 성격을 띠면서 정당화된 것인데, 종래의 중국은 지나로 격하되고 조선은 지나의 속국적 지위로 간주하면서, 중국과 조선에 대한 침략을 문명화의 사명으로 치환시켰던 것이다.

러일전쟁(1904-1905)에서의 일본의 승리는 지배계급에서 기획된 일본적 내셔널리즘을 민중들에게도 확산시키는 계기를 만들었다. 국민교육과 징병제의 실시에 따라 내셔널리즘을 내면화한 일본의 민중들은 러일전쟁기가 되면 '제국의식'이라고 할 수 있을 국가주의를 내면화하게 된다. 동시에 서구열강에 대한 배외주의는 물론 아시아 주변국에 대한 멸시의 시각 역시 고조되게 되는데, 이 전쟁에서의 승리는 이제 일본이 서구열강의 주권위협 뿐만 아니라 아시아에서 명백한 지도적 지위에 이르게 되었음을 확인하게 되는 사건으로 인식되었다.

그러나 러·일전쟁에서의 승리는 비유적으로 말하자면 상처뿐인 영광이었다. 전쟁과정에서 소요된 막대한 군비(17억 엔)와 병사들의 희생(24만 명의 사상자)에도 불구하고, 포츠머츠 강화조약의 결과 배상금 조약이 없다는 사실이 알려지자 일본의 민중들은 히비야 공원에서 폭동을 일으켰다. 전쟁과정에서 일본 정부는 막대한 국채를 발행했고 이것은 고스란히 민중들의 부담이 되었을 뿐만 아니라, 징병제로 전쟁에 참가한 군인들의 희생에도 불구하고 승전에 따른 물질적 보상이 존재하지 않는다는 사실이 일본민중의 분노에 불을 댕겼던 것이다.[14]

일본의 민중들이 전후처리 결과에 분노하여 폭동을 일으켰다는 것은 뒤집어 말하면 일본적 내셔널리즘이 이제 지배계층 뿐만 아니라 대다수 민중들의 내면에도 강력한 영향을 끼치기 시작했다는 것을 의미한다. 그것은 메이지 유신 이후의 지속되는 전쟁들, 즉 홋카이도 개척, 류큐병합, 타이완 정벌, 청일전쟁, 러일전쟁, 조선병합 등 일본의 근대란 서구 열강의 제국주의를 아시아에서 동일한 방식으로 재현한 것이었다는 사실에서 이를 확인할 수 있다. 요컨대 제국주의적 근대였던 것이다.

모든 제국주의 국가의 속성이 그렇지만 식민지라는 외부의 프런티어의 확대는 수탈을 통해 확보된 국부를 내부로 돌려 경제성장을 촉진하고 내부민주화에 대한 요구에 온정적으로 대응하는 유화국면

14 함동주, 『천황제 근대국가의 탄생』(파주: 창비, 2009), 201-204.

을 낳는 경향성이 있다. 다이쇼기의 일본의 상황 역시 이와 유사한데, 러일전쟁 이후 일본경제는 제조업 부문을 중심으로 수출경제를 통한 경제성장을 촉진시켰고, 이런 가운데 정치영역에 있어서도 요시노 사쿠조(吉野作造)의 민본주의는 물론 러시아 혁명 이후의 사회주의 사상까지 수용되는 등 이른바 '다이쇼 데모크라시'의 시대가 도래한다.

1916년 일본의 계몽사상가인 요시노 사쿠조는 「헌정의 본의를 밝히고 그 유종의 미를 마치는 길을 논한다」라는 기념비적인 논의를 통해서, 입헌주의 정치가 유종의 미를 거두기 위해서는 그 근본에 '국민적 교양'이 있어야 하며, 이를 위해서는 군주제와 공화제를 묻지 않고, 또 귀천 상하의 구별 없이 민중을 중시해야 한다고 역설했다. 이것이 요시노 사쿠조가 강조한 민본주의(民本主義)다.[15]

여기에서의 민본주의는 데모크라시(democracy)의 번역어인데, 요시노 사쿠조가 그것을 민주주의(民主主義)로 번역하지 않은 것에 우리는 주목할 필요가 있다. 구미의 입헌주의 사상은 주권재민의 원리를 기본으로 삼지만, 앞에서 검토한 것처럼 일본의 메이지 헌법은 천황대권을 중심으로 성립된 흠정헌법이다. 만일 요시노 사쿠조가 데모크라시를 민주주의로 번역한다면, 이것은 천황의 군주주권(君主主權)에 대한 부정이 되기 때문에, 그는 표현은 민본주의로 하면서도 실질적으로 주권재민의 원리를 헌정체제 아래서 실현하기 위한 의회개혁, 보통선거권 운동, 국민적 교양의 육성을 강조했던 것이다. 정치적 자

15 山住正己, 『日本教育小史』, 84.

유주의의 요구로 이해될 수 있다.

천황의 존재를 어떻게 볼 것인가 하는 문제 역시 이 시기에 중요한 헌법 해석상의 논쟁이 되었다는 점도 주목할 만하다. 도쿄대 법학부 교수였던 미노베 다츠기치(美濃部達吉)는 『헌법강화』라는 저작을 통해 다음과 같이 이른바 '천황기관설'을 주장했다. 그에 의하면 국가는 법률상의 인격을 가지며, 법률상의 주체인 국가가 주권을 가지게 되는데, 천황이란 국가의 최고기관이라는 주장을 펼쳤다. 천황이 신이 아니라 국가기관이라는 주장인데, 이는 군주주권과 인민주권의 중간적인 형태로 국가주권을 주장하면서, 천황의 절대성을 상대화하고 정당정치를 강화하기 위한 헌법 해석이었다.[16] 천황을 현인신(現人神)으로 보는 당대의 관점에서는 매우 급진적인 법 해석이었다고 볼 수 있는데, 이러한 주장은 천황을 초월적인 국체(國體)로 보는 시각을 견제하는 논리였다. 미노베의 학설은 당대의 지식인과 정치가들에게 깊은 영향을 끼쳤으며, 요시노 사쿠조의 민본주의 논리와 결합되면서 정당정치·의회정치의 강화와 민중들의 보통선거권 확대요구와 맞물리면서 다이쇼 시대의 정치운동을 뒷받침하는 기폭제가 된다.

요시노와 미노베의 민본주의와 천황기관설 논의가 자유주의적 성격의 정치개량론으로 나타난 것이라면, 근본적으로 일본의 민중적 현실과 제국주의적 노선을 비판하면서 활동을 전개했던 아나키스트와 사회주의자들도 존재한다. 고토쿠 슈스이(行德秋水)라든가 오스기

16 成田用一, 『大正デモクラシー』(東京: 岩波書店, 2007), 30.

사카에(大杉榮) 같은 인물이 그들인데, 이들은 일본의 제국주의적 침략을 비판하면서 노동자와 빈민들의 고통스런 현실에 주목하여 사회운동을 전개시켰다.

그러나 이들의 사회운동은 두 차원에서의 장애에 부딪쳤다. 정부에 의한 탄압이라는 위로부터의 압력이 그 하나라면, 반대로 이들 자신이 연대하고자 했던 민중들과의 괴리라는 아래로부터의 배제가 그 다른 측면이었다. 가령 고토쿠 슈스이는 국체인 천황을 부정했을 뿐만 아니라 암살하려 했다는 이른바 '대역사건'으로 1911년 처형된다. 대역사건 이후에도 사회운동의 지향을 견지했던 오스기 사카에는 1923년 관동대지진 와중에 일본의 헌병에 의해 학살당한다.

다이쇼기의 일본은 표면적으로는 민본주의를 통한 의회주의의 요구를 일면 수용하는 한편 25세 남성 보통선거권제를 실시하고, 교육과 문화의 측면에서도 '교양주의'에 기반을 둔 다채로운 활동이 전개되었다. 일시적으로 정당정치가 활성화되고 사상적 측면에서도 자유주의와 사회주의 사상운동이 활발해졌으며, 민중들 역시 1918년의 쌀 폭동 이후 자신들의 요구를 사회운동의 형태로 제기하면서, 지식인들과 연대하는 모습을 보여주었다.

그러나 다이쇼 데모크라시의 외형적 활기에도 불구하고, 이 시기의 일본정치는 천황주권론의 강력한 자장을 벗어날 수 없었고, 제1차 세계대전의 참전과 같은 전쟁을 통한 제국주의·식민주의 노선은 오히려 강화되는 면모를 보였다. 교육에서는 국체(國体)의 명징을 강조하면서 천황에 대한 국민적 충성을 강조했고, 민중들의 경제적 불만을 해소하기 위해 국외로의 계획이민이 국책으로 반복되었고, 획득된 식민지를 통한 수탈경제는 변함없이 지속되었다.

민중들 역시 한편에서는 1918년의 '쌀 폭동'을 통해 격렬한 저항을 보여주었지만, 1919년 조선에서의 3·1운동을 목격한 이후로는 국가주의와 결합된 내셔널리즘의 경향이 농후해졌다. 이것이 명백해진 것은 1923년 관동대지진에서의 조선인 학살사태에 일본의 평범한 민중들이 자경단을 구성해 관헌들과 함께 집단적으로 가담한 데서도 잘 나타난다. 민중들의 현실에 대한 불만이 '제국의식'으로 표상되는 민족적 우월의식과 결합하여 국가주의로 회수되었던 것이다. 일본정부 역시 1925년에는 천황제의 수호를 위해 '치안유지법'을 제정해, 국체(國體)의 변혁을 시도하는 사회운동·정치 세력에 대한 대대적인 탄압을 시도했으며, 집회·결사의 자유를 봉쇄했다. 이는 일본에서의 민주정체의 형성가능성을 뿌리로부터 제거하는 결과를 초래했다.

4. 총력전 체제와 파시즘의 대두

일본에서의 쇼와(昭和) 시대는 군부 주도의 천황제 파시즘이 강화되어 급기야 15년 전쟁(1931-1945)으로 비화된 후 패전을 맞게 되는 전쟁과 침략의 시대였다. 1929년의 뉴욕발 세계대공황은 일본에도 큰 영향을 끼쳤다. 공황을 타개하기 위한 일본의 전략은 외부의 식민지를 더욱 확대하는 전략으로 이어지는데, 여기에는 형식적인 수준에서의 의회정치조차 부정하는 군국주의 세력의 확장과 그 궤를 같이 한다.

중국 동북지역에서 만선철도를 관리하고 있던 관동군은 1931년 9월 만주사변을 일으켜 이듬해 괴뢰국인 만주국(滿洲國)을 건국한다. 초기 단계에서는 청나라의 마지막 황제를 만주국의 황제로 형식상으로 옹립시킨 후 실제로는 관동군이 만주국의 통치에 직접 관여한다. 만주사변이 일어날 당시 중국은 각 지역이 군벌세력에 의해 분할 통치되고 있던 혼란기였을 뿐만 아니라, 사회주의 국가를 건설하기 위한 홍군과 국민당 군이 내전을 벌이던 시점이었다. 이러한 혼란의 와중에 일본의 관동군과 조선군이 만주지역을 점령하고 만주국을 수립한 것의 표면적인 이유는 중국과 러시아의 적색혁명 확산의 방어라는 명분이었지만 의도는 다른 데에 있었다.

> 군부 '혁신파'를 축으로 하는 다음의 공세는 3월 사건을 거쳐 1931년 9월, 세계 어느 나라보다도 먼저 감행한 대외침략전쟁이 된 만주사변으로서 개시되었고, 이 전쟁이 일본의 파쇼화의 발화점이 되었다. 군부 혁신파(이 경우 육군이 중심)가 기도한 구상은, 관동군 참모 이시하라 간지(石原莞爾)의 구상을 예로 들면, 장래에 임하게 될 미국과의 결전을 목표로 하면서 당면한 중국의 통일과 자각한 대중운동의 발전을 저지하고, 소련에 대한 전략적 기반(중국 동북부의 기지화, 자원 및 시장의 탈취)을 구축하기 위하여 중국 동북부(만주)를 무력으로 점령한 다음, 이 전과를 지렛대로 삼아 군부의 위신을 높여 국내의 정치체제를 전환시키고, 동시에 전쟁을 계속 진행시켜 일본의 자급적인 전쟁경제와 총력전 체제를

이룩하자는 것이었다.[17]

위에서 군부혁신파라고 표현되고 있는 세력은 의회정치를 철폐하고 천황친정, 실제적으로는 군부지배를 획책하고자 했던 강경파들이다. 만주사변은 이들 강경파 군인들의 패권적 욕망과 재계의 공황타개에의 기대가 절묘하게 결합되어 나타난 사태라고 볼 수 있지만, 그 결과는 예상과는 다른 도미노 식의 파국을 초래했다.

일단 일본의 만주침략을 국제연맹은 합법적인 것으로 간주하지 않았고 만주국의 성립 역시 인정하지 않았다. 중국의 통일과 대중운동의 발전을 저지한다는 일본의 목표와는 반대로 만주사변을 기점으로 중국에서의 항일의지는 더욱 높아졌으며, 이는 애초에 일본군부에 호의적이었던 장학량의 동북군벌조차 항일전쟁에 참가하는 계기를 만들었다.

반면 일본의 경우는 총력전 체제의 구축을 위해 만주국 뿐 아니라 화북지역에까지 침략을 지속하고 궁극적으로는 중국 본토 전역으로 군사력을 전개하는 악순환에 빠져들게 되었다. 이것이 이후 중일전쟁(1937)으로 전면화되는 것은 필연적인 일이었는데, 이는 아시아에서의 일본에 대한 항일항전을 더욱 거세게 만든 요인이었다.

가장 심각한 아이러니는 만주사변을 기화로 일본이 고립의 상황에 빠져들게 되었다는 것이다. 만주사변과 만주국의 건국을 소련은

17 高橋行八郞 외 2인 공편, 『일본근대사론』(서울: 지식산업사, 1981), 299.

안보위협으로 간주했고, 영국과 미국 역시 만주국을 승인하지 않고 일본의 아시아에서의 군사력 전개를 자국의 이익에 대한 명백한 위협으로 간주했다. 이에 일본은 국제연맹을 탈퇴함으로써 고립주의 노선을 선택하게 되는데, 이것은 외교적 고립일 뿐만 아니라, 경제공황기의 파국적 시장위기를 더욱 심화시키는 상황을 초래했다.

이런 와중에 일본 국내의 상황은 형식상의 입헌주의 사상조차도 부정되고 탄압에 직면하게 되는 파쇼화로 귀결되었다. 앞에서 언급했던 천황기관설의 주창자인 미노베 다츠기치의 학설은 천황에 불경을 범하는 반역사상이라는 이유로 지목되어 추방되었고,[18] 반면 '국체명징운동'이라는 기치 하에 천황이 절대화되고 형식적이나마 존재했던 입헌주의가 완전히 부정되는 사태로 귀결되었다. 1937년에는 군부를 등에 업은 제1차 고노에(近衛) 내각이 성립되고 중일전쟁이 본격화·장기화되는데, 1938년에 이르면 '동아신질서'라는 구호 아래 일본의 군국주의화와 고립주의는 더욱 강화되게 된다.

일본 국내에서의 정치적 파쇼화도 심각해 문부성에 의한 국체명징훈령(1935), 치안유지법(1925)의 보완입법인 사상범보호관찰법(1936), 국가총동원법(1938) 등이 연이어 제정됨으로써, 형식적이나마 존재했던 입헌주의의 근간이 완전히 붕괴되는 결과를 초래한다. 특히 국가총동원법은 일제말기 파쇼화를 가장 단적으로 보여주는 근거였다. 아래의 인용문을 참고해 보도록 하자.

18 高橋行八郎 외 2인 공편, 『일본근대사론』, 302.

> 이 법(국가총동원법: 인용자)은 인원, 물자, 시설, 자금을 비롯한 경제활동의 모든 분야를, 통제를 통해 전쟁을 위하여 총동원하려는 법률과 세목을 일체 칙령에 위임함으로써 경제체제의 모든 권한을 사실상 정부에 부여하는 것이었다. 뿐만 아니라 이 법률의 성립은 다음과 같은 의의도 갖고 있었다.
>
> 첫째는, 경제통제에 관한 의회의 법률협찬권(法律協贊權을) 빼앗음으로써 메이지 헌법에 규정된 입헌주의가 무의미해진 것이다. 둘째로는 국가총동원의 필요라는 이유로 생활, 근로, 재산에 관계되는 국민의 기본적 인권을 완전히 부정하는 길이 열린 것이다. 셋째는, 모든 정당들이 일치하여 이 법안을 찬성함으로써 경합적 파쇼화 상황이 전개된 것이다.[19]

국가 총동원법은 일본 내지(內地) 뿐만 아니라 식민지 지역 모두에 일원적으로 적용된 것이다. 치안유지법과 사상범보호관찰법 역시 마찬가지인데, 이러한 전시하의 초국가주의적 법률을 통하여, 천황으로 상징되는 국체에 반(反)하는 일체의 조직과 인사를 검거·와해·전향시켰다.

이 부분에서 흥미로운 것은 일본의 이른바 입헌파, 민주파, 사회주의자들이 위로부터의 국가의 탄압에 직면하여 보여준 태도들에 나

---

19 高橋行八郎 외 2인 공편, 『일본근대사론』, 308-309.

타나는 사상적 경향이다.

일본의 근현대사상사를 검토하는 연구자들이 기묘하게 느끼는 부분 중의 하나는 일시적으로 급진적으로 폭발한 반국가주의적 사상이 국가의 탄압을 만나 전형하면 역설적으로 더 경직된 초국가주의로 치닫게 되는 반동형성이다. 그런데 이러한 반동형성의 배후에는 메이지 유신 이후 뿌리내린 아시아에 대한 멸시의식이 끈질기게 남아 있었던 것은 아닌가 추측된다. 가령 옥중에서 전향선언을 한 두 공산주의자에 대한 다음과 같은 분석은 이러한 태도를 잘 설명하고 있다.

> 쓰루미 슌스케(鶴見俊輔)가 "국가권력의 압력을 받아 생기는 변절"이라고 말한 현상이다. 공포와 곤경 때문이기도 했지만, 그러한 선언은 출옥할 때 나왔으므로 전향이 단지 공포와 곤경의 결과로서 이루어졌던 것은 아니다. … 두 공산주의자 사노 마나부(左野學)와 나베야마 사다치카(鍋山貞親)의 경우가 유명한 예이다. 1933년 이들은 일본의 경우에 한해 자신들의 신조 중에서 반제국주의의 신념들을 부인하게 되었다. 그들은 일본이 서양 자본주의의에 대항하여 아시아를 지도하고 있으므로, '후진국'인 중국으로 팽창해서 대만과 조선의 경우처럼 만주를 일본의 지배하에 두는 것이 옳다, 이러한 과업을 달성하는 데 있어서 "식민지 독립과 민족자결권이란 관념은 시대에 뒤떨어진 부르주아 이념이다"라고 말하였다.[20]

실제로 사노와 나베야마뿐만 아니라 전향한 일본의 공산주의자들은 아시아에서의 일본의 지도적 임무를 강변하면서, 또 한편으로는 구미에 대한 선망의 반동형성으로서의 새로운 멸시감을 표현하면서, 국가사회주의자로 전향하여 만주침략 및 중일전쟁, 더 나아가서는 미국과의 태평양전쟁을 정당화했다. 서구적 근대에 대한 일본적 콤플렉스가 아시아멸시와 서구선망에서 서구멸시로 이어질 때, 거기에는 천황을 정점으로 한 신국(神國) 일본에 대한 절대화된 나르시시즘을 구축하게 만드는 동인이 되었던 것이다.

하와이의 진주만을 기습 폭격함으로써 개전된 이른바 태평양 전쟁은 중일전쟁 이후의 일본의 고립주의와 이에 대한 미국의 경제봉쇄 정책에 대한 극단적 타개책, 여기에 대동아공영권이라는 표어 아래 기획된 일본의 망상적 세계전략의 결과로 나타난 전쟁이다.

일본은 모든 전쟁과정에서 이것이 도의적 전쟁이라는 것을 강조했다. 중일전쟁의 과정에서는 이것이 서구열강으로부터 아시아를 방어하는 '동아신질서'를 일본이 지도적으로 대변한다고 주장했고, 태평양전쟁에서는 일본의 동남아시아 침략이 영미 제국주의에 대항하여 공존공영의 질서를 구축한다는 명분을 제시했다. 그것이 남방과 북방 아시아 모두를 세력권으로 하는 이른바 '대동아 공영권'이라는 것이다.

그러나 일본의 동남아시아 침략은 엄밀하게 말하면 전쟁경제를 가동시키기 위한 원료와 에너지의 확보를 위한 침략전쟁이었다. 동시

---

20 W. G. 비즐리, 『일본근현대사』, 302-303.

에 구미 자본주의와의 연결이 끊어진 것의 절망적인 결과로 자급적 전쟁경제를 유지하기 위한 수단으로서의 성격도 가진 것이었다. 당시의 일본은 독일, 이탈리아와의 3국 동맹을 통해서, 유럽과 아시아에서의 권익을 독점할 수 있다고 생각했는지 모르지만, 이미 이 시기에 이르면 세계대전의 향방은 주축국이 아닌 연합국으로 넘어가 있는 실정이었기에 사실 승산이 없는 전쟁에 뛰어든 셈이다.

전쟁이 확대되면서 일본은 완전한 전시체제로 이행한다. 군관민 총력전의 태세는 더욱 강화되었고, 국가 이데올로기적 장치로서의 '황민화 교육'은 일본과 식민지 모두에서 강제되었다. 이 시기의 교육은 『국어』, 『수신』, 『지리』, 『국사』 등의 이른바 '국민과 교과'를 통해 황국사관과 국민동원을 더욱 노골화하는 것으로 귀착된다. 일관되게 국가 및 천황을 위해 멸사봉공할 것을 강조하는 전체주의적인 황민화 교육이 국민총동원의 수단으로 강화된다. 정치 역시 기존의 모든 정당을 해산시키고 대정익찬회(1940)라는 초국가기구가 성립됨으로써 전시체제 하에서 국가주의에 반하는 모든 언설은 사라진다.

객관적 전황의 악화와 전력의 열세를 일본은 대화혼(大和魂)이라는 정신주의로 맞서 싸웠지만, 연합군의 파상적인 공세와 히로시마·나가사키에서의 원폭공격 이후에는 사실상 전의를 상실했고, 일본의 돌격대 식의 근대가 끝에 다다랐다는 것을 자인해야만 했다. 1945년 8월 15일 일본의 쇼와 천황 히로히토는 라디오를 통해 무조건 항복의 조서를 일본의 국민들에게 발신했다. 이로써 1868년 메이지 유신 이래의 일본적 근대는 연합국의 점령으로 막을 내리게 된다. 흑선의 출현과 이에 대한 공포에서 시작된 일본적 근대는 USS 미주리호에서의 항복 선언(1945. 9)으로 그 기나긴 막을 내리게 된다.

5. 결론

동아시아에서 일본의 근대는 서구열강에 의한 개항요구로부터 시작하여 아시아 태평양 전쟁으로 그 막을 내리게 되었다. 일본의 경우를 생각해 보면, 동아시아적 근대의 역사적 교훈을 우리는 몇 가지 차원에서 상기하게 된다.

첫째, 중세 봉건주의 체제로부터 근대 민주주의 체제로의 전환에 있어서의 역사적 경로의 난관이 그 하나의 문제다. 일본의 경우는 도쿠가와 혹은 에도막부로 상징되는 막번체제 하의 봉건제를 메이지 유신을 통해 변혁하고자 했지만, 오늘의 상황에서 보면 그것은 유럽에서의 절대왕정 체제 혹은 아시아의 전제왕정 체제와 유사한 것으로 귀결되었다. 국민국가가 형성되었다기보다는 천황제 절대왕권이 형성되는 것으로 귀결되었기에 여기에 민주정체가 성립되는 데는 근본적인 한계가 있었던 것으로 판단된다.

둘째, 일본의 집권세력이 아시아에서의 '국제협력주의'를 간과하고 '아시아 멸시'와 '서구선망'의 태도를 일찍부터 취했던 고립주의 노선, 즉 탈아입구(脫亞入歐) 전략의 구조적 한계를 들 수 있다. 메이지 유신의 초기 단계에서 일본이 취했던 서양 따라잡기 전략은 물질적·제도적 수준에서 일정한 근대화의 성취를 낳았다. 그러나 조선과 중국에 대한 침략과 같은 아시아 제국에 대한 패권주의적 전략은 결과적으로 일본적 근대를 서구 열강에 의한 점령으로 귀결시킨 구조적인 계기이다. 중일전쟁의 장기화가 결국 일본의 패전을 초래한 근본적인 원인이라는 점은 부정하기 어렵다.

셋째, 일본이 '기술의 근대성'이라는 차원에서는 상당 부분 자본주의적 축적을 성취했지만, '해방의 근대성'이라 할 수 있을 사상과 정체 체제 아래서의 자율성과 민주성을 상당 부분 억압하고 방기한 것은 결과적으로 일본사를 극단적인 파국으로 내몰리게 했다고 판단된다. 특히 헌법제정 전후에 있었던 두 가지 가능성, 즉 메이지기의 자유민권운동과 대정 데모크라시 운동 과정에서, 정치참가의 권리로 요약되는 시민권을 봉쇄시키고 의회정치의 가능성을 축소시키는 한편, 천황대권을 오히려 강화하는 조치를 취한 것은 태평양 전쟁기 '대정익찬회'로 상징되는 파시즘 통치체제를 형성시킨 근거였다.

넷째, 천황제라는 일본 고유의 관념이 근대에 이르러 만들어진 것에도 일본적 근대의 실패가 숨어 있다. 천황제 국가형태 아래서 시민은 존재하지 않으며, 민주주의 역시 기껏해야 민본주의라는 시혜적 온정주의로 축소될 수밖에 없었던 것이 전전(戰前) 일본의 상황이었다. 시민은 부재하고 신민(臣民)만이 존재하였기에, 국체 관념이랄지 국가 신도랄지 하는 초국가주의적 유사 종교적 초월성이 일본의 근대정치를 왜곡하게 되었던 것이다.

결론적으로 말하면, 전전 일본의 서구 근대에 대한 대응은 기술적·제도적 차원에서는 서구 자본주의의 근대성을 빠른 속도로 모방·흡수했음에도 불구하고, 구미가 축적된 물적 토대를 근거로 하여 내부 민주주의를 강화시켰던 것과는 반대로, 민주주의를 압살하고 국가주의를 강화함으로써 '해방의 근대성'에 있어서의 총체적 실패를 낳았던 것이다.

바로 이것이 일본적 근대의 모순적 결과이며, 오늘에 이르기까지 일본의 정치와 민주주의가 자민당 일당지배 체제와 같은 권위주의적 양상으로 지속되고 있는 중요한 조건일 것이다.

참고문헌

맥세계사 편찬위원회. 2015. 『일본사』. 고양: 느낌이있는책.

비즐리, W. G. 장인성 역. 2004. 『일본 근현대사』. 서울: 을유문화사.

함동주. 2009. 『천황제 근대국가의 탄생』. 파주: 창비.

高橋行八郎 외 2인 공편. 1981. 『일본근대사론』. 서울: 지식산업사.

大野建一. 坂野潤治. 2010. 『명치유신 1858-1881』. 東京: 株式會社 講談社.

牧原憲夫. 2006. 『民權と憲法』. 東京: 岩波書店.

山住正己. 1987. 『日本教育小史』. 東京: 岩波書店.

成田用一. 2007. 『大正デモクラシー』. 東京: 岩波書店.

4장
한국의 대응: 한 유교개혁사상가의 삶과 근대

김시천

한국의 근대성 연구가 왜 필요한가를 묻는 다양한 연구자들의 글을 모은 책의 서문에서 장석만은, 우리가 누군가에 따라 근대 및 근대성의 규정이 다를 수 있음에도 지배적인 관점은 근대성을 복수로 보는 것이 아니라 마치 한 가지인 것처럼 본다고 지적하며 다음과 같은 이야기를 들려준다.

> (단일한 근대성)에 대해 흔히 제시되는 답변은 자본주의의 발전, 산업화, 도시화, 민족국가의 등장, 민주주의의 전개, 개인적 자아의 존중, 과학적 세계관의 홍기, 시민사회의 발전 등이다. 사실

> 이 모든 요소들은 동떨어져 존재하는 것이 아니라, 서로 밀접하게 연관되어 있다. 왜냐하면 특정한 역사적 시기에 특정한 지역에서 이런 성격들이 상호연관을 맺으며 전개되었기 때문이다. 그 특정한 시공간이 바로 17세기 이후의 서구이다. 그리고 "서구 근대성"이란 용어는 이 독특한 상호 관계망을 일컫는 개념이다. 그렇다면 서구 근대성은 어째서 근대성 일반으로 여겨진 것일까? 우리는 왜 서구 근대성의 특징을 언급하면서 우리의 근대성에 대한 답변을 구하는 것일까?[1]

21세기에 들어선 현재 '근대성'은 단일한 하나의 모델로서 '서구적 근대성'만을 의미하지 않는 시대가 되었다. 하지만 그럼에도 불구하고 여전히 '서구적 근대성'은 이런저런 방식으로 근대에 대한 논의와 연구, 토론에서 일종의 암묵적 기준이거나 혹은 의식해야 하는 그 무엇으로 작동하는 것을 멈춘 적이 없다. 본래 '새로운' '이상적인' 시대를 의미하는 'modern'이 반드시 '서구적'이어야 할 이유는 없다는 반성이 다양한 근대성이 있을 수 있다는 가능성을 여러 가지로 제기하였지만, 자본주의, 산업화, 도시화, 민주화, 시민사회와 같은 서구적 근대성의 기준은 언제나 한국의 근대성에 대한 연구의 주된 테마였던 것은 사실이다.

그럼에도 우리는 조선의 '실학'(實學)을 통해 자생적인 근대성에 대

---

1 장석만 외, 『한국 근대성 연구의 길을 묻다』(서울: 돌베개, 2006), 25-26.

한 추구를 역사적으로 정당화하거나 혹은 유교 자본주의와 같은 새로운 설명 양식을 도입하기도 했다. 이러한 노력은 사실상 식민지 경험과 산업화의 과정을 새로운 시각으로 조망하려는 노력이기도 했지만, 21세기의 현실에서 보면 새로운 도전에 대한 일종의 응전적 성격을 지닌다. 한국 현대철학사의 전개를 논한 글에서 이규성은 이렇게 말한다.

> 21세기에 이르러 한국은 타국의 사상들에 대한 맹목적 추종이나 소개를 벗어날 수 있는 문화적 여건을 갖게 되었으며, 세계의 문제까지도 우리의 문제로 삼는 보편적 주체성을 가지려는 의욕을 품게 되었다. 이러한 변화는 기술 문명이 갖는 양면성에 대해 폭넓은 시야를 갖게 된 것에도 한 원인이 있을 것이다.[2]

사실 한국의 근대성을 묻는다는 것은 과거 19세기에서 20세기에 이르는 역사적 과정의 성격을 어떻게 규정할 것인가를 성찰하는 작업이면서 동시에 오늘날 우리가 처한 문제와 현실을 어떻게 설정할 것인가 라는 매우 절박한 고뇌와 맞닿아 있다. 서구적 근대성과 '다른' 한국의 근대성을 말한다는 것은 이규성의 말처럼 타국의 사상이나 역사 과정을 추종하는 것에서 벗어나 일종의 '역사적 주체성'을 설정하려는 학문적 노력이기도 하다.

---

2 이규성, 『한국현대철학사론: 세계상실과 자유의 이념』(이화여자대학교출판부, 2012), 8.

이 글에서는 수없이 다양한 삶의 영역 가운데 이른바 전통의 대표격인 '유교 전통'과 한국의 '근대화' 과정을 동아시아적 시민의 미래라는 차원을 의식하며 몇 가지 중요한 지점들을 생각해 보고자 한다. 또한 이 짧은 글이 다루는 '한국의 근대'가 19세기에서 20세기에 이르는 다양한 분야를 모두 포괄하는 것이 아니며, 무리하게 일반화하는 우를 범하지 않으려 한다. 이를 위해 우리는 이병헌(李炳憲, 1870-1940)[3]이라는 한 유교개혁론자의 시선에 따라 마치 이야기처럼 논의를 엮어 나가려 한다.

따라서 이 글은 '한국의 근대성' 전반에 대한 논의보다는 한 역사적 인물의 문화적 배경(유교)과 개인사적 경험(근대)을 이야기의 축으로 설정하여 전개할 것이다.

1. 유교적 조선과 근대

한국의 근대와 전근대를 가르는 기준은 분명 서양이었다. 중국의 근대가 아편전쟁의 패배라는 쓰라린 경험에서 비롯되었던 것처럼, 한국의 근대는 유교적 사회였던 조선에 과학문명과 신식무기를 장착한 군함을 몰고 다가온 서구 열강에 대응하는 과정에서 비롯되었다. 특

3 금장태, 『유교개혁사상과 이병헌』(서울: 예문서원, 2003).

히 1866년 프랑스 함대가 강화도를 침략하여 약탈을 자행했던 병인양요(丙寅洋擾)와 10년 뒤 일본함대의 위협으로 인한 1876년의 개항은, 조선이 동아시아의 천하(天下)에서 서구의 열강이 각축하는 서세동점의 '근대 세계'로 편입하는 일대 사건이었다.

일본에 개항을 강요당하기 6년 전인 1870년 이병헌은 경상도 함양(咸陽)에서 태어났다. 그의 12대조 이원(李源)은 조선 유학의 거장 퇴계(退溪) 이황(李滉)과 깊은 교유를 맺었던 인물이었고, 대대로 그의 가문은 명망이 높은 선비 집안이었다. 따라서 그의 어린 시절에서 34세에 개화사상으로 전환하던 시기까지의 삶은, 조선의 선비가 보여주는 일반적인 성장의 과정과 크게 다를 바 없는 삶을 살았던 것으로 보인다.

소년 시절인 12세 때 글을 배우기 시작한 이래 이병헌은 과거시험을 위한 공부를 하였다. 이는 조선시대 사대부 가문의 유학자들에게는 매우 일상적인 삶의 진로였다. 조선 전기에 유생들은 한양의 성균관과 지방의 향교에서 유학을 익힘으로써 과거시험에 응시하였고, 점차로 서원이 중심이 되었다. 유학을 국가의 기본이념으로 채택했던 조선에서 유학은 입신양명의 유일한 수단이었다. 하지만 1894년 갑오경장으로 과거제도가 폐지되면서 조선의 유교적 사회는 크게 동요하게 된다.

과거제도는 단순하게 중앙관료를 선발하는 인재선발제도로서의 의미를 넘어서서, 국가와 사회의 기본 이념이 구현되고 전승되는 일종의 장치이자 사농공상(士農工商)의 엄격한 구신분제 사회의 근간을 유지시키는 역할을 하였다. 따라서 과거제도의 폐지는 유학의 존립 기반이 근본적으로 무너지는 것이었고, 평생을 과거 준비를 하며 살았던 양반 가문의 사람들에게는 세상이 무너지는 청천벽력과 같은 일대의 사건이었다.

여러 선각자나 지식인들이 이미 신학문(新學問)을 향하고 있었던 당시 과거제도의 폐지는 유교적 사회가 근본적으로 변화할 수밖에 없는 현실을 보여주는 것이었고, 수많은 유생들이 유학을 버리고 새로운 '근대'에 관심을 갖게 만든 결정적인 계기이기도 하였다. 하지만 이병헌의 삶은 이와 달랐다. 1903년 서울 남산에서 '근대 문물'을 목격하기까지 그의 삶은 조선의 유생들이 살았던 그런 삶을 살았다.

> 나의 큰 관심은 학문적 소양이 매우 엷고 자신을 검속함이 확고하지 못하며, 어른을 받드는 데 기뻐하는 직책을 다함이 없고 홀로 있을 때는 방탕한 욕심을 막지 못하는 것이다. 자책하는 데도 겨를이 없고 실로 현세의 유학자들에게도 부끄러움이 많다. 또한 세상의 경험도 깊지 못하고 경전을 만족하게 섭취하는 데도 곤란함이 있으니, 근심하고 두려워하며 날을 보낸다.[4]

15세 때부터 『대학(大學)』과 『맹자(孟子)』를 읽었고, 18세에는 『서경(書經)』, 19세에는 『주역(周易)』을 읽었다. 이러한 그의 독서는 스스로가 말하듯 비교적 늦은 편이었지만, 그는 국가의 기강이 무너지고 세

4 이병헌, 『이병헌전집(下)』, 593(금장태, 『유교개혁사상과 이병헌』, 23에서 재인용).

계열강의 각축 속에서 점점 위기로 치닫는 조선의 현실에서 오로지 유교적 신념을 강화는 것에서 탈출구를 찾고자 부심하였다. 국운이 거의 쇠해가는 32세 무렵에도 여전히 그는 유교경전을 익히는 일에 대해 골몰하였다.

이병헌은 유학을 닦기 시작한 10대 이래 34세에 이르기까지 전국 각지의 이름난 학자를 찾아 교유하고, 성리학의 다양한 문제들을 토론하며 『성리대전(性理大全)』, 『주자어류(朱子語類)』와 같은 심화된 성리학 연구에 골몰하였다. 그가 교류했던 학자들로는 스승으로 모셨던 곽종석(郭鍾錫, 1846-1919), 화서학파의 태두 이항로(李恒老)의 문인 최익현(崔益鉉, 1833-1906) 등 영남지방은 물론 기호지방과 호남지역의 유학자들까지 매우 폭넓은 인맥에 걸쳐 있었다.

그의 스승이었던 곽종석과 토론했던 주제들은 주로 유학의 철학적 문제들로서 '심즉리설'(心卽理說), 인성과 물성의 동이(同異) 문제, 성(性)의 개념 등 조선 성리학의 주된 논쟁점들었다. 물론 단발령 조치에 따른 토론을 벌이기도 했으나, 주된 논의들은 여전히 성리학의 철학적 관심들과 연관된 것이었다. 이병헌을 통해 보이는 조선말 유학자들의 모습은 이와 같이 여전히 조선 성리학의 전통 속에 있었다.[5]

우리가 역사 속에서 일컫는 '근대'(the modern)는 어느 한 순간에 모든 것이 바뀌는 그런 것이 아니었다. 인천과 같은 개항장을 통해 들어온 근대가 있었다면, 이미 조선후기 '서학서'(西學書)를 통해 들어온

5 금장태, 『유교개혁사상과 이병헌』, 14-25.

근대가 있었고, 다른 한편 기독교 선교사나 일본 유학 등을 통해 들어온 '근대'가 있었다. 따라서 근대로의 이행이란 결코 조선 내부에서조차 단일하지 않으며, 그에 대한 인식이나 대응 또한 매우 다양할 수 있었다.

그럼에도 유교적 사회였던 조선에서 '근대'에 대한 태도가 역사적, 사상적으로 크게 두드러졌던 태도는 바로 '개화'(開化)와 '위정척사'(衛正斥邪)였다. 개화론이 경제적으로 부유하고 군사적으로 강한 부국강병(富國强兵)을 주창하는 애국계몽적 성격의 입장이었다면, 위정척사론은 전통적 질서를 수호하려는 반근대화와 반제국주의적 태도로서 서양의 종교와 문물을 물리치고 유교를 수호하자는 입장이었다.

하지만 이병헌은 개화를 거부하지 않았지만, 그렇다고 유교를 포기하지도 않았다. 위정척사론의 입장에 있었던 그는 개화 문물을 통해 개화사상을 받아들였지만, 그렇다고 철저한 개화론자가 되었던 것도 아니었다. 어쩌면 이병헌이 전통 유교를 종교화하여 변혁하려 했던 유교변혁운동은 실패하였지만, 전통과 근대가 착종된 상태로 다면적 모습을 지녔던 측면이 19세기에서 20세기에 이르는 한국 '근대성'의 대응의 또 다른 차원을 보여준다고 보아도 좋지 않을까 싶다.

2. 개화론과 동도서기론

1903년 34세가 된 이병헌은 전통적 가치와 질서가 퇴락하던 현실에서 여전히 독서를 하며 지내던 삶에서 개화사상으로 전환하게 되는 커다란 계기를 맞이한다. 그 해 8월 집안의 소송일로 서울을 방문하던 길에 남산 꼭대기에 오른 그는, 내려다 본 서울 장안 거리에 전차와 전선이 연결되고 철도와 철교가 가설되어 있는 근대적 개화문물을 조망하게 된다. 남산에서 내려다 본 서울의 모습은 이미 '조선'의 모습이 아니었던 것이다.

남산에서 내려온 이병헌은 곧바로 서점으로 가서 『청국무술변법기(淸國戊戌變法記)』를 구입하여 읽는다. 1898년 청(淸)의 캉 유웨이(康有爲)가 주도한 개혁운동이었던 무술변법에 관한 다양한 사건을 기술한 책을 읽은 이병헌은 비로소 청일전쟁 이후 변화된 세계의 현실을 인식하면서 유교의 개혁의 필요성을 절감하게 되었다. 이 때 그는 고향으로 돌아오면서 서양의 역사를 다룬 『태서신사(泰西新史)』와 중국 상해에서 미국인 알렌(Young John Allen)이 국제 정세를 소개하는 발간물 『만국공보(萬國公報)』 그리고 『서양상고철학사(西洋上古哲學史)』, 『만국종교지(萬國宗敎志)』와 같은 사상서적을 구입하여 읽는다. 고향으로 돌아갔다 다시 37세가 되던 해 그는 서울에서 영어를 익히기도 하고, 다시 고향에 돌아와 의숙(義塾)을 열어 계몽운동의 일환으로 교육사업을 벌여나갔다.

하지만 개화론을 받아들였다 해서 그가 갑신정변을 일으켰던 개화파나 개화사상의 대표적 인물이라 할 수 있는 유길준(兪吉濬, 1856-1914)과 같은 길을 걸었던 것은 아니었다. 오늘날 우리가 '근대화'라 부르는 것을 19세기 조선에서는 '문명개화'(文明開化) 또는 '개화'라 불렀다. 여기서 문명이란 말할 것도 없이 서구문명을 지칭하는 것이었고,

서구문명은 여러 문명 가운데 하나가 아니라 "지배적 보편적 가치를 구비한 '우월한 문명'"을 의미하는 것이었다.[6]

정용화는 당시 서구문명에 대응하던 입장을 구분하면서, 서구문명에 대해 배척적 입장을 택했던 '위정척사론'과 동도서기론(東道西器論)을 구분한다. 위정척사론이 유교문명을 '정'(正)으로 보고 서구문명을 '사'(邪)로서 배척하였다면, 동도서기론은 서양문명의 '일부'(器)를 수용하는 것은 가능하다는 온건한 개화론으로 볼 것을 제안한다. 동도서기론이 유교적 변통론(變通論)으로서 유교적 근대화론이라면, 유길준의 문명개화론은 서구적 근대화론으로서 문명의 표준을 서구문명에 두었다는 점에서 양자는 구분된다.[7]

19세기에 등장한 개화론의 가장 완정한 형태로서 유길준의 문명개화론은, 인간의 역사가 '야만'(미개)에서 '문명'의 상태로 진보해 나아간다는 문명사관을 바탕으로 한다. 따라서 개화란 야만, 미개, 반개, 문명의 네 가지 단계로 표현되기도 했으며, 최종적으로는 '미개화', '반개화' 그리고 '개화'의 3단계로 정립된다.

> 개화란 사람의 천사만물(千事萬物)이 가장 선하고 아름다운 경지에 이르는 것을 말한다. 그런 까닭에 개화하는 경지란 사실상 한정하기 어렵다. … 세계의 어느 나라를 돌아보든지 간에 개화가

---

6 정용화, 『문명의 정치사상: 유길준과 근대한국』(서울: 문학과지성사, 2004), 22.

7 정용화, 『문명의 정치사상: 유길준과 근대한국』, 22–23.

극진한 경지에 이른 나라는 없다. 그러나 대강 그 등급을 구별해 보면 개화한 자, 반개화한 자, 미개한 자 등의 세 가지로 나누어 볼 수 있다.[8]

이에 따르면, 개화란 미래의 이상적 상태를 지향하는 것으로서, 각각의 나라들은 개화의 기분에서 볼 때 3단계의 등급을 가지며, 이러한 개화의 성취는 인간의 노력에 따라 발전하는 과정에 있다는 시각을 분명히 하고 있다. 그리고 개화에 도달한 문명사회의 모습은 자유롭고 평등한 인민의 욕구와 이익 추구를 에너지로 하는 작업 활동, 합리적인 상호경쟁과 이러한 인민의 활동을 권리로서 보장하는 정치와 법률을 근간으로 하는 사회라고 할 수 있다.[9]

달리 말해 유길준의 문명개화는 서구적 문명사회로의 변혁을 의미한다는 점에서 온건한 개혁론에 해당하는 동도서기론과는 분명 차이가 난다. 이와 같은 입장을 보이는 것이 김윤식(金允植)의 '시무론'(時務論)이다.

나는 일찍이 개화라는 말을 매우 괴이하게 여겼었다. 무릇 개화란 변방의 미개민족이 거친 풍속을 고치는 것이다. (그런데) 구주(歐洲)의 풍속을 듣고 고쳐나가는 것을 개화라고 한다고 들었

8 유길준, 『서유견문』, 375-77(정용화, 『문명의 정치사상: 유길준과 근대한국』, 118에서 재인용).

9 정용화, 『문명의 정치사상: 유길준과 근대한국』, 124.

다. 우리 동방은 문명한 나라니 어찌 다시 개화하겠는가? 갑신정변을 일으킨 역적들은 구주를 지극히 숭상하고 요순과 공맹의 도를 야만이라 일컫고, 그 도를 바꾸려 하면서 이를 개화라고 칭하였다. 이는 천리가 끊어지고 관과 신발이 뒤바뀐 것과 같다. 선비와 군자라고 하는 사람들이 입만 앞세워서야 되겠는가. 그들이 말하는 개발변화라고 하는 것은 겉만 번지르르 한 말이다. 이른바 개화하고 하는 것은 시무를 말하는 것이다.[10]

김윤식에 따르면 조선은 이미 유교적 문명국가로서 변방의 미개민족에게 필요한 개화가 필요없는 사회였다. 오로지 중요한 것은 유교적 인륜을 고수하면서 변화하는 국제적, 국내적 상황에 탄력적으로 대응하는 관료의 책무이다. 즉 개화가 아닌 시무가 필요한 것으로서, '시무'란 "현실에서 요구되는 당면과제를 처리하는 것"(當時所當行之務) 이었다. 서양이 문명사회인 것처럼 동양 또한 성인(聖人)의 출현 이후 문명사회가 되었기에, 조선에서는 다만 개혁을 필요로 하며 조선사회는 서양과 동등한 문명사회라는 것이다.

이와 같은 태도는 이병헌의 삶의 과정에서도 드러난다. 이미 개화사상을 통해 변혁의 필요성을 인정하였음에도 불구하고 그의 행로는 '서구문명'을 향하는 문명개화의 길이 아니었다. 42세가 되던 해 서울에 올라온 이병헌은 애국계몽운동의 지도자 가운데 하나였던 박은식

10 김윤식, 『속음청사(상)』, 156-157.

(朴殷植, 1859-1925)을 만나 망국의 현실에 비통해 하고, 천도교 교주 손병희(孫秉熙, 1861-1922)를 만나기도 한다. 동시에 그는 경복궁(景福宮) 경회루(慶會樓)에서 망국의 심정을 느끼고, 제물포에서 일본의 물질문명에 조선의 허망함에 탄식하기도 한다. 이어 평양으로 간 그는 기자묘(箕子墓)에 참배하고, 선죽교와 숭양서원을 찾아 정몽주(鄭夢周)의 자취를 둘러보기도 한다.

한편으로는 개화된 문물과 신학문 서적을 통해 변화의 필요성을 절감하지만, 다른 한편으로는 여전히 조선의 유교적 사회의 삶과 정서를 그대로 간직한 '복합적 내면'(ambivalence)을 지닌 인간의 모습을 보인다.

3. 위정척사와 유교변혁운동

21세기를 살아가는 현대 한국인에게 '위정척사'는 기울어가는 조선을 부여잡고 변화하는 세계정세에 전혀 능동적으로 대처하지 못한 수구적(守舊的) 이데올로기에 지나지 않는 것처럼 보이기도 한다. 물론 오늘의 시각에서 보면 이러한 비판적 인식은 상당부분 정당하다. 그러나 한 사회의 사상이나 문화는 정치나 경제, 기술 등의 부분적인 변화의 요소들에 비해 보다 복잡하고 타성적인 성격을 갖는다. 그 까닭은 사상의 변화란 언제나 사회적으로 공유되어 있는 문화적 방향설정에 대한 폭넓은 변화를 요구하기 마련이고, 그 속에는 종교적 의

미가 내포되어 있기 때문이다.[11]

불교와 도교가 지배하던 고려 사회와 달리 조선은 11세기에 중국 송(宋) 나라에서 발흥한 유학사상을 토대로 건립된 국가였다. 고려의 불교는 대토지를 소유한 귀족들과 뿌리 깊게 연관되어 있었고, 고려 귀족들과의 차별화를 요구받았던 조선의 사대부들은 인간의 타고난 본성에 바탕한 도덕성을 구현하는 체제로서 교육과 통치를 하나의 과정으로 이해하는 유교적 사회를 구축하고자 했다. 그러한 이념의 압축판은 공자와 그의 제자들에 의해 저술된 것으로 여겨진 이른바 '사서'(四書)였다.

유학이 추구하는 사회는 『대학』의 강령에서 명시적으로 표현하듯 가(家, 가문)와 국(國, 국가)을 구성하는 인간들이 스스로의 몸을 타고난 심성에 따라 수양함으로써 상호조화를 이루며 살아가는 것이었다. 이를 위해 스스로에게 부여된 사회적 역할에 따른 책무와 신분에 따른 윤리를 준수함으로써 사회 전체의 화목을 가져오는 올바른 도리를 밝히는 것이 곧 유학의 본질이었고, 이러한 사회조화의 책무는 군주와 신하들의 몫이었으며, 따라서 군주와 신하는 백성들에 대해 도덕의 모범이자 교육의 주체가 되는 역할을 통해 통치를 하는 사회였다. 내성외왕(內聖外王)의 이념은 이러한 유교적 사회의 가치와 이념을 잘 표현해 준다.

다른 한편 올바른 도(道)를 밝히는 과정은 그릇된 생각이나 바르

---

11 정재식, 『한국유교와 서구문명의 충돌: 이항로와 척사위정 이데올로기』(연세대학교출판부, 2005), 19.

지 못한 사설(邪說)들을 정확하게 밝히고, 이를 배척함으로써 정통을 지켜내는 행위와 관련된다. 이미 고대 중국의 맹자(孟子)가 양주(楊朱), 묵적(墨翟)과 같은 이단을 구분하여 배척하였고, 한유(韓愈)와 주희(朱熹)가 불교를 배척하였던 것처럼, 사이비 가르침이나 사설을 배척하고 올바른 학문을 세우는 것은 조선 유학의 기본 정식이기도 했다. 위정척사론의 대표적 인물인 화서 이항로는 이를 다음과 같이 표현한다.

> 정통과 이단이 서로 흥성하고 쇠망하였다 하는 그 원인은 실제 인간의 마음 하나에 달려 있는 것이다. 천리(天理)와 인욕(人慾)이 서로 소멸하였다 장성하였다 하는 그 흐름이 진실로 천운(天運)의 음양, 미덕과 악덕, 세상의 도의 흥망, 사회의 질서와 어지러움 등에 관련되어 있다. 천지의 만물은 오직 한 가지 이치(理)에 의해 해명된다. 따라서 혼란한 세상을 구제하는 데에는 이단을 물리치는 것보다 우선하는 것이 없으며, 이것은 또한 바른 학문(正學)을 밝히는 것만큼 절박하지 않다. 바른 학문을 밝힌다는 것은 오직 하나의 마음으로 천리를 인욕으로부터 구별하는 것으로 이루어진다.[12]

이러한 문화적 심성을 갖는 조선의 유교 사대부들에게 처음 소개되었던 서양 사상은 '서학'(西學)으로 불리는 기독교였다. 이미 17세기

12 李恒老, 『華西先生文集』 권12(정재식, 『한국유교와 서구문명의 충돌: 이항로와 척사위정 이데올로기』, 249에서 재인용).

이래 마테오 리치의 『천주실의(天主實義)』와 같은 서학서는 조선 사회에 심각한 논쟁을 야기하였고, 조선의 유학자들은 유교의 인간관과 사회관에 도전하는 파괴적인 것으로 받아들였다. 특히 1801년 황사영(黃嗣永)이라는 기독교 개종자가 북경의 주교에게 조선에서 종교의 자유가 인정되도록 압력을 행사해 달라는 편지를 쓴 사건이 발생하자, 조선 정부는 기독교를 이단으로 규정하고 대대적인 탄압을 가하기도 했다.

또한 사상적 차원에서는 신후담(愼後聃, 1702-1761)의 『서학변(西學辨)』, 안정복(安鼎福, 1712-1791)의 『천학고(天學考)』 등을 통해 18세기에 이미 서학은 천주를 숭배하는 학문으로서 이익을 탐하는 마음에서 비롯된 것이며, 세상을 초월한 배타적 초세간적 경향과 이기주의적이고 반사회적인 자세를 그 종교적 특색으로 비판하였다. 이렇게 천국과 지옥의 보상을 통해 초세간적 구원을 가르치는 기독교와 현세의 도덕성을 통해 인간적 완성을 추구하는 유학은 양립할 수 없는 것으로 보았다.

게다가 프랑스의 약탈적인 병인양요, 미국 제너럴셔먼호가 지방관헌의 철수요청을 무시한 통상요구와 그에 따른 충돌, 프러시아 상인 오페르트(Ernst J. Oppert)가 대원군 부친의 묘를 도굴한 사건 등이 잇따라 발생하면서, 기독교로 대변되는 서구는 조선의 유학자들에게 매우 혐오스럽고 야만스러운 외세에 지나지 않는 것으로 비쳐졌다. 따라서 외세에 대한 굴복은 조선을 짐승으로 전락시키는 것처럼 여겨졌고, 올바른 학문을 지키고 유교를 수호하는 것은 곧 외세를 물리치는 전제로 여겨지게 되었다.

서양인들이 도덕을 어지럽히는 것이 가장 걱정이다. 천지간에 우리 동방(조선)에 한 맥의 양기(陽氣)가 남아있다. 만약에 이것마저 파괴된다면 이 세상에서 천심(天心)이 어떻게 그것을 견딜 수 있겠는가? 우리는 바로 마땅히 천지를 위하여 마음을 확립하고 도(道)를 밝히되 바삐하여 불을 끄기라도 하듯 해야 한다. 이 나라의 존망의 문제는 오히려 부차적인 일이다.[13]

더 나아가 서구 자본주의 열강의 집요한 통상에 대한 요구와 침략적 행위와 같은 도발, 시장을 바탕으로 이익을 추구하는 개인주의적 경향, 계약과 이윤 및 비용을 따지는 비인격적인 인간관계 등은 효(孝)나 충(忠)과 같은 인간의 본성을 토대로 한 정감적인 인간관계와 상호의무를 통해 형성되는 사회적 관계를 파괴하는 위협적인 것으로 인식되었다.

요즘 학문하는 사람으로 능히 서양인들이 끼치는 손해를 알고 있다면 선(善)의 편에 서 있는 사람이다. 서양의 교설은 비록 천 갈래 만 갈래 사단이 있지만, 아버지(가정)와 군주(국가)를 부정하는 장본이요, 재화 유통(상품과 편리, 혹은 근대적 경제)을 원활히 하고 색정(色情, 성적 충동의 자유로운 표현)을 장려하는 주요

13 李恒老, 『華西先生文集』 권12(정재식, 『한국유교와 서구문명의 충돌: 이항로와 척사위정 이데올로기』, 198에서 재인용).

방법인 것이다.[14]

따라서 가족지향적이고, 가족에 대한 배려가 사회와 공동체로 확산되고, 그 안에서 인간들은 온정적인 배려와 이에 상응하는 인간적 존중에 기초한 사회를 추구하던 유학자들에게 기독교와 서구문명은 비인간적이고 물질적이며, 짐승과 같은 야만적인 것들로서 배척해야 하는 '사악한 것'(邪)으로 인식되었다. 이것이 바로 '위정척사'의 논리였다. 그 귀결은 쇄국(鎖國)과 의병(義兵)을 통한 저항이었다. 이항로의 제자 최익현은 이병헌이 개화사상을 수용할 무렵 의병활동에 투신하다 대마도에서 죽음을 맞이하였다.

이러한 위정척사론은 서세동점의 세계정세 속에서 결코 현실적이고 효과적인 응전을 할 수 있는 처방은 되지 못하였다. 그렇다면 유교를 버리지 않으면서 새로운 시대에 부응하는 것은 어떤 것이어야 했을까? 이병헌은 유교개혁운동으로 방향을 잡았고, 그것은 곧 유학을 종교화하여 '공교'(孔敎)를 세우는 것이었다.

1917년 일본의 조선총독부는 「종교령」을 통해 유교를 종교에서 삭제하고, 향교의 재산을 지방관청에 귀속시키고, 묘지제도를 친족단위에서 마을단위로 합동하는 방식으로 개혁하고자 하였다. 당시 이병헌은 이러한 조치에 반대하며 청원운동을 벌였고, 3·1운동 이후 가족묘지 제도를 허용하도록 하는 성과를 내기도 했다. 이 시기 그는 유교

14 李恒老, 『華西先生文集』 권12(정재식, 『한국유교와 서구문명의 충돌: 이항로와 척사위정 이데올로기』, 263에서 재인용).

를 종교로 인정할 것을 주장하면서 유교개혁의 필요성을 역설한다.

> 우리나라의 유교는 반드시 한번 큰 혁명을 거친 다음에 떨쳐 일어날 수가 있다. 그렇지 않으면, 움직이기만 하면 현세의 진화하는 이치와 곧바로 어긋나게 된다. … 이른바 개혁이란 마땅히 시대의 대세가 변천함에 따라 지극히 공정한 진리를 참작하고, 공자의 원래 모습을 회복하기를 구해서, 2천 년 동안 뒤엉키고 뒤덮여 막힌 습관을 쓸어내어야 한다.[15]

1894년 과거제도의 폐지와 함께 유학은 실질적인 기반을 상실하였고, 신학문이 대세가 되자 대다수는 유학을 버렸다. 던컨에 따르면, 실질적으로 유학을 신봉하였던 인물은 양명학(陽明學) 계열의 정인보(鄭寅普, 1893-?)와 장지연(張志淵, 1864-1921) 등 극소수에 지나지 않으며 대체로 유학자라 불릴만한 인물들은 사라졌다고 주장한다.[16] 물론 이렇게 극단적인 주장을 곧이곧대로 받아들일 수는 없지만, 유학이 주요 이념과 사상의 자리에서 쇠락했다는 것은 분명하다.

하지만 이병헌은 위정척사론처럼 유교를 묵수하려 하지 않았고,

---

15 이병헌, 『이병헌전집(上)』, 650(금장태, 『유교개혁사상과 이병헌』, 124에서 재인용).

16 John B. Duncan, "Uses of Confucianism in Modern Korea," edited by Benjamin A. Elman, John B. Duncan, Herman Ooms, *Rethinking of Confucianism, Past and Present in China, Japan, Korea and Vietnam* (Los Angeles: University of California Press) 참조.

그렇다고 서양문명을 추종하는 전적인 개화론자가 되지도 않았다. 그는 시대에 맞는 진리로서 공자의 원래 모습을 회복하는 것을 유교개혁의 핵심으로 보았다. 그것은 달리 말하면 공교를 세우는 일이었고, 그의 나머지 생애는 비록 실패했으나 유학을 종교화하는 공교운동에 헌신하는 삶으로 바쳐졌다.

이 시기 이병헌의 생애에서 가장 중요한 사건들은 5차에 걸친 중국방문과 캉 유웨이와의 만남 그리고 배산서당의 설립을 통한 공교운동 등이다. 특히 1914년부터 1925년까지 5차에 걸친 중국방문에서 이병헌은 캉 유웨이를 방문하고, 중국 공교회의 모임에 참여하기도 하고, 곡부의 공묘(孔廟)를 순례하기도 했다. 그 과정에서 이병헌은 상해임시정부 요인들에게 친일파로 오해되어 큰 고초를 겪기도 했다.

이병헌이 조선총독부와 일본정부를 상대로 여러 가지 청원운동을 하는 과정에서 그리고 황제복위운동을 펼쳤던 캉 유웨이 등과 교류하는 과정에서 그가 한 행위와 서류들이 친일행각으로 오해를 받았던 것이다. 당시 임시정부의 경무국장이었던 김구(金九, 1876-1949)는 조사와 취조 끝에 결국 오해를 풀었음에도 "어찌하여 나라를 위해서는 무심하면서 '교'(공교)를 위해서는 절실하고 진지한가?"라고 힐난하기도 했다.[17] 이에 대해 이병헌은 "우리나라의 유교에는 완고하여 옛것에 빠진 병통이 진실로 있지만, 어찌 일찍이 유교로서 매국노가 된 자가 있겠는가? 만약 큰일을 하고자 한다면서 먼저 대다수의 인심을

17 금장태, 『유교개혁사상과 이병헌』, 60.

잃는다면 계책을 얻은 것이 아니다"[18]라고 설득하였다.

이병헌은 기존의 전통유교를 '향교식 유교'라 부르면서 자신이 개혁하고자 하는 공교(孔敎)를 '교회식 유교'라 구분하였다. 아래는 신구유교에 대한 이병헌의 논의를 금장태가 도표화한 것이다.

신구유교 대조표[19]

향교식 유교	교회식 유교
선현들을 함께 받들어 공자에 배향함	공자만을 높이고 상제에 배향함
공자는 종교가가 아니다	공자는 종교가다
공자는 대동주의가 아니다	공자는 대동주의다
『춘추』는 존군전제(尊君專制)의 글이다	『춘추』는 삼세진화(三世進化)의 글이다
중국을 높이고 오랑캐를 물리침 유교를 지키고 이단을 물리침	중국은 일인(一人), 천하는 일가(一家)이다
수구하여 고문경설을 받듦	유신(維新)하여 금문경학을 천명함
제왕의 연대로 기원을 삼음	공자의 탄생으로 기원을 삼음

이와 같이 구분되는 이병헌의 유교개혁운동은 서구의 기독교에 영향을 받은 측면이 있지만, 보다 근원적인 목적은 근대로 전환하는

18 이병헌, 『이병헌전집(上)』, 647(금장태, 『유교개혁사상과 이병헌』, 62에서 재인용).

19 이병헌, 『이병헌전집(上)』, 326-329(금장태, 『유교개혁사상과 이병헌』, 117에서 재인용).

과정에서 유교를 종교로 재발견함으로써 서양의 근대적인 문화를 뛰어넘어 과학, 종교, 철학이 통합된 새로운 종교관으로서 유학을 긍정하고자 했던 시도였다. 하지만 이러한 기획은 실패하였고 커다란 호응을 얻지 못하였다.

그럼에도 유교적 사회였던 조선이 어느 일순간에 근대사회가 되었던 것은 아니며, 유교는 여전히 삶의 일부이자 일상의 제도였다. 개화지식인의 흐름이 주류로 넘어갈 때조차 조선사회의 지배층은 여전히 유림이었고 이들은 유학을 신봉하였다. 하지만 마찬가지로 이들이 모두 위정척사의 신념을 지녔던 것도 아니었다. 대다수의 유림은 새로운 통치자인 일본과 조선총독부에 저항하기보다 순응하면서 사회의 지배력을 잃지 않는 데에 골몰하였다.

그런 의미에서 유교와 근대의 관계는 매우 복합적이고 중층적이며 다면적인 모습을 하고 있었다고 해야 할 것이다. 이병헌은 개화를 부정하지 않았지만 그가 추구한 개화는 결국 유교개혁이었고, 그렇다고 그가 추구한 유교개혁이 사회와 국가 체제를 변혁하려는 이론이기보다는 일종의 종교이자 신앙의 차원이었다. 어쩌면 우리는 이러한 이병헌의 유교적 근대를 전통과 근대의 '착종'이라고 부르는 편이 나을지도 모르겠다. 그런데 이러한 착종성이야말로 19세기에서 20세기에 이르는 근대화의 중요한 특성이 아니까 싶다.

4. 근대화와 유교전통

19세기에 시작된 유교에 대한 반성 혹은 비판은 20세기 초 중국은 물론 조선에 더욱 강력해졌다. 1910년 《황성신문(皇城新聞)》에 실린 논설은, 국가적 위기 상황에서 어떤 역할도 하지 못하는 사실을 통렬하게 비판하였다.

> 학문, 이론의 채용과 정치, 법률의 변통을 꿈에도 생각하지 못하다가 마침내 남들은 진보하나 나는 퇴보하여, 대세가 이미 가버린 다음에 비록 자기 몸을 희생하고 자기 뼈를 바스러지게 한들 한 치의 공적도 세울 수 있겠는가? … 옛 유학자의 기존 이론을 맹종하여 일종의 노예 학문을 이루었을 뿐이니, 어찌 천하 고금의 무궁한 학문, 이론을 대하여 단점은 버리고 장점은 취하는 실지 연구가 있으리오?[20]

당시의 유교 비판은 이처럼 망국의 통한을 유교에 묻는 것을 넘어서서 사회의 유교 문화 전반에 걸친 다양한 비판으로 확산되었다. 예컨대 《동아일보》가 1920년에 6회에 「조선 부로(父老)에게 고함」이란 연재에서 유교 사회의 가부장적 권위주의 폐단, 도학파 유림이 "명나

---

20 《皇城新聞》, 「我國儒林論」(1910년 1월 24일).

라만을 숭상하고 청나라를 배격하는"(崇明排淸) 의리를 내세우며 사대주의에 빠진 점 등을 강경한 어조로 비판하였다. 또 1931년 민족운동의 변호사로 명망이 있던 이인(李仁, 1896-1979)은 공자를 존칭이었던 공부자(孔夫子)의 '부(夫)'를 썩다는 뜻의 '부(腐)'로 고치고, 공자의 이름 '구(丘)'를 원수 '구(仇)로 바꾸어 비판하기도 했다.

19세기 말에서 20세기 초에 이르는 시기 동안 유학은 극단적 비판과 묵수적 옹호의 스펙트럼 사이에서 다양한 진폭을 보이며, 지금에까지 이르고 있다. 하지만 이미 20세기 전반을 지나 1960년대 발에 이르기까지, 식민화와 전쟁, 산업화와 민주화의 역동적 과정에서 유교는 의미 있는 역할을 했던 것으로 보이지는 않는다. 그러나 20세기 말에 이르면서 이러한 상황은 다른 조짐을 보이기 시작하였다. 조선사 연구자인 던컨은 1995년 그가 한국에서 목도한 상황을 이렇게 서술하며 20세기 한국의 유교를 논한다.

> 1995년 2월, 나는 한(韓), 중(中), 일(日) 학자들과 함께 서울의 성균관대학교에서 개최된 남명 조식(曹植, 1501-1572)의 유학에 관한 학술회의에 참석했다. 성균관대학교는 조선왕조의 왕립 교육기관의 이름에서 따온 것으로, 대학의 위치도 성균관이 있던 자리에 있었고, 한국에서 유교 전통을 유지하는 역할을 맡고 있다는 자부심을 가지고 있다: 이 대학교는 정기적으로 공자와 기타 현인들을 예우하는 제사를 드리며, 오로지 유학에만 헌신하는 단과대학(유학대학)도 있다. 이 특별한 학회 때에는 백일장(조선시대 지방 선비들의 학문을 독려하기 위한 정기적인 모의시험)이 함께 열렸는

> 데, 전국 각지에서 200명이 넘는 유자들이 참가했다. … 한 기조연설자가 강조했는데, 동아시아 모든 국가들 중 한국만이 유일하게 유교 전통을 보존해오고 있다는 것이다(중국, 대만 등의 학자들이 한국을 정기적으로 방문할 때마다 유교 의식을 배우고 간다는 자부심에 주목하면서). 그리고 건강한 사회의 발전을 위해 유교의 도덕적 가치들의 중요성을 강조했다.[21]

유교적 조선 사회에서 태어나 국가의 몰락을 지켜보며 개화사상을 받아들이고, 유교변혁운동에 투신하였던 이병헌의 만년(1926-1940)은 일종의 학술적 연구로 점철되었다. 공교운동을 전개하려던 계획이 좌절되면서 그의 꿈은 학술적 연구 이외에는 더 할 일이 없었던 것으로 보인다. 그런 상황에 비추어 볼 때 1995년 한 외국인 학자 던컨의 눈에 비친 한국의 분위기는 어쩌면 놀라운 것이었을 지도 모른다.

던컨은 그럼에도, 21세기 현재의 한국에서 유교는 여전히 중요한 전통으로서 한국인의 문화적 정체성의 중심이며, 유교의 윤리적 가르침은 현대 자본주의와 산업사회의 물질만능주의와 허무주의, 이기적 개인주의에 대응할 만한 고유하는 가치를 갖는다는 일반적 정서를 확인하고 있다. 또한 20세기 초반 유교에 대한 비판과 그에 대한 옹호가 있었던 것처럼, 21세기 한국에도 여전히 유교 전통을 자랑스러워하는

21 John B. Duncan, "Uses of Confucianism in Modern Korea," 431.

보수적 시각이 있다면, 다른 한편에서는 유교가 계급 이데올로기며 사회 발전에 방해가 된다고 보는 진보적 시각도 공존한다.

하지만 던컨의 서술에서 유학은 하나의 살아있는 전통으로서의 의미보다는 유교의 '이용'('uses' of Confucianism)에 초점을 두고 있다는 점이 두드러진다. 말하자면 20세기 한국의 역사적 경험 속에서 유교에 대한 근본적인 비판은 실질적으로 존재하지 않으며, 유교가 현실의 삶을 실질적으로 지배하는 원리도 아니다. 유교를 비판하는 쪽이든 옹호하는 쪽이든 논의의 중심에서 더욱 중요한 것은 양자가 모두 한국 민족주의 서사에 그 뿌리를 두고 있으며, 한쪽이 특정 사회정치적, 문화적 현상유지에 이용한다면 다른 한쪽은 이를 폭로하면서 이 때문에 혁명적인 사회정치적, 문화적 변화가 필요함을 말하려 했다는 것이다.

> 한국의 다양한 개인과 집단이 지난 몇 백 년에 대해 유교를 채용하여 사용한 방식들은 진보적 입장이든 보수적 입장이든 민족적 거대 서사를 혼란스럽게 만든다. 왜냐하면 강력한 국가를 건설하기 위해서는 유교를 버려야 한다고 주장하는 신채호와 같은 민족주의자가 있다면, 유교는 조선의 근대화에 장애가 된다고 주장하는 이광수와 같은 친일부역자가 있었다. 지방의 유림과 도시의 사업가처럼 일본이 식민지 지배를 정당화하기 위해 유교적 가치를 사용한 것에 긍정적으로 반응하였던 사람들이 있다면, 정인보나 안재홍 같은 사람들은 조선의 유교 전통을 이용하여 일제에 저항하고자 했다. 홍일식 같은 이가 유교를 이용하여 권위주의이

> 고 위계적인 사회 질서를 지지하고자 했다면, 김청렬 같은 이는 유교 속에서 보다 평등한 사회의 기초를 찾고자 했다. 민중 활동가와 학자들이 유교를 지배 계급이 백성을 억압하는 도구로 보았다면, 백성들의 혁명을 요청하는 민중 유교가 나오기도 했다. … 이러한 복잡성으로 인해, 유교가 백성을 억압하고 외세의 지배를 조장한다고 보는 민중적 진보적 유교서사든, 유교가 조화로운 민족 공동체를 유지하고 외부의 침략에 저항한다고 보는 보수적 유교서사 모두의 존립을 위태롭게 한다.[22]

이러한 던컨의 지적은 유교전통이 역사적이고 현실적 차원에서 어떠한 역할을 하였는가, 혹은 근대화의 과정에서 어떤 부정적이거나 긍정적인 역할을 하였는가 라는 찬반 토론식 논의에서 벗어나 있다. 오히려 유교는 그 자체의 생명과 전통으로 인해 20세기 한국의 정치적, 역사적, 문화적 방향설정과는 상관없이, 자신의 입장을 지지하거나 상대방을 비판하기 위한 일종의 도구로 이용되었던 측면을 폭로하고 있다. 게다가 이렇게 논쟁의 양측 모두 유교를 이용하여 상반된 주장을 하는 형세는 하나의 공동체(국민국가)로서 근대세계로 진입하는 데에 유용한 역할을 하기는커녕 분열과 대립을 고착화시키는 근대화의 걸림돌의 측면도 있었음을 암시한다.

한국에서 근대성 논의는 이렇게 매우 복잡하고 미묘한 역사적,

22 John B. Duncan, "Uses of Confucianism in Modern Korea," 461.

문화적, 사상적 층위들로 얽혀 있다. 유교와 근대성의 관계 또한 이와 마찬가지이다. 오히려 과거는 미래의 삶을 위해 뚜렷한 길잡이가 되기는커녕 현재 우리가 당면한 문제의 복잡성을 더욱 복잡하게 만드는 측면 또한 있다. 하지만 우리가 어떠한 미래를 만들어 가는가가 과거의 삶을 보다 투명하게 바라보게 만드는 동력이 될 수도 있지 않을까 하는 기대를 버릴 이유는 없다. 미래는 정해진 것이 아니라, 우리의 선택으로 형성되는 과정이기 때문이다. 그래서 '근대'는 말 그대로 '새로운' 어떤 것이며, 곧 과거에 완성태로 있기보다 미래의 가능태로 있는 것이 아닐까 싶다.

참고문헌

금장태. 2003. 『유교개혁사상과 이병헌』. 서울: 예문서원.

이규성. 2012. 『한국현대철학사론: 세계상실과 자유의 이념』. 이화여자대학교 출판부.

장석만 외. 2006. 『한국 근대성 연구의 길을 묻다』. 서울: 돌베개.

정용화. 2004. 『문명의 정치사상: 유길준과 근대한국』. 서울. 문학과지성사.

정재식. 2005. 『한국유교와 서구문명의 충돌: 이항로와 척사위정 이데올로기』. 연세대학교출판부.

Duncan, John B. 2002. "Uses of Confucianism in Modern Korea." edited by Benjamin A. Elman, John B. Duncan, Herman Ooms. *Rethinking of Confucianism, Past and Present in China, Japan, Korea and Vietnam.* Los Angeles: University of California Press.

2부

전통의 재발견과 동아시아 시민

5장
도가적 가치와 현대 시민

유병래

1. 도가의 현대적 이해와 시민사회

동양 전통의 도가[1]와 서구·미국적 현대 시민사회[2]의 만남은 가능

---

1 '도가(道家)'는 중국의 춘추시대 말기에서 전국시대 중기에 성립된 철학사상 유파들(諸子百家) 가운데 하나이다. 이 학파는 '도(道)'와 '덕(德)'을 핵심으로 하는 학술을 전개하였기에 '도덕가(道德家)' 또는 '도가'라 불린다. 도가는 이후 유가(儒家)·불가(佛家)와 더불어 3대 철학사상으로 자리 잡고 동아시아인의 정신세계에 지대한 영향을 끼쳐왔다. 오늘날 학자들은 도가를 한대(漢代)에 성립된 '도교(道敎)'와 구분하기도 하고 또는 하나로 합쳐서 '도교'라 통칭하기도 하는데, 서양 학자들은 후자를 선호한다. 이 글에서는 노자(老子)와 장자(莊子)의 철학사상을 기반으로 논의하는 까닭에 '도가' 또는 '노장(老莊)'이라는 명칭을 혼용한다.

2 여기서의 '시민사회(civil society)'란 주로 마이클 에드워즈의 『시민사회』(서유경 역, 서울: 동아시아, 2005)에서 사용하는 개념을 기반으로 한다. 이 책(*Civil Society*)은 2004년 영문판으로 출간된 이래 유럽, 북미, 호주, 뉴질랜드 등지의 대학에서 시민사회에 관한 일종의 교과서가 되었다(마이클 에드워즈, 서유경 역, 『시민사회: 이론과 역사, 그리고 대안적 재구성』(서울: 동아시아. 2005), 8). 마이클 에드워즈는 '시민사회'라는 개념이 너무나 불확실한 상황에 처해 있기는 하지만, 시민사회 자체는 매우 생명력이 있는 것으로서 정치세계, 행동주의세계, 재외원조세계 속에서 저항의 주체로서 살아 움직이고 있다고

한가?

이분법적인 시각으로 세상을 비라볼 때, 인류의 역사와 인간의 삶이란 의아하기 그지없는 일들이 수시로 뒤엉키고 쌓여가는 불합리와 부조리의 난맥상인 것으로 읽힌다. 예상 밖의 것들이 상호 연결되는 데다 역진적인 영향까지 끼쳐 예측할 수 없는 돌발 사태를 낳는 현상들을 목도하면서, 인간사의 추이란 인과관계에 의한 확정성이 아니라 이러한 것으로는 포착할 수 없는 '불확정성의 원리'에 의거하는 것이 아닌가라는 강한 의구심을 갖게 된다. 이 글의 제목 역시 그러한 이해하기 어려운 것들 가운데 하나를 꾀하는 것으로 비쳐질지 모를 일이다. 기원전 8~3세기 중국의 분열된 봉건제 사회, 더욱이 겸병전쟁으로 점철되던 시대 상황에서 '무위자연(無爲自然)'을 내걸고 개체적·소극적·은둔적인 삶을 살았다고 평가되어온 도가가 현대 민주주의 사회의 '참여적 시민' 내지 '시민사회'와 어떻게 연결될 수 있을까? 이들을 연결하는 것은 기상천외한 묘안을 꿈꾸는 일인가, 망설을 지어내는 시대착오적인 일에 불과한가? 이러한 의혹의 눈초리가 있을 수 있음에도 불구하고 우리는 왜 이런 주제의 탐구를 시도하는가? 본 탐구가 이 둘의 경우가 아닌, 평상적이고 자연스러운 일인 것으로 용인될 수 있는 근거는 무엇인가?

우리는 요즈음 '동양에는 진정한 자유와 평등 및 인권이 없었을

본다. 그는 이 책에서 '시민사회'에 대한 명료성과 엄격성을 확보하기 위한 탐구를 시도하는데, 그 탐구의 대부분이 북미와 서유럽의 현실적 활동의 맥락과 문헌들을 위주로 진행되고 있다.

뿐더러, 거기서는 개인(주체)이나 시민이라는 것도 찾아볼 수 없다'라는 말을 종종 듣는다. 이는 '민주주의'와 '시민'은 온전히 서구 근대의 경험이자 개념이고, 동양 전통의 정치사상이나 사회의식 내지 철학사상들 중 어떤 것도 이들과는 견줄만한 실제적인 경험의 맥락을 갖고 있지 못하다는 비판적 사유의 단호함을 보여준다. 발생적 의미에서 엄밀하게 보자면 이는 틀린 주장이 아니다. 따라서 우리가 이런 주장을 수긍한다면, 사회 도피적이고 문명 부정적이며 회의적인 철학사상이라고 이해되어온 도가에는 더더욱 '시민 또는 시민사회는 없다'고 해야 옳을 터이다. 그러나 도가에 대한 이러한 소극적인 이해가 피상적이고 자기중심적이며 시대 제약적인 관점에서 기인한 것이라는 데 대한 어떤 근거를 제시할 수 있다면, 이제는 뭔가 다른 시각으로 도가 전통을 고찰하고 새로운 의미를 형성하는 시도를 하는 데서 주저할 이유가 소거될 것이다. 물론 이렇게 하는 데는 도가의 철학사상에 대한 재해석뿐 아니라, 그 현대적인 이해 및 실생활에의 적용 등을 모색하는 일도 요구된다.

필자는 일견 무리해 보일 수 있는 본 탐구를 다음과 같은 상식적인 상정으로부터 시작한다. 오늘날의 시민이 근본적으로 인간이고 더 좋은 공동체적 삶을 추구하는 가운데 인간성을 확보하고자 노력하는 존재라고 한다면, 고대 동양에도 인간은 있었고 도가의 학자들 역시 이상적인 인간 삶에 대한 근원적인 사고뿐 아니라 실천적인 수행까지 담지하였다고 말할 수 있다. 물론 인간이 자신의 삶을 갱신하는 방법에는 엄청난 다양성이 있고, 그것들 가운데의 어떤 내용은 서로 만날 수 없을 것으로 생각될 만큼의 이질성을 띠기도 한다. 그렇지만 우리의 의식을 개방하고 관점의 다양성 및 그 수준의 고양 가능성을 인정하고서 보면, 지금까지는 알 수 없었던 새로운 소통의 장이 눈앞에 펼쳐질 수 있을 것이다. 도가에 대한 재해석과 '열린 시민사회' 개념을 상정하는 속에서 미래지향적으로 탐구할 때, 도가와 시민사회의 접합점을 찾아내는 것이 억지적인 일만은 아닐 것이라 생각된다.

도가와 시민사회의 만남이 어떻게 이루어져야 의의를 가질 수 있을까? 그것이 단순한 비교에 머물거나, 도가 전통의 가치들 중 어떤 것을 재건하여 시민사회에 주입해야 한다는 식의 일방적인 것이어서는 곤란하다. 도가에 대한 현대적 이해가 오늘날의 시민 또는 시민사회와 긴밀히 연결되면서 보다 나은 어떤 것을 창출할 수 있는 가능성을 발견할 수 있어야 한다. 우리는 지금 현재의 시민사회가 내일의 시대 상황에도 들어맞을 수 있도록 하는 새로운 시민사회적 삶을 재발명할 것을 요구받는 시점에 있다. 이런 작업에 동양 전통의 도가적 사유와 실천이 하나의 대화 상대로서 동참하는 것은 부적절한 일일까? 아직까지 도가는 그 누구로부터도 이런 일에 초대받아본 적이 없다.

그러나 마이클 에드워즈(Michael Edwards)의 다음과 같은 '열린 시민사회' 관점은 그 자신이 의식하였든 그렇지 않든 도가에게 보내는 초청장일 수 있다. "비록 시민사회가 무엇인지, 무엇을 하는지, 그리고 상이한 문화적·정치적 맥락을 가로질러 존재할 수 있는지와 관련한 혼란과 논쟁이 끊이지 않지만, … 나는 시민사회는 세계의 특정 지역이나 역사의 특정 시대에 속하는 배타적 개념이 아니라고 생각한다. 시민사회는 상황에 따라 특수한 방식들로 표현된 개인들의 집합적 삶의 보편적 표현이라는 생각이 더욱 적절할 것이다."[3] 시민사회를 서구의 진화과정에 있어 일정한 위치를 차지하는 특정 시기의 산물로만 인식한다면, 시민사회는 비서구 사회에 아예 존재 자체가 불가능한 개념이 된다.[4] 우리는 우리가 가지고 있는 특수성 요소들을 초월하여(어떤 상이한 집단 출신에게 투표함으로써, 상이한 전통들의 저작들과 관습을 존중함으로써, 많은 상이한 언어들을 문자적으로 그리고 은유적으로 구사함으로써) 외부로 뻗어나갈 때 보다 넓은 총체의 구성원으로서 자격을 획득한다. 그렇지 못할 경우 시민사회는 단순히 상이한 이익들의 집합으로 남겨질 뿐이다.[5] 이는 다양한 유형의 시민사회가 생겨나는 것은 긍정적인 일이며, 그럴 때 변화하는 세계에 시의 적절하게 대응할 수 있는 유연성을 갖춘 시민사회가 될 것이라는 말이다. 필자는 '시민사회'가 정태적이지 않고 과정적인 것이며 또한 특수성(다양성, 다원성)과 더불어 보편성을 동시에 지니는 개념이라는 마이클 에드워즈의 견해에 동의한다.

다른 한편 도가의 장자(莊子)가 밝힌 다음과 같은 관점은 타자·타물을 대하는 열린 자세의 실질이 무엇인지를 보여준다. "혜자(惠子 즉 惠施)가 장자에게 말하길 '자네의 이야기는 거창하기만 할 뿐 실제 생활에는 아무런 쓸모도 없는 것이야'라고 했다. 장자가 말하길 '쓸모 없음이 무엇인지를 제대로 알아야 비로소 쓸모 있음에 관해 더불어 얘기할 수 있을 것이라네. 예컨대 저 땅은 넓고도 크지만 그 중 사람

---

3 마이클 에드워즈, 『시민사회: 이론과 역사, 그리고 대안적 재구성』, 7.

4 마이클 에드워즈, 『시민사회: 이론과 역사, 그리고 대안적 재구성』, 74.

5 마이클 에드워즈, 『시민사회: 이론과 역사, 그리고 대안적 재구성』, 132-133.

이 쓰는 것은 걸을 때 발을 딛는 좁은 공간일 뿐이지. 그렇다고 해서 발로 딛고 있는 그 곳만을 남겨두고 그 밖의 땅을 모두 파내어 황천에까지 이르게 한다면, 사람이 딛고 있는 그 땅이 쓸모 있을 수 있겠는가'라고 했다. 혜자가 말하길 '그것은 쓸모없어지고 말 것이야'라고 했다. 장자가 말하길 '그렇다면 쓸모없는 것이 쓸모 있게 되었음이 아주 분명해진 것이지'라고 했다"(『장자』「외물」). 다시 말해 "발이 땅을 디딜 때, 발은 그의 넓이 만큼만을 딛는다. 그렇지만 딛지 않는 주변의 땅이 있기 때문에 발은 비로소 믿고서 디딜 수 있는 범위를 잘 넓혀 갈 수 있다"(「서무귀」)는 것이다. 이런 장자의 관점을 인정할 때, 서로 만날 수 없고 대화하지 못할 존재나 사상이 무엇인지를 세별하여 배척하는 것은 속 좁은 일이다. 이러한 장자의 사유와 논리를 통해서도 고대의 도가와 현대 시민사회 간의 만남을 주선하는 일이 가능하리라고 생각된다.

도가는 회의와 비판과 부정으로 일관하는 것처럼 이해되기도 하였지만, 실상 이들이 목표로 한 것은 인간을 비롯한 천·지·만물의 '대통(大通)'·'대동(大同)'이라는 대긍정이었다. 존재하는 모든 것들은 '하나로 연결되어 있는 유기적 전체'가 노정하는 다양한 양태라고 보았기 때문이다. 서구 근대에서의 '자유', '평등', '민주', '시민', '시민사회' 등의 개념을 고정적인 기준으로 삼아서 경직된 눈으로 바라볼 때 도가의 철학사상은 쓸모없는 거대담론에 불과한 것으로 비춰질지 모를 일이겠으나, 도가적 견지에서 보자면 서구 근대의 저러한 개념들은 도가의 철학사상을 현대적으로 확장하고 적용시키는 데에 바탕이 될 수 있는 것이라고 말할 수 있을 것이다.

도가적 가치와 서구적 시민 또는 시민사회 간의 접합점을 찾는 또 다른 방법 가운데 하나는 현대와 직결되어 있는 근대사를 되돌아보는 일이다. 동서양 문명·문화 교류의 일단을 돌아보면, 19세기 서양의 제국주의 문명이 동양으로 파도쳐오기만 한 것이 아니라 그 이전에 이미 동양 전통사상 중의 일부가 서양에 전해지기도 하였고, 그런 속에서 서양의 지성인들 가운데도 동양 전통사상에 지대한 관심을 가지고 탐구한 학자가 있었다는 점을 알 수 있다. 더욱이 그러한 수용을 통해 동아시아의 문화가 서양의 르네상스와 계몽주의에 일정 정도 영향을 끼치기도 하였다는 서양 학자들의 이해가 있음도 발견하게 된다.[6] 이러한 교류와 수용의 과정에서 도가의 철학사상이 서양 근대사상에 일정 정도 영향을 끼쳤다는 점도 무시할 수 없는 사실인 것으로 밝혀지고 있다.[7]

---

6 이에 관해서는 J. J. 클라크, 장세룡 역의 『동양은 어떻게 서양을 계몽했는가』(아산: 우물이 있는 집, 2004), 황태연의 『공자와 세계 1: 제1권 공자의 지식철학(상)』(파주: 청계출판사, 2011)와 『공자와 세계 2: 제1권 공자의 지식철학(중)』(파주: 청계출판사, 2011)로 이어지는 「제3부 공자의 충격과 서구 계몽주의」(385-911쪽)에서 자세히 밝히고 있다. 송영배의 『동서 철학의 교섭과 동서양 사유 방식의 차이』(서울: 논형, 2005)도 참고할 수 있다.

7 도가와 도교가 서양에서 어떻게 이해되어 왔는지에 관해서는 클라크, 조현숙 역, 『서양, 도교를 만나다』(서울: 예문서원, 2014)에 잘 기술되어 있다. 이부영의 『노자와 융』(파주: 한길사, 2012), 심의용의 「서양인이 바라본 도가(Taoism)」(한국동서철학회, 『동서철학연구』 제33호, 2004), 박소정의 「해외 장자 연구의 쟁점과 우리의 철학적 과제」(한국동양철학회, 『동양철학』 제34집, 2010)도 참고할 수 있다.

한편 19세기 중국에서는 웨이위엔(魏源, 1794-1857)이 『노자』를 사회 개혁사상〔救世之書〕으로 이해하기 시작하였고, 옌푸(嚴復, 1853-1921)와 장타이옌(章太炎, 1868-1936) 등은 서구의 근대적 정치 개념인 자유·평등·민주 등을 빌어 『노자』와 『장자』를 이해하고 재해석하였다. 특히 옌푸는 중국인 최초로 영국에 유학하여 서구의 정치사상에 관심을 가졌을 뿐 아니라 토머스 헉슬리의 『진화와 윤리』, 아담 스미스의 『국부론』, 스펜서의 『사회학 연구』, J. S. 밀의 『자유론』과 『논리학』, 몽테스키외의 『법의 정신』 등 18-19세기 서양사상을 대표하는 저술들을 중국어로 번역하기도 하였다.[8]

그리고 19세기 조선의 경우, 동학(東學)은 『노자』의 '무위(無爲)' 관념을 바탕으로 근대 시민사회의 싹을 키웠던 것이라고 하는 신일철의 이해가 있다. 신일철은 "1860년 수운(水雲) 최제우(崔濟愚)의 동학 각도에서 연원된 동학운동은 우리나라 근대사상사와 정치사상사에서 획기적인 근대적 '민권(民權)'과 시민사회의 '민(民)'의 사회의 새로운 탄생이다"라고 주장한다. 그는 나아가 "이성의 지배인 유교, 성리학의 정치가 '유위(有爲)'였다면 그 반대극인 노장학(老莊學)은 민중의 '무위자연'을 설파하는 민중자치의 '무위'의 정치였다. 동학의 '무위이화(無爲而化)'는 비록 민속·종교적 요소가 가미되어 있으나 왕조적 유위의 통치이념에 대한 백성인 민의 '무위'의 학이었다는 점에서 근대시민사

8 정석도, 「晩淸시기의 道家연구와 문화계몽」, 동양철학연구회, 『동양철학연구』 제83집 (2015), 274-306; 양일모, 『옌푸(嚴復): 중국의 근대성과 서양사상』 (파주: 태학사, 2008), 7 참조.

회와 그 단체적 결합의 싹이었다고 할 수 있겠다. 동학의 포(包)와 접(接), 보은집회 등은 '민회(民會)'의 성격을 가진 우리민족의 근대적 사회결집의 맹아라고 본다"[9]라고 말한다. 한마디로 동학에서의 '무위이화'는 노자철학의 '무위'·'자연'·'자화(自化)'에서 연원한 것이며, 그것은 한국에서 근대 시민사회와 그 단체적 결합의 싹으로서 기능하였다는 것이다. 이어서 그는 이렇게 말한다. "유교의 … '큰 정부'론에 대항하여 민(民)의 자율적 지배를 옹호하고 군왕과 사대부의 권력만능에 견제와 제약을 가하여 '덜 다스리고' 그 대신 민의 자율적 자유를 더 많이 허용하자는 것이 노자의 '무위'의 민본위(民本位) 자유주의이다. 노자의 정치론이 무정부주의, 소국주의(小國主義)로 이해된 것은 그의 '무위자연'이 인민(人民)의 자유민권을 관헌이나 정부가 너무 간섭하고 억압해서는 안 되고 위로부터의 강권지배를 부정하는 점에서 그 극단이 반강권의 무정부주의가 되기 때문이다."[10] 필자는 노자가 과연 무정부주의·소국주의자였는가 하는 점에 대해서는 별도의 논의가 필요하다고 보지만, 노자의 정치론이 간접적이기는 하지만 구한말의 한국이 근대 시민사회로 나아가는 데서 하나의 발판으로 기능하였다는

---

9 신일철, 「東學의 '無爲'的 市民社會觀」, 『동학사상연구자료집』 26(서울: 열린문화사, 2002), 377. 한편 송호근은 그의 『시민의 탄생: 조선의 근대와 공론장의 지각 변동』(서울: 민음사, 2013), 43-46, 84-153에서 동학을 서양 근대의 시민사회와 과감하고도 정치하게 비교하고, 동학 농민군의 자치 조직은 근대 시민사회의 징표인 '자발적 결사체'가 전국적으로 출현하기 시작하는 씨앗이 되었던 것이라고 주장한다.

10 신일철, 「東學의 '無爲'的 市民社會觀」, 379.

주장에 대해서는 고무적이라고 본다.

이처럼 동서양의 사상적 교류와 습합은 현대가 아니라 서양의 근대 형성기에서부터 이미 시작되어온 역사를 갖고 있다는 점을 고려한다면, 필자의 이 '다리 놓기(bridging)' 작업이 생경한 일만은 아니다. 또한 오늘날 한국의 학술계에서도 도가와 서양의 학문을 비교하는 탐구를 수행해왔다는 선행의 기반이 있기도 하다.[11] 여기에 더해 시민사회의 형성과 구현은 항상 '현재 진행 중'인 작업이라는 성격을 지니고 있는 까닭에, '시민' 또는 '시민사회'라는 것이 고정적인 의미로 경직화되면 그 자체가 문제시의 대상으로 전락될 수 있다는 점은 도가적 가치와 현대 시민사회를 연결지어볼 필요성이 무엇인지를 말해준다.

동양과 서양이 혼합된 오늘날에 있어 『노자』와 『장자』를 대하면서 생각하고 토론하는 주제는 실로 다양하다. 그 중에서도 '의사소통', '사회통합론', '정치철학', '소규모 공동체론', '환경문제', '생태철학', '우주론'에 관한 것 등은 오늘날의 시민사회와 연결될 가능성을 크게 지닌 주제라고 생각된다. 이러한 도가에 대한 현대적 이해 및 담론들이 어떻게 시민사회와 실제적으로 손을 맞잡을 수 있을까?

필자가 생각하기에, 첫째로 이들의 만남은 우선 시민이 자기의식

---

11 한국도가철학회 엮음, 『노자에서 데리다까지: 도가철학과 서양철학의 만남』(서울: 예문서원, 2001); 한국하이데거학회 편, 『하이데거 철학과 동양사상』(서울: 철학과현실사, 2001); 한국도가철학회, 「도가철학과 미래사회」, 2000년 춘계학술대회보; 한국칸트학회, 「칸트철학과 도가철학의 소통」, 2009년 한국칸트학회 정기학술대회보.

을 지니는 면으로부터 시작할 수 있을 것으로 보인다. 한마디로 '자발성'에 터한 '자율성'이라고 할 수 있겠는데, 이는 곧 국가권력이나 어떤 외적 세력에 의한 사연(使然)·타연(他然)이 아니라 개인들 모두가 스스로 행위 하는 '자연(自然)'·'자생(自生)'·'자화(自化)'의 존재라는 도가의 개념과 연결된다. 여기에서 저절로 생겨나는 자발적인 질서가 '자정(自靜)'·'자정(自定)'·'자정(自正)'이며, 이러한 질서 속에서 이루어지는 균평한 경제적 삶이 '자균(自均)'·'자부(自富)'·'자득(自得)'이다. 그리고 그 삶의 이상적 경지는 만물을 평등하게 바라보는 관점과 소요유(逍遙遊), 즉 자유누리기이다. 『노자』의 기본 구도는 표면적으로 위정자와 백성 간의 관계 문제인 것으로 읽히지만, 이는 제대로 된 무위정치가 실현되는 세상이라면 모든 사람들이 자기의 자발성에 근거하여 자율적으로 활동하는 자유로운 삶을 살아갈 수 있다는 의미로 재해석될 수도 있는 것이다. 이러한 이해가 곧 시민사회를 이루는 시민 개개인의 의식 수준과 연결될 수 있는 지점이다. 둘째로, 시민이 서로를 대하는 자세의 문제와 관련되는 것이 있다. 이 점에서는 도가의 관계적 가치에 주목할 수 있는데, 결론적으로 그것은 도가의 존재-관계론에 근거하는 실천 곧 자애(慈愛)에 기초한 '현덕(玄德)'의 의미이다. 셋째로, 오늘날 우리는 인간중심주의에서 벗어나 대자연의 범위로 나아가는 지구적 공동체의 삶을 모색할 필요가 있다고들 말한다. 이와 관련하여 노자의 '천하(天下)' 정치를 살펴보고, 또한 장자의 개체(개인) 차원을 그의 우주(宇宙) 차원과 연결시켜본다면 그 중간 지대에 해당할 '지구시민사회'의 바람직한 형성 방안에 대한 모종의 시사점을 얻을 수 있을 것이라고 예상된다.

그런데 본 탐구는 주제의 성격상 일종의 비교 형식을 취하는 것이 효과적이며, 따라서 어떤 준거를 전제할 필요가 있다. 본 탐구가 겨냥하는 것의 핵심은 현대와 미래의 '시민사회'에 있으므로, 필자는 현대에서 진행 중에 있는 시민사회 담론들 가운데 유력한 이론 및 개념들을 탐구의 대략적인 준거로 삼고자 한다.

먼저 '시민사회'의 의미부터 설정할 필요가 있다. 서구 근대의 계몽주의 철학자들, 예컨대 볼테르·루소·로크·칸트 등은 시민사회의 여러 가지 요건을 제안하였는데 이들이 특히 주목한 것은 계약 관계, 개인 인권, 정치적 권리, 종교의 개별 신심(信心)으로의 환원이었다.[12] 좀 더 보편적인 관점에서 보면, '시민사회'는 계약적 질서와 개인적 권리 의식에 충만한 개인들이 모여 자신들을 관리할 법과 규칙을 스스로 만들어 낼 때, 그리하여 국가 권력에 대해 자율적 법규를 강제할 힘을 갖췄을 때 가능한 것이다. 시민(citizen)은 통치자의 법을 맹목적으로 따르는 존재가 아니라 오히려 자신들을 법 제정자로 자처하는 존재인 것이다.[13]

이러한 근대적 의미에서의 시민 및 시민사회 개념이 오늘날 다시 국제무대에서 중심으로 떠오른 것은 지난 10년(1990년대) 사이의 일이다. 그런데 오늘날의 시민사회는 모든 사람들의 혀끝에 걸려 있는 '거대한 사상'인 듯하다. 이 점은 시민사회라는 개념이 더 나은 세상을

12 송호근, 『시민의 탄생-조선의 근대와 공론장의 지각 변동』(서울: 민음사, 2013), 451.

13 송호근, 『시민의 탄생-조선의 근대와 공론장의 지각 변동』, 152.

만들기 위한 자신들의 투쟁에 하나의 통찰을 제공하는 것으로 생각하는 지구상에 있는 수백만의 사람들은 말할 것도 없고, 관료나 언론인, 재정지원단체, 저술가와 학자들에게서도 마찬가지다. 좌파와 우파 및 좌우의 중간에 위치한 다양한 이념적 스펙트럼을 가진 정치가와 사상가들 역시 사회적·경제적·정치적 딜레마에 대한 해법으로서 시민사회를 제시한다. 결국 모든 이념 스펙트럼이 시민사회를 자기네의 개념이라고 주장하고 있는 것이다.[14] 일부 학자들은 국가 및 시장과 더불어 시민사회를 세 개의 섹터 가운데 하나로 보는데, 이들은 비록 중심부가 겹쳐질지라도 서로 별개이며 상호 독립적이라고 한다. 또 다른 학자들은 혼성성, 연계성, 서로 다른 제도와 역할 간의 중첩성으로 규정할 수 있는 이 영역들 사이의 '불분명한' 경계와 상호연관성을 강조한다. 일각에서는 자발적이고 민주적이며 현대적인, 그리고 사전에 규정된 특정 규범 범주의 기준으로 볼 때 '시민적 덕목을 갖춘' 결사체만이 시민사회라고 주장한다. 그래서 누구의 시각을 좇는가에 따라 시민사회는 국민국가와 자본주의의 산물일 수도 있고, 모든 나라의 발전 단계에서 등장했지만 역사와 문맥에 따라 다른 방식으로 표출된 개인들의 집합적 삶에 대한 보편적인 표현일 수도 있다.[15]

그런데 마이클 에드워즈는 오늘날 시민사회와 관련한 논쟁들 중에서도 핵심이 되는 주제로서 '결사적 삶에서의 자발성', '좋은 사회에서의 가치 규범', '공공영역에서의 심의와 대화(논쟁)'를 꼽는다. 그리

14 마이클 에드워즈, 『시민사회: 이론과 역사, 그리고 대안적 재구성』, 22-23.

15 마이클 에드워즈, 『시민사회: 이론과 역사, 그리고 대안적 재구성』, 26.

고 이 상이한 입장들은 각각이 정당성을 지니며 유용한 설명틀을 제공하지만, 이들이 따로 논의될 때에는 하나의 사상 혹은 어떤 사회변동의 수단으로서 시민사회가 직면한 도전들에 대한 불완전한 설명일 뿐이라고 본다.[16] 따라서 그는 이들 각각이 노정하는 난점을 극복하고 이들 모두를 끌어안기 위해 삼자 간의 교직적인 연결을 모색한다. 그 결과로 그는 "궁극적으로 엄밀한 비판을 거친 시민사회 개념은 이미 확립되었거나 새로 출현하고 있는 민주주의의 제도적 문제들에 대한 해법을 제시하는 참신한 개념으로 다시 태어날 수 있을 것"이라고 믿는다.[17]

필자는 다음에서 마이클 에드워즈가 제시한 '결사적 삶', '좋은 사회', '공공영역(지구시민사회)' 개념을 차용하여 각각의 절로 구성하고[18] 이들 각각의 범위 내에서 도가와의 접합점에 관한 대체적인 윤곽을 그려보고 함께 나아갈 수 있을 방향을 가늠해보고자 한다. 도가의 경우 『노자』와 『장자』를 주요 텍스트로 삼는다. 『노자』와 『장자』 간에는 간과할 수 없는 차이점도 발견되지만, 필자는 가능한 한 이들을 하나의 동일한 맥락적인 견지에서 다룰 것이다.

---

16 마이클 에드워즈, 『시민사회: 이론과 역사, 그리고 대안적 재구성』, 147.

17 마이클 에드워즈, 『시민사회: 이론과 역사, 그리고 대안적 재구성』, 11-12.

18 필자는 이 탐구에서 마이클 에드워즈의 글을 대량으로 인용하여 논의의 근거로 삼지만, 이는 그의 이론을 전적으로 수용하거나 체계적으로 설명하고자 하는 것이 아니다.

2. 결사적 삶과 자연(自然)

1) 결사적 삶(associational life)으로서의 시민사회

하우스만과 헤틀링은 "시민사회의 초석은 타인들과 자유로운 결사체를 맺으려는 권리로 무장한 자율 조직화 의욕을 갖는 개인이다. 개별 시민은 종교적 통치로부터 자유롭고, 개인됨을 바탕으로 정치제도화에 참여할 자격을 갖춘 사람을 의미한다"[19]라고 말한다. 이 짧은 글에 근대 '시민사회'와 '시민'의 의미가 간명하게 집약되어 있다. 필자는 이 중의 '자유로운(자발) 결사체' 문제에 주목한다.

마이클 에드워즈에 의하면, '결사체'는 음식물에서부터 자조(自助)와 정신적 구원에 이르기까지 물질적인 지원은 물론 정서적인 지원도 제공하는 비슷한 생각을 가진 사람들 간의 연대감과 상호지원을 재확인시켜주는 기능을 한다. 사회적 존재인 인간은 집합적 행위의 문제를 해결하기 위해, 자신이 신봉하는 명분들을 실현하기 위해, 더 큰 삶의 의미를 성취하기 위해, 단순히 재미를 좇기 위해 집단에 합류하여 그의 일원이 된다. 그런데 자발결사체들에게 더해지는 기대는 사회서비스의 조직, 지역 공동체의 운영, 실업문제 해결, 환경보호 활동에 이르기까지 헤아리기 어려울 정도이다. 이러한 결사체들이 매우 중요

19 송호근, 『시민의 탄생-조선의 근대와 공론장의 지각 변동』, 153에서 재인용.

한 것이 사실이기는 하지만, 이것이 난마처럼 얽힌 사회적·경제적·정치적인 문제들을 푸는 '마술탄환'이라도 되는 것처럼 결사적 삶에 너무 많은 것을 기대하는 것도 위험하다.[20]

이러한 문제와 관련하여 우리는 '시민사회의 토대로서의 결사적 삶'의 의미가 무엇인지에 관해 고심하게 된다. 여기서는 먼저 공익을 진작하고 집합행동을 용이하게 할 목적으로 구성된 국가 및 시장과 차별화되는 시민사회를 전체 사회의 일부분으로 간주한다. 대개 '제3섹터'로 지칭되는 시민사회는 이런 의미에서 가정과 국가, 그리고 이들 사이에 존재하는 기업 이외의 모든 결사체들과 네트워크를 포함한다. 그러나 이런 다양한 형태의 결사적 삶이 하나의 규범적 합의나 공통된 정치적 아젠다를 공유하리라고 생각하기는 어렵다.[21] 그렇기에 여전히 '결사적 삶으로서의 시민사회' 문제를 둘러싼 논쟁이 벌어지고 있다.

오늘날의 상황에서 자발결사체로서의 시민사회의 바람직한 의미는 무엇인가? 가정·국가·시장(기업)과 구별되는 전체 사회의 일부로서의 '시민사회'라는 개념은 현재 사용되고 있는 시민사회 개념들 중 가장 일반적인 것으로서 19세기의 미국에 관한 토크빌의 생각을 계승한 것이다. '제3섹터' 또는 '비영리 섹터'로 지칭되는 시민사회에서 회원가입과 활동은 '자발적'이다. 공식적으로 등록된 상이한 유형의 NGO, 노동조합, 정당, 교회와 기타 종교단체, 전문집단과 비즈니스

20 마이클 에드워즈, 『시민사회: 이론과 역사, 그리고 대안적 재구성』, 42-55.

21 마이클 에드워즈, 『시민사회: 이론과 역사, 그리고 대안적 재구성』, 13-14.

결사체, 공동체와 자조집단, 사회운동과 독립미디어들이 여기에 속한다.[22] 그러면 여기서 '자발(voluntary)'이라는 말의 의미는 무엇인가? 자발결사체들의 회원 가입은 법적으로가 아니라 동의에 따르므로 사회적 지위, 공적 권리, 또는 공적 권리에 수반되는 혜택을 잃지 않고 탈퇴가 가능하다. 또 다른 요건은 자발적인 기제들이 목표 성취에 사용된다는 점인데, 이는 정부가 강제하는 복종이나 기업이 제시하는 시장 유인책 대신에 대화·교섭·설득이 주로 사용된다는 것이다. 이런 의미에서 자발결사체로서의 "시민사회는 비폭력적이고 자기 조직적이며 자기 성찰적인 경향을 띤다."[23] 요컨대 '자발'이란 주체적인 동의에 의거하여 자신의 공적 권리와 관련된 행위를 계획적으로 하는 것이며, 강제나 유인책에 따르지 않고 대화·교섭·설득을 기제로 사용한다는 것이다. 하지만 마이클 에드워즈는 그 자발의 '근거'가 무엇인가에 대해서는 아무런 언급도 하지 않는다. 이에 대한 철학적인 논거까지 따져볼 필요가 있을 것이다.

본 탐구의 주제와 관련해서는 위의 문제에 더해, 유럽이나 미국이 아닌 타 문화권의 사회나 결사체에서의 '자발'의 실현 여부 및 그 이유에 대해서도 살펴볼 필요가 있다. 시민사회 이론의 대부분은 유럽과 미국에서 발전해오면서 다른 나라, 다른 문화, 다른 세대로 옮겨 적용할 수 없을지도 모르는 결사체들의 권리와 책임, 배양해야 할 특질, 한 사회 내에서 수행해야 할 역할에 관해 일련의 가정들을 생산

22 마이클 에드워즈, 『시민사회: 이론과 역사, 그리고 대안적 재구성』, 55–56.

23 마이클 에드워즈, 『시민사회: 이론과 역사, 그리고 대안적 재구성』, 56–57.

해왔다. 그런데 이슬람과 유교 문화에 있어 소속, 연대, 시민권에 관한 이해는 유럽이나 미국에서의 경우와는 다르다. 이런 차이의 부분적인 이유는 그것들이 개인보다는 사회 전체를 강조하는 문화이기 때문이다.[24] 중국을 비롯하여 유교에 기반을 두고 있는 다른 사회들에서 사회 구성원으로서의 자격은 선택적 사안이 아니며, 자격심사에 있어서의 우선성은 '총체로서의 사회'의 필요에 따라 주어졌다. 따라서 결사체들은 항상 자신들이 정부의 통제 바깥에 존재하는 것이 어렵다는 점을 인식하고 있었다.[25]

이처럼 결사적 삶은 맥락과 문화에 따라 매우 큰 차이를 보인다. 그렇지만 이러한 견해를 바탕으로 본 탐구 주제와 관련하여 문제시할 수 있는 것은, 총체로서의 사회에서 개인(개체)이 갖는 위상이 동아시아 문화 중 도가에서는 어떠하였는가 하는 점이다. 물론 동아시아 전통 사회에서는 유교(유가) 문화가 주류를 이루어온 것이 사실이지만, 거기에 다른 사상이나 문화가 없었던 것이 아니다. 거기서도 서로 다른 사상과 문화들이 상호 길항하거나 보조·융합하였는데, 특히 도가의 경우에는 개체(개인)의 자유와 자발성을 중요시한다는 차이점을 보였다. 그렇다면 도가적 자발결사체는 어떤 원리에 의거하는 것이며 그 특성은 무엇인가?

---

24 마이클 에드워즈, 『시민사회: 이론과 역사, 그리고 대안적 재구성』, 73-74.

25 마이클 에드워즈, 『시민사회: 이론과 역사, 그리고 대안적 재구성』, 76.

2) 도가의 '자연'과 자발결사체

도가가 성립된 춘추전국시대(B.C.770-B.C.221)에는 각 제후국들이 세력을 확장하기에 혈안이 되어 수시로 겸병전쟁을 일으켰던 까닭에, 기존의 봉건제(封建制)·종법제(宗法制) 질서가 와해되면서 사회가 전반적으로 혼란해졌다. 그러나 이렇게 경제적·정치적으로 속수무책이 된 배경에서 비록 통치자들에 의해 자각적으로 의도된 것은 아니었을지라도 정치사상과 언론 측면에서의 자유가 처음으로 주어지고 다양성도 용인되었다. 따라서 필자는 본 탐구가 상정하는 범위에서의 유의미한 자발결사체의 발단을, 중국의 경우에는 춘추전국시대의 정치적·경제적·사상적인 변동에서 찾는 것이 합당한 일이라고 생각한다.

농경사회에서 철제 농기구의 사용이 본격화되자 춘추시대에 이르러 서주(西周)의 경제 기초였던 정전제(井田制)는 파괴되었고, 이에 따라 봉건제·종법제라는 정치 질서까지 와해되는 것에 수반하여 신흥 지주계급이 출현하였다. 이들이 토지와 재부(財富)를 점유하여 정치무대로 뛰어올라 각국의 정치개혁을 추동하였음에 반해, 토지를 잃고 세습 특권을 상실한 각급 귀족은 옛 전통을 고수하면서 지주계급과 투쟁하였다. 이런 배경에서 각 계급·계층을 대표하는 인물들은 자기의 계급과 집단의 이익을 근거로 하여 치국 방안을 주장하고, 우주와 사회 이상에 대한 각종의 해석과 의견을 제시하였다. 이런 국면에서 상호 경쟁한 대표적인 인물이 '사(士)'였다. 士는 사회적 대변동의 와중에서 귀족으로부터 하층으로 분해되어 내려 온 지식인 계층이었다. 이들 중 책사(策士)·방사(方士)·식객(食客)들에 비해 학술사상에서 큰 공헌을 한 학사(學士)들은 책을 저술하고 학설을 세워 자기네의 사상으로 군주를 설복해 정치에 참여할 수 있는 기회를 얻고자 하였다. 이들은 대개 어떤 한 사회 계급의 이익과 입장을 대표하였다. 이렇게 하여 제자(諸子)가 출현하였고 백가쟁명(百家爭鳴)의 상황이 전개되었다.[26] '백가(百家)'에서의 '家'란 수많은 학자인 제자를 부류화하여 칭하는 것으로 오늘날의 '학파'를 뜻하는 말인데, 이는 동시대에 함께 활동한 학자들뿐 아니라 시기를 달리 하더라도 동일한 사상을 전수(傳受)한 학술 집단들을 의미한다.

제자백가(諸子百家)의 학술을 총칭하는 말인 제자학(諸子學)은 변화하는 시대에 부응하거나 시대의 모순을 치유할 수 있는 새로운 정치적 원리를 모색한 사상운동의 산물이었다. 제자는 그들의 정치원리를 제시하는 것에 만족하지 않고 직접 정치에 참여하여 현실의 위기를 타개하고자 하였다. 이런 점에서 제자학은 강렬한 정치운동의 무기일 뿐 아니라 동시에 관료로 진출할 수 있는 가장 효과적인 수단이기도 하였다. 제자학은 정치참여를 욕구하는 사인(士人)들이 자신의 자질을 배양하고 아울러 그들의 정치적·사회적인 역할을 정립하려는 '사인의 학(學)'으로 발전하였다. 때문에 그 학술은 정치학·윤리학에 관심이 집중되었지만, 이것은 동시에 '치자(治者)의 학'이 될 수밖에 없었다.[27]

---

26 夏乃儒 主編, 황희경·황성만 공역, 『중국철학 문답』(파주: 한울아카데미, 1991), 66-70 참조.

27 이성규, 「諸子의 學과 思想의 理解」, 서울대학교동양사학연구실 편, 『강좌 중

중국학술사에서 제자학에 대한 분류를 시도한 초기의 글이 『장자』에 들어 있다. 거기서는 "천하가 크게 어지러워지자 현자와 성인이 자취를 감추고 도덕의 가르침도 하나가 되지 못하여, 천하 사람들은 대개 도(道)의 한 끄트머리를 터득하고 그것으로 스스로 만족하고 있다. … 천하 사람들은 각기 자기가 하고자 하는 대로 학술을 일삼으며 그것을 방술(方術)로 삼고 있다"(『장자』「천하」)라고 하면서, 당시와 그 이전 학술 유파들의 주안점에 관해 언급하였다. 이를 통해서도 학자들이 각자 자기의 견해를 드러낼 수 있게 된 사상적 자유의 정황이 어떠했는지를 알 수 있다. 제자백가의 연원 문제에 대해 '자생설'과 '제자출어왕관설(諸子出於王官說)'이 대립하고 있지만, 자생설에서는 물론이고 제자출어왕관설에 있어서도 제자백가의 연원을 비록 왕관(즉 官府)에 있다고 볼지라도 그들의 실제적인 활동은 자발적인 것이었고 자율적인 원리에 따르는 것이었음이 분명하게 나타난다. 따라서 제자의 부류별 집단인 백가를 일단 자발결사체라고 보는 데는 무리가 없다고 생각된다.

그런데 『장자』「제물론」에서는 관점의 다양성과 상대성을 인정하면서도 제자백가의 학술을 제일(齊一)하고자 한 것을 볼 수 있다. 장자는 다양한 사상들을 어떻게 조화 또는 회통시킬 수 있는가 하는 것을 자신의 학술 목표 가운데 하나로 삼았다. 이와는 실제 내용을 달리하는 것이기는 하지만, 한초(漢初)의 사마담(司馬談)도 그의 「논육가요

국사 Ⅰ』(서울: 지식산업사, 1996), 180-181 참조.

지(論六家要指)」에서 "음양가·유가·묵가·명가·법가·도덕가(도가)들은 모두 다스림(治)에 힘썼던 자들이다. 그들은 단지 각기 따르는 말의 길을 달리 하였고, 자세히 살피고 살피지 못한 차이가 있을 따름"이라고 하면서, 도가에 대해서는 "시세(時勢)에 따라 옮겨가고 대상에 따라 응하여 변하니, 풍속을 일으키고 일을 시행함에 마땅하지 않은 바가 없다"(『사기』「太史公自序」)라고 긍정적으로 평론하였다. 한초에 저술된 도가계통의 『회남자(淮南子)』에서도 "수많은 냇물은 각기 그 근원을 달리 하지만 모두가 하나의 바다로 흘러들고, 백가는 각기 그 학업을 달리 하지만 모두가 다스림(治)에 힘 썼다"(「범론훈」)라는 견해를 바탕으로, 제자학은 '세상의 정치적 폐단을 구제하고자 시대 상황에 대응하여 일어난 것'(「요략」)이라는 요지의 통일적인 이해를 보여주었다. 이들에 따르면 도가를 비롯한 여타의 학파들 모두가 순순 학문을 탐구하였다기보다는 정치와 긴밀한 관계를 갖는 학술적 원리를 제시하고 그것을 몸소 실행하고자 하였던 것이다.

이러한 전통적인 이해들을 바탕으로 필자가 말하고자 하는 것은, 제자학 가운데의 하나인 도가 역시 자발결사체에 해당하지만 이는 여타 학파들과는 뚜렷한 차이성도 지니고 있다는 점이다. 그것은 첫째로 도가가 경제적·정치적·사회적인 조건의 변화에 의해 언론과 사상 측면에 자유가 주어진 상황에 만족하지 않고, 철학적 차원에서 존재하는 모든 것이 그 자체로 본래 평등하고 자유로운 것이라는 점을 처음으로 논의하였다는 획기적인 사실이다. 둘째로 도가는 기성 정치에 대해 신랄하게 비판하고 아주 새로운 정치 원리를 제시하기는 하였지만, 그들 자신이 직접 관료로 진출하는 것을 목적으로 하지는 않았다는 특성을 지녔다는 점이다. 이 점은 당시의 일반적인 기준으로 보자면 소극적인 태도일 수도 있겠으나, 오늘날의 시민사회를 기준으로 해서 볼 때는 국가를 견제하면서 자발결사체를 주체적으로 형성하였던 것(제3섹터)이라고 말할 수 있다. 셋째로 도가 계통, 특히 『장자』에서는 여타 학파들의 사상을 비판하는 데서 그치지 않고 그것들이 하나로 회통될 수 있는 한층 높은 차원을 형이상학적 차원에서 열어 보였다는 점이다. 『장자』 가운데의 「제물론」과 「추수」에는 이런 점이 그 기반으로 깔려 있다. 이는 자발결사체로서의 시민사회들이 서로 소통하고 연대할 수 있어야 한다는 견해와 연결될 수 있는 내용이다. 결론적으로 제자백가 중에서도 도가는 오늘날의 자발결사체로서의 시민사회와 관련지어 논의할 만한 특성을 풍부하게 지닌 하나의 철학 사상적 자발결체사체였다고 말할 수 있다.

이제 좀 더 구체적으로 도가에서의 '자발결사체' 문제로 접근해 보자. 주나라 초기에는 천자(天子)로부터 제후(諸侯)·경(卿)·대부(大夫)·사(士)에 이르는 귀족 통치 체계를 형성하여 국가 사회의 안정을 꾀하였으나, 춘추전국시대에 이르자 기존의 군주에 대한 복종과 등급에 대한 존중이 사라지는 것과 더불어 '천(天)'·'제(帝)'에 대한 종교적 숭배와 외경심도 회의와 저주로 돌변하면서 '인간(人)'의 역량에 대한 신뢰를 보이기 시작하였다. 이런 상황에서 노자는 기존의 종교성을 지닌 천·제를 격하시키고 부정하는 한편, 주재성(主宰性)을 갖지 않는 '도(道)'를 존재하는 모든 것들의 근원으로 자리매김하는 속에서 개개 인간의 가능성을 극대화시켰다. 노자는 패권 군주들이 인위적이고 강압적인 제도와 도덕규범을 내세워 관철시키고자 하는 것이야말로 사회를 혼란에 빠뜨리는 주범이라고 비판하면서, "무위를 거듭 행하면 다스려지지 않음이 없다"(『노자』 제3장)라고 주장하였다.[28] 춘추 전국시대의 패권국들에 있어 국가란 권력을 농단하는 소수자에게는 일종의 자발결사체에 해당하는 것이었을지라도, 그것이 다수의 백성 입장에서는 억압적인 데다 폭력적이기까지 한 폭도와 진배없는 집단이었다. 이런 점이 『노자』와 『장자』에서 부지기수로 거론되며 비판되고 있다. 도가는 유위적(有爲的)인 욕망에 의해 조작된 억압적이고 착취적인 권력 집단을 해체하고, 자연한 원리에 따라 구성되는 공동체를 지향하였다. 그러한 사회 공동체상이 일견 원시사회로의 퇴행인 것처럼 독해되기도 하지만, 사실 도가가 목적한 것은 자연함에 따르는 자발결사체의 가능성에 대한 근거 제시였다. 달리 말해 도가는 기성의 폭력적인 결사체를 해체할 수 있는 원초적인 방안뿐 아니라, 진정한 자발결사체의 근원적인 근거 내지 원리를 철학적으로 제시하고자 하였다. 이에 관해서는 무엇보다도 도가의 '자연(自然)'·'자생(自生)'·'자화(自化)'의 의미를 중심으로 하여 고찰할 수 있다.

도가에서의 '자발' 개념은 '자연'의 의미를 검토하는 데서 분명해진다. 중국철학사상 '자연'이 철학적 용어로 사용되기 시작한 것은 『노자』(5회)에서부터였는데, 『장자』에서는 '자연'을 7회 사용한 것과

---

28 이는 노자가 당시의 통치자들이 강강(剛强)·강량(强梁)·강포(强暴)에 의거해 일방적·억압적·강제적·전제적인 획일화를 꾀하던 것에 대해 비판하고 그 대안으로서 제시한 것이다. 여기서는 '급박하지 않은 것', '강포하지 않은 것', '강제하지 않는 것', '일방적이거나 편파적이지 않은 것', '유표하고 화려하게 과시하지 않는 것' 등이 본연적인 가치로 자리매김 된다.

더불어 '천(天)'자를 훨씬 많이 사용하면서 대체로 노자적 맥락에서의 자연을 의미하였다. 현대에 이르러 이 '자연'을 '스스로 그러하여 그러함', '본래 이와 같음'으로 풀이하거나, '자기가 자기로 하여금 이와 같이 이루어지게 함'이라는 의미로서 외적인 힘이 강박(强迫)하는 의미를 지니고 있지 않은 것이라고 해석하기도 한다.[29] 달리 말해 노장철학에서의 '자연'이란 어떤 것이 외적인 그 어떤 것에 의존하거나 간섭·제약·강압 받음이 없이 '스스로 그렇게 존재하면서', 특정한 의도나 고정적인 목적을 두지 않고 '저절로 그러한 상태를 이루어감'이라는 의미를 지닌 형용사라고 할 수 있다.

'자연'에서도 핵심이 되는 것은 '自'자인데, 『노자』에서 사용된 '自'(38회)는 부정적인 의미와 긍정적인 의미를 모두 지닌다. '자사(自私)'·'자리(自利)'·'자긍(自矜)'·'자부(自負)' 등, 타(他)에 대한 자기의 이기심이나 우월감을 뜻하는 경우에는 전적으로 부정된다.[30] 이에 반해 '스스로'라는 의미, 즉 개체의 활동이 도의 전체 작용에 자발적·능동적으로 참여한다는 의미를 지닌 경우에는 모두 긍정된다.[31] 보다 원초적인 의미에서의 '自'는 사람의 코를 가리키는 글자이다.[32] '自'가 '정면에서 바라본 인간의 코'를 상형한 글자라는 설명에 의거할 때, 이는 근본적

29 羅安憲, 『虛靜與逍遙－道家心性論硏究』(北京: 人民出版社, 2005), 56－57 참조.

30 『노자』 제7장, 제9장, 제22장, 제34장, 제72장에서의 '自'는 '자기를' 또는 '자기만'이라는 의미로서 부정적인 것이다.

31 『노자』 제32장, 제37장, 제57장, 제64장, 제73장에서의 예가 있다.

32 '自'는 甲骨文과 『說文解字』에서 코(鼻)를 상형한 글자인 것으로 나타난다. '自'의 이러한 발생적 의미로부터 '己'와 '自然'의 의미가 이끌어져 나오게 되었다.

으로 '숨 쉬는 생명 활동'을 뜻한다. 생명 활동은 부림을 받아서 하는 것이 아니라 어디까지나 자발적으로 하는 것이고 능동적으로 하는 것이다. 이것이 곧 '나(我)'라는 개체를 가장 뚜렷하게 대표하는 것이다. 따라서 나는 무엇보다도 숨 쉬는 활동, 곧 생명의 주체이다. 천과 지를 비롯한 생명을 지닌 모든 것들은 자기(自己)로서 주체적인 존재이며 자발적인 존재이다. 다만 그 주체가 타자의 주체성과 자발성을 억압하면서 자기 생명의 증익만을 꾀하려 들 경우에는 철저히 부정된다. 동아시아 전통에서 이러한 '自'의 의미를 철학적인 개념으로 승화시킨 학파는 도가이다. 그리고 『노자』에서의 '然'(12회)자는 모두 어떤 상태를 묘사하는 형용사 용법으로 사용되었는데, 이것이 철학적인 의미의 '自'와 결합되어 존재하는 모든 것의 본래적이고 자발적이며 자율적인 모습 또는 활동 상태를 의미한다. 그런데 "然, 成也"(『광아(廣雅)』「석고(釋古)」)라는 풀이를 적용할 경우, 자연은 '스스로 자기를 이룸(自成)'이라는 의미가 된다. 이 경우에는 그 어떤 것이 '자기 원인적'으로 존재한다는 의미가 부각된다. 『노자』에 천·지·인·만물을 포함한 도 자체의 자연함의 의미가 다음과 같이 통합적으로 제시되어 있다.

> 혼연히 자기를 이룬 어떤 것이 있어서〔有物混成〕 천과 지가 생겨난 것보다 앞서 존재한다. 그것은 소리도 없고 형체도 없으며, 독립하여 자기를 바꾸지 않고, 두루 운행함에 궁진함이 없으므로, 천하(천지) 만물의 어미라고 할 수 있다. 나는 그것의 이름을 알 수 없기에 자(字)를 지어서 도(道)라 하고, 억지로 명(名)을 붙

여서는 대(大)라 한다. 대를 서(逝)라고도 부르고, 서를 원(遠)이라고도 부르고, 원을 반(反)이라고도 부를 수 있다. 이런 까닭에 도가 곧 대이고, 천이 곧 대이고, 지가 곧 대이고, 왕 또한 대인 것이다. 이렇게 경역(境域)에서 대가 되는 것이 네 가지인데, 왕이 그 중의 한 자리를 차지한다. (이들은 모두 대이지만) 인(人 즉 王)은 지를 효법(效法)하고, 지는 천을 효법하고, 천은 도를 효법하고, 도는 자기의 자연함을 효법한다〔道法自然〕(『노자』 제25장).

노자철학에서의 도는 천·지·인·만물을 낳는 근원이며, 동시에 이들의 운행 규율이자 행위의 준칙이라고 보는 것이 일반적인 이해이다. 그런데 위의 글에서 '도는 자기의 자연함을 효법한다'라고 하였다. 이에 따르면 도는 천·지·인·만물의 근원이요 운행 규율인 것만이 아니라, 도 그 자체의 근원 곧 존재 원리이기도 하다. 이렇게 볼 때, 道가 그 자체의 자연함을 효법함, 즉 '스스로 입법한 자기 존재의 원리를 준수하여 존재함'이라는 것은 곧 인용문 첫 구절의 '유물혼성(有物混成)'을 부연 설명한 것이 된다. 장자』에서는 이러한 의미가 '자본자근(自本自根)'이라는 말로 표현되는데, 이들에는 서양 근대의 합리론(이성론) 철학에서 말한 '자기 원인적 존재'라는 개념과 유사한 점이 있다. 그런데 나아가 『노자』에서는 좀 더 구체적으로 '도 스스로 입법한 자기 운행의 규율'에 관해 "되돌아감은 도의 운행 규율〔反者, 道之動〕"이라고 하며, '도 스스로 입법한 자기 작용의 규율'에 관해 "유약함은 도의 작용 규율〔弱者, 道之用〕"(제40장)이라 한다.[33] 사실상 도의 특성을 가장 포괄적으로 설명한 위의 제25장에도 이들 규율이 포함되어 있다. 무형인 道가 자기 법칙에 의거해서 스스로 자기를 전개하여 형상화하고 개체화한 것이 천·지·인·만물이다. 달리 말해 천·지·인·만물은 근원적으로 도에 의거하여 자기 생명을 갖고 누리는 동근원적인 존재들인 것이다. 다만 道가 자기 원리에 의한 자기 생산의 기능을 자체 내에 지니고 있는 것임에 비해, 만물을 비롯한 인(人 즉 王)은 지를 효법하고, 천을 효법하고, 도를 효법하고, 자연을 효법하는 연쇄적 층위들 속에서 자기 생명의 기능을 스스로 발휘하는 존재라는 차이점이 있다.

도는 그 스스로 입법한 자기 존재의 원리를 준수하며, 또한 그 스스로 입법한 자기 운행·작용의 규율인 '되돌아감'과 '유약함'을 준수한다는 것이 '도법자연'의 심층적인 함의이다. 도는 '스스로 그러한' 자기의 존재 원리와 운행 규율에 따라 두루 운행하면서 천·지·인·만물을 생산한다. 그런데 도는 천·지·인·만물과 별체로 존재하지 않고 이들 각각에서 한몸으로 존재한다. 이것을 두고 "도는 만물의 보금자리이다"(제62장)라고 말한다. 그리고 여기서의 주체를 뒤집어 천·지·인·만물의 입장에서 말하는 것이 곧 '수일(守一)'·'포일(抱一)'·'득일(得一)' 등이다. 여기서의 '一'은 도를 뜻한다. 이렇게 볼 때, 천·지·인·만물은

---

33 "反者, 道之動"은 道가 자기를 유형으로 전개하고 다시 무형으로 복귀시키는 데서 준수하는 자기 입법의 周行 규율이고, "弱者, 道之用"은 道가 유형화된 존재자들에게 작용을 일으키는 데서 준수하는 자기 입법의 규율이다. 이 두 가지 자기 입법의 규율을 위배하지 않는 것이 '道常無爲'이며, 이러한 운행에 저절로 따라 오는 결과가 '無不爲'이다. 인간(위정자)의 행위 규율도 바로 이러해야 하는 것이라고 얘기된다.

자생(自生)하는 존재가 된다. 『장자』에서는 이러한 도의 내재성이 '무소부재(無所不在)' 즉 편재성으로 표현되기도 한다. 그렇기에 '도에서는 통하여 모든 것이 하나가 되며', '도는 막히고자 하지 않는다'라고 말한다. 나아가 道가 개체적인 만물에 내재하여 만물을 길러주는 작용을 '덕(德)'이라고 부른다. 그러므로 개체들을 주체로 놓고 볼 경우, 이들 자발성의 직접적인 근거가 되는 것은 덕이라고 할 수 있다.[34]

『노자』에서 제시된 '자연'은 도의 형이상학적 의미뿐 아니라, 인간을 포함한 만물의 본연적인 모습 및 인간 사회의 이상적인 정치 형태까지도 아우르는 포괄적인 개념이다. 즉 '자연'은 '천(天)'·'지(地)'·'곡(谷)'·'신(神)'·'수(水)'·'계(溪)'·'해(海)'·'박(樸)' 등과 같은 자연물들뿐 아니라, '영아(嬰兒)'·'적자(赤子)'·'후왕(侯王)'·'성인(聖人)'·'백성(百姓)'과 같은 다양한 인간상도 포괄한다. '도법자연'에서의 자연 원리가 천·지·인·만물에 도와 더불어 그대로 관주(貫注)되기 때문이다. 이렇게 이해할 때, 『노자』에서의 '자연'은 인간 외의 물질적이고 물리적인 자연계를 지칭하는 말이 아니라고 하는 주장은 오해인 것으로 드러난다.

그런데 '자연'이 인간을 포함하는 개념이라고 할 때, 그것은 인위(人爲)까지 포괄·포용하는가라는 것이 문제시될 법하다. 그러나 노자는 인위가 아닌 자연이라야 한다는 점을 분명히 하였으며, 무엇이 인위인가에 관해서도 열거하였다. 그것은 대체로 성지(聖智)·교리(巧利),

34 여기서의 '개체'는 '부분과 전체'에서의 부분을 의미하지 않는다. 그것은 개체이면서 동시에 전체인 것을 가리키는데, 이 경우의 '전체'란 德的이고 道的인 차원을 뜻한다.

그리고 예치·법치·공격전 등의 폐해를 지적하는 데서 제시된다. 달리 말해 자연한 행위인가 아닌가를 가름하는 것은 그것이 '무욕(無欲)'·'무지(無知)'·'무위(無爲)'·'무사(無事)'·'허정(虛靜)'에 기초한 것인지의 여부에 달려 있다는 것이다. 한편 『장자』에서는 이렇게 말한다. "내가 자연이라고 말한 것이 인위가 아니라는 것을 어떻게 확신할 수 있으며, 내가 인위라고 말한 것이 자연이 아니라는 것을 어떻게 확신할 수 있는가? 오직 참사람이 있은 연후에야 (무엇이 자연이고 무엇이 인위인지에 대한) 참된 앎이 있게 된다"(『장자』「대종사」). 자연은 그 자체로 천·지·인·만물의 '평등성'과 자발성·자율성 및 자유를 보장하는 근원이다. 그런데 자연을 구현하는 활동(실천)은 오직 삶을 살아가는 당사자인 구체적 개별자들의 몫이기에 그것을 적극적으로 규정하거나 세밀하게 고정화하여 제시하는 것은 무리이다. 그렇기에 노장철학에서는 자연과 자연 아닌 것을 구별하는 기준으로서 '무위'(부정형식)라는 것을 대략적으로 제시할 따름이다.

그렇다 하더라도 이러한 원리에 근거하는 '자발'의 구체적인 의미가 무엇인지는 더 따져볼 필요가 있다. '자연'에서 도출되는 행위 원칙들로는 '자균(自均)', '자빈(自賓)', '자화(自化)', '자정(自定)', '자부(自富)', '자박(自樸)', '자정(自正)' 등이 제시되는데, 이들은 모두 주체(民)의 자발성과 자율성을 의미한다. 여기서의 '자발'은 자기 멋대로 분출하는 행위를 뜻하는 것이 아니라, 개체의 본성(德)이 도에 적합하게 저절로 발출하는 것을 의미하는 말이다. 이는 인간의 경우, 모든 사람의 내면에서 정신적으로 자각될 수 있는 것이라고 한다. 그리고 이것은 이미 몰가치적이거나 가치중립적인 것이 아니라 근원적 가치를 담보하는 것이다. 따라서 노장철학의 자연 개념에서 파생되는 '자발'은 voluntary이기보다는 spontaneous에 가까운 것이라고 할 수 있다. 이런 자발성에 기초한 자발결사체는 상식적인 자발결사체의 의미를 넘어서게 된다.

필자는 지금까지의 논의를 통해 도가의 철학사상에 내재한 존재자들의 고유한 개체성에 터한 평등과 자발성·자율성에 터한 자유의 의미를 읽어낼 수 있다고 본다. 이는 민주주의 기본 요소들과도 일정 정도 상통하는 점은 지닌다고 할 수 있다. 도가는 무엇보다도 국가에 의한 전제·독재·강압·부자유·불평등·타율 등이 야기하는 인간 삶의 질곡을 직시하였으며, 그에 대해 신랄하게 비판하고 그러한 것들을 해체하고자 하였기 때문이다. 마이클 에드워즈가 "애초에 시민사회에 대한 관심을 불러일으킨 것은 국가주도의, 그리고 시장에 의해 추동된 이념들에 대한 불만이었음을 기억해야 한다"[35]라고 한 주장은 이러한 점과 잘 연결된다.

필자는 앞에서 '도를 주체로 볼 것인가, 반대로 천·지·인·만물을 주체로 볼 것인가'에 관해 언뜻 언급하였다. 주체를 얘기하자면 당연히 '권리'에 관해서도 언급해야 할 것이다. 그러면 노장철학에서 권리의 문제는 어떻게 처리되는가? 노장철학의 경우 근원적인 차원에서는 '도적(道的) 권리'를 말할 수 있을 것이고, 개체의 내적인 근거 차원에서는 '덕적(德的) 권리'를 말할 수 있을 것이다. 이들은 어떤 초월적인

35 마이클 에드워즈, 『시민사회: 이론과 역사, 그리고 대안적 재구성』, 152.

신적 존재에게서 부여받는 것이 아니라 궁극적으로 도의 자기 존재 원리로부터 저절로 형성되는 것이다. 그리고 이는 인간만이 아니라 천·지·만물 모두에게서도 보편적인 것이다. 이런 자연한 권리에서 인간뿐 아니라 천·지·만물 모두의 평등성이 확보되고, 또한 그들 각각의 자유와 생존권이 자득(自得)된다. 요컨대 천·지·인·만물 모두가 존재론적으로 평등하고 자유로우며 자기 삶을 누릴 권리를 근원적으로 갖고 있다는 것이다. 그렇다면 나아가 '계약'의 문제는 어떻게 되는가? 도가적 견지에서 볼 때, 시민적 개인의 '권리'에 터한 주체적인 '계약'이란 도와 덕에 근거하는 자연한 권리 관계를 평등과 자유 속에서 서로 확인하고 보장해주며 존중하는 한에서 가능한 일이다. '자연'이라는 존재론적인 근거와 원리에 따라 활동하는 것이 자연한 계약을 구현하는 일이다. 사회 정치상에서의 계약이라는 것도 어디까지나 도적 근거에 의해, 그리고 덕적 작용 규율에 의거하여 이루어져야 온전한 것이 된다. 여기에서 상호 신뢰가 확보된다(『노자』 제17장, 제23장 참조).

『노자』에서는 보다 구체적으로 이렇게 말한다. "성인(후왕)은 채권 증서를 가지고 있으면서도 채무자를 독촉하지 않는다. 덕이 있는 자는 어음으로 일을 처리하지만, 덕이 없는 자는 현물로 세금을 거둬들이기에 힘쓴다"(제79장). 사람들에게 국가에 대한 큰 원한이 생겨나는 것은 위정자가 이와 같은 것을 실행하지 못하기 때문이다. 국가가 계약 아닌 계약을 일방적·강압적으로 맺어 백성을 강제하고 처벌하는 것보다 더 적극적인 방법은 백성의 필요를 안정시키고 '보조해주는' 것이다. 『노자』 전체를 관통하는 중요한 메시지 가운데 하나는 인간 사회의 형평성을 깨뜨릴 정도로 사익을 추구해서는 안 된다는 점인

데, 『노자』 제77장은 만물들 간의 평형 작용을 이루는 방법이 무엇인지도 설명하고 있다.[36]

시민사회를 겨냥할 때, 도가에서의 '참여' 또는 '자발결사체의 성격과 형태'가 어떤 것인가 하는 점은 아직 그다지 뚜렷하게 드러나지 못하였다.[37] 다음 절에서는 이에 관해 '도가적 관계 가치'를 중심으로 살펴볼 것이다. 다만 여기서 확인하고 넘어갈 것은, 도가의 경우 '자연한 상태로 존재하는 한' 모든 것들은 그 자체로 이미 하나의 거대한 결사체(통일체)를 이룬 것으로 본다는 점을 위의 탐구가 시사해준다는 것이다. 이는 시민사회는 물론 국가조차 넘어서는 우주적 차원의 거대 결사체를 의미한다. 따라서 도가의 경우, 모든 개체는 주체적이면서 동시에 최고로 공적인 존재가 된다. 인간은 물론 천·지·만물 모두가 여기에 포함된다. 이러한 존재들이 스스로 질서를 확보하는 것은 '스스로 서로를 다스림(보조함)〔自相治理〕'(『老子王弼注』 제5장)이라는 방

36 "천도(天道)는 활시위를 메기는 것과 같은 작용을 하는 것이 아니겠는가! 높은 것을 누르고 낮은 것을 들어올린다. 남는 것에서 덜어내고, 부족한 것에 보충해 준다. 천도는 남는 것에서 덜어내어 부족한 것에 보충해 주지만 인도(人道)는 그렇지 못하다. 모자라는 자에게서 덜어내어 여유 있는 자를 받든다. 누가 여유 있으면서도 천하 사람들을 받들 수 있겠는가? 오직 도를 체득한 사람만이 그럴 수 있으리라."

37 도가의 자발결사체가 어떤 형태를 띠는가, 그리고 노자와 장자 자신이 자발결사체적인 삶을 살았는가? 이러한 질문에 대한 답을 제시하기 위해서는 『노자』와 『장자』에 대한 분석은 물론, 노자와 장자의 삶이 어떠하였는지에 관해서도 조명해야 한다. 이는 지난하고 방대한 작업을 요구하는 것이므로 다른 기회에 보충하고자 한다.

식에 의해 가능하다. 천·지·인·만물은 모두가 존재-관계적인 차원에서 각자 스스로 생명활동을 하면서 하나의 거대한 자발결사체를 이루고 자발적인 질서를 확보하는 가운데 끊임없이 변화해가는 존재이다. 이것이 '자화(自化)'의 의미이다.

3. 좋은 사회와 현덕(玄德)

1) '좋은 사회(the good society)'란?

마이클 에드워즈는 시민사회와 관련하여 일단 '좋은 사회'란 '자유로운 결사체들이 번창하는 장소'라고 말한다.[38] 좀 더 구체적으로 이것은 개인적 자율성과 집합적 야망들을 조화시킴으로써, 자유와 그것의 한계 사이에서 균형을 잡음으로써, 다원주의와 획일주의를 결합시킴으로써 복잡한 사회들이 효율성과 정의의 원칙에 따라 기능하도록 만드는 것이라고 말한다.[39]

넓은 의미에서 보자면, 자발결사체로서의 삶은 인류가 사회 또는 공동체를 형성하면서부터 시작된 것으로서 인류사의 어떤 시기나 문명에서든 있어온 것이라고 할 수 있다. 그렇지만 자발결사체들 각각의

38 마이클 에드워즈, 『시민사회: 이론과 역사, 그리고 대안적 재구성』, 94.

39 마이클 에드워즈, 『시민사회: 이론과 역사, 그리고 대안적 재구성』, 30.

의도·신념·목적·양태 및 규모가 서로 달랐던 까닭에 그들 사이에서 대립이나 갈등이 수시로 발생하였던 것도 사실이다. 전체 사회의 일부인 시민사회는 자발결사체를 바탕으로 하지만, 자발결사체가 시민사회로 재탄생하기 위해서는 '관계적 가치'를 확보하거나 규범의 문제를 원만히 해결함으로써 공공성을 확보할 수 있어야 한다.

자발결사체들은 사회 내의 다양하고 때로 충돌하는 관점들을 대변하기 때문에, 그들이 하나의 정치적 합의에 도달하기란 쉽지 않다. 그러므로 자발결사체들의 다양성을 함께 묶어줄 수 있는 공통분모, 즉 이념적 맥락의 필요성이 제기된다.[40] 자발결사체들 및 그 구성원들이 성격·목적·신념에서 광범위한 차이를 보일 경우에 규범과 좋은 사회를 위한 목표 사이의 연결 가능성은 희박해진다. 서로 다른 사회와 문화에 속한 결사체들뿐 아니라 같은 사회와 문화에 속한 결사체들의 규범도 각기 다르다. 신뢰나 협동 같은 것도 상이한 상황에 있는 사람들에게서는 어떤 다른 가치를 가질 수 있다.[41] 문제는 규범과 가치를 서로 달리 하는 자발결사체들 간에서 대립과 갈등이 심각하게 일어날 수 있다는 점이다.

자발결사체들이 자신의 목소리가 경청되도록 사회적 분위기를 조성하고 자신의 의제를 밀어붙이며 공적 영역에서 공인된 규범에 대한 그들 자신의 해석을 공고하게 하는 역량의 현저한 차이는 좋은 사회

---

40 마이클 에드워즈, 『시민사회: 이론과 역사, 그리고 대안적 재구성』, 235–236.

41 마이클 에드워즈, 『시민사회: 이론과 역사, 그리고 대안적 재구성』, 98.

의 적(敵)이자 민주주의의 적이다.[42] 자발결사체들 가운데서도 '시민적 덕목'을 갖춘 결사체에 주목하는 이유가 여기에 있다. 이러한 점은 이미 공공영역으로서의 시민사회를 지향하도록 방향을 설정하게 만든다. 그리하여 연결망과 유대관계를 갖는 가운데 상호작용을 통한 포용적인 결사적 삶을 추구하게 된다. 이런 문제가 가치의 보편성과 특수성의 관계를 어떻게 보아야 하는가 하는 고민을 불러일으키며, 나아가 시민사회의 다원성·다양성을 통일시킬 수 있는 방안을 모색하지 않을 수 없게 한다.

오늘날 시민사회와 관련한 규범들은 자유 및 민주주의와 더불어 관용, 평등, 비폭력, 신뢰, 협동이라는 가치를 공통분모로 한다. 시민사회는 '시민성'의 제도화를 표상하거나 모든 기관들이 실증적 사회규범들을 강화하는 방식으로 작동되는 유형의 사회, 곧 모종의 '문명화된 사회'를 표상한다.[43] 따라서 인간 집단들이 '비폭력적으로 상호 개입'함으로써 서로의 생각을 바꾸어갈 수도 있어야 한다.[44] 요컨대 시민성을 갖춘 자발결사체들이 상호 연대하고 연합함으로써 공공성을 확보하는 전체 사회를 이루는 데 기여하는 사회가 '좋은 사회'라는 것이다.

---

42 마이클 에드워즈, 『시민사회: 이론과 역사, 그리고 대안적 재구성』, 105-106.

43 마이클 에드워즈, 『시민사회: 이론과 역사, 그리고 대안적 재구성』, 90-91.

44 마이클 에드워즈, 『시민사회: 이론과 역사, 그리고 대안적 재구성』, 125.

2) 도가의 관계적 가치[45]

마이클 에드워즈는 시민사회에 관한 논의를 '자발결사체'와 '좋은 사회'로부터 시작하였지만, 사실 인간은 사회환경뿐 아니라 자연환경 속에서도 살아가는 존재이다. 따라서 인간이 이들 환경과 어떻게 관계 맺는가를 이해하는 것은 곧 인간 삶의 기본 조건을 인지하는 일이 된다. 여기에서 인간과 사회와 자연물(천·지·만물)의 존재 근거 및 양태가 각기 다른 것인가, 아니면 어떤 같은 면들을 갖는 것인가 하는 의문을 갖게 된다. 이들 각각의 양태가 서로 다른 것을 넘어서 이들의 존재 근거까지 상이할 경우, 이들이 서로 연결되고 소통하기는 어려울 것이다. 특히 인간의 존재 근거를 어떤 '외적'인 상위 존재에다 두면서 그 상위 존재들의 본질까지도 서로 다른 것이라고 볼 경우에는 인간 간의 소통조차 불가능해질 것이다.

도가에 의하면 인간과 사회와 자연물의 근원은 동일하게 '도법자연(道法自然)'이다. 이러한 존재 원리를 공유하는 자연한 개체들에게서는 근원적으로 타자라는 게 없다. 장자의 "천지는 나와 더불어 나란히 태어난 것이고, 만물은 나와 더불어 하나가 되어 살아가는 것이다"(『장자』「제물론」)라는 말은 이런 점을 단적으로 보여준다. 이에 따르면, 인간에게만 평등·자유·권리가 있는 게 아니라 천·지·만물에게도 이

45 필자는 본 탐구에 앞서 「도가의 관계 가치」(이동수 편, 『시민은 누구인가』(고양: 인간사랑, 2013), 278-294)에 관해 그 존재론적 근거를 살펴본 바 있다. 여기서는 그 글을 이어 보다 구체적인 내용을 탐구하고자 한다.

러한 것들이 동일하게 갖추어져 있다. 따라서 천·지·인·만물은 각각 그 외양을 달리하고 기능이나 재능도 상이하지만 하나의 큰 가족 또는 하나의 거대한 나무와도 같은 존재-집단으로서 있는 것이다. 이들은 외적으로는 각기 천태만상의 다양성을 갖고 천변만화하는 가변성을 지니지만 근원적(내적)으로는 천차만별이 아닌 하나의 동일체이다. 이처럼 인간-사회-자연물은 그 근원을 함께하므로 이들의 소통 가능성과 범위는 내적인 차원에서 이미 확보되어 있다.

따라서 도가적 인간은 태생적으로 관계적인데, 이들이 덕(德) 또는 일기(一氣) 차원으로 들어서고 궁극적으로 도 차원으로 들어서면 모두가 하나인 것으로 보인다. 『장자』에서는 이러한 관점(경지)을 '밝음으로써 함〔以明〕', 또는 '도로써 관조함〔以道觀之〕'이라고 한다. 그러므로 장자는 존재하는 모든 것들을 외적인 차원에서 제일(齊一)·통일시키려고 들 것이 아니라, 그 내적이고 근원적인 차원에서의 제일성·통일성을 보자고 하였다. 장자는 외적으로 다양한 것들을 억지로 평등하게 만들려고 하는 것은 끝내 불평등함〔以不平平, 其平也不平〕(「열어구」)이라 하여 부정하고, 내적으로 자연하게 이루어진 통일을 보는 것이야말로 진정한 하나의 大인 것〔不同同之之謂大〕(「천지」)이라고 하여 긍정하였다.

도가는 인간의 사회성 또는 공동체와 관련하여 상호작용을 나타내는 다양한 개념들을 사용하였다. 『노자』에서는 '현통(玄通)'과 '현동(玄同)'을, 『장자』에서는 '대통(大通)'과 '대동(大同)'을 말하였다. 그리고 『노자』와 『장자』에서는 '화(和)' 또는 '천화(天和)'를 강조하였다. 이들은 모두 존재자들의 근원적 관계성을 전제하는 가운데 상호 '소통'과 '화해(和諧)'를 지향하는 개념인데, 그 범위는 인간 개체 내의 차원에서부터 천·지·만물로 나아가고 우주에까지 이른다. 그래서 『장자』에서는 "홀로 천지정신과 더불어 왕래한다"(「천하」)라고 말하는가 하면, "나는 만물의 근원인 하나를 지키는 독립적인 존재가 됨으로써 만물과의 조화에 몸을 둔다"(「재유」)라고도 하였다.

이제 본격적으로 논의할 도가의 관계적 가치에 관한 결론부터 말하자면, 도가적인 '좋은 사회'란 평등과 자유가 보장되는 속에서 상호 관계성을 자발적으로 구현하는 사회이다. 그런 사회에서의 핵심 가치는 '현덕(玄德)'이라고 표현된다. 여기서 중요한 것은 사람들이 서로에게 관심을 갖고 감응하며 조화를 이루되 서로가 서로에게 자연한 상태로 살아가는 데에 '보조(輔助, 補助)'가 되어주는 선에서 자기 행위를 스스로 멈출 줄 알아야 한다는 점이다. 이것이 곧 『노자』 제44장에서 말한 '지족지지(知足知止)'의 의미이다.

노장은 전통적인 가치 관념을 비판하고 부정하였다. 즉 고하, 장단, 선악, 미추, 귀천, 손익 등의 이분법적인 사유에 기초한 가치 관념을 초월하고자 하였다. 그렇지만 이는 다만 자기중심적인 분별의식에서 발생하는 가치 차별을 부정하기 위한 것이었다. 춘추전국시대의 권력자들 및 그들을 부추긴 학자들이 내세운 가치는 대개 '덕(德)'·'인(仁)'·'의(義)'·'예(禮)'·'법(法)'·'지(智)'·'성(聖)'·'충(忠)'·'신(信)'·'교리(巧利)', '부귀(富貴)', '명예(名譽)', '공명(功名)' 등이었다. 그러나 노장이 보기에 이런 것들은 특정한 목적을 갖는 것, 즉 주로 시혜(施惠)·은사(恩賜)·은혜(恩惠)를 통해서 얻게 되는 '보답'·'보은'을 위해 행해지는 구속적인 가치로서 역리 작용을 일으키는 것일 따름이다. 그것은 이미 패권자들이 사적인 우월성을 쟁취하고 그것을 유지하는 수단적 가치로 전락된 것이었다. 은혜[仁]가 사적인 편애(偏愛)로 흐를 때 사회적인 불평등과 부정의의 문제를 일으킨다. 더욱이 독단적인 시혜는 보다 큰 대가를 계산한 속에서 이루어지는 교지(狡智)인 것으로서, 실상 덜 가진 자들의 것을 착취하기 위한 덫이고 그물인 것이다. 이런 시혜·은혜 관념의 시행은 필연적으로 과도함[甚, 奢, 泰]으로 이어지는 메커니즘에 빠져들며, 여기에서 도덕성이라는 미명하에 무자비한 폭력이 자행되고 정당화된다. 이 메커니즘은 거기에 걸려든 자로 하여금 한 나라를 훔치는 것을 넘어서 천하(세계)까지 강탈하여 점유하고자 하는 방향으로 치닫게 만든다. 이런 방식의 관계성이란 생명과 생존을 위한 자연한 상생 관계가 아니라, 사적 이익을 극대화하기 위해 촘촘히 조작해 놓은 먹이사슬로서의 상극 관계를 의미한다.

위와 같은 교지나 간계에 의한 것이 아니더라도 시혜라는 가치 관념의 싹은 결국에 막대한 역리 작용을 일으키고 만다. 『장자』 「응제왕」 끝부분에 실려 있는 혼돈우화가 이것을 잘 보여준다. "남해의 제왕을 숙(儵; 빛, 빠름)이라 하고, 북해의 제왕을 홀(忽; 어둠, 돌연)이라 하며, 중앙에 위치한 땅의 제왕을 혼돈(渾沌)이라 한다. 숙과 홀은 때때로 혼돈의 땅에서 서로 만나곤 했는데, 혼돈은 이들을 매우 융숭하게 대접해주었다[待之甚善]. 숙과 홀은 혼돈의 은덕에 보답[報]하기 위해 모의하길 '사람들은 모두 일곱 개의 구멍을 지니고 있어서 그것으로 보고 듣고 먹고 숨 쉬는데, 혼돈만은 이것들을 지니고 있지 않으니 시험 삼아 우리가 구멍을 뚫어주자'라고 했다. 그리하여 하루에 한 구멍씩 뚫어갔는데 이레째가 되자 혼돈이 죽고 말았다." 이 글은 맥락상 근본적으로 자연한 정치가 무엇인가에 관한 이야기이다. 온전한 세상에서는 '혼돈'과 더불어 '숙'과 '홀'이 공존한다. 그런데 땅의 제왕인 혼돈이 바다의 제왕들에게 임의로 '융숭한 대접'을 하는 시혜적 행위를 일으키자, 그에 대한 바다의 제왕인 숙과 홀의 자의적인 은덕 관념과 보답 행위가 가해져 결국에는 혼돈 자신이 죽게 된다. 혼돈이 시혜의 관념을 일으킨 바로 그때, 그는 이미 자기 죽음을 자초하였던 것이다. 온전한 본연의 상태를 유지하는 것은 「숙-혼돈-홀」이 상호 자의적이고 과도한 베풂과 보답 행위를 하지 않고 '서로의 자연함을 유지하도록 보조하는' 관계 구현에 의해 가능하다. 그러나 자의적인 윤리도덕 관념 및 그의 관철은 본래적인 관계망을 파괴하고 쌍방의 생명까지 해쳐버린다. 『장자』 「인간세」의 '마부이야기', 「지락」의 '바닷새 이야기', 「변무」의 '오리와 학의 다리 이야기' 등도 이와 같은 맥락에서 제시된 유비 사례들이다.

일반적인 의미에서라면 도둑집단이나 강도떼도 자발결사체인 것으로 인정될 수 있겠으나, 도가에서는 결코 그렇게 보지 않는다. 이들 집단 내에서도 협동이나 신뢰 등의 구현은 가능하겠지만, 이들은 타집단을 파괴하고 전체 사회의 공정성을 해치는 결과만을 낳을 뿐이다. 『장자』에서 제시한 도척의 사례[46]는 단지 도둑집단에 한정하여 말

46 도척(盜跖)이 이끄는 도둑 집단도 상식적인 관점에서는 하나의 자발결사체이다. 그러나 도척은 9천명의 졸개를 거느리고 천하를 횡행하면서 나라들을 침략하고 노략질했다. 남의 집 담을 뚫고 들어가 재물을 털고, 문의 빗장을 열어 남의 소와 말을 몰아가고, 남의 부녀자들을 붙들어갔다. 이득을 탐하는 데서는 친척도 가리지 않았고, 부모와 형제도 돌보지 않았으며, 조상의 제사

한 것이 아니라, 당시의 왜곡된 국가 또는 결사체들이 가치 관념을 왜곡하거나 악용하는 것을 바탕으로 사적 이익을 추구한 행위가 낳은 폐해의 심각성을 웅변적으로 보여주는 것이다. 근원적인 관계가치(정신)를 결여한 결사체는 타 결사체와의 관계 자체를 부정하거나 비록 관계를 맺는다 할지라도 끝내 그것을 파괴하고 만다. 그러한 집단은 자신의 지속성과 안정성도 가질 수 없다. 『장자』「인간세」에서는 당시 권력 세계의 진퇴양난에 대해 절절히 묘사하였다. 그런 새장 같은 구속적인 삶에 빠져들지 않기 위해 거금과 재상자리도 거절한 사람이 장자이다. 장자는 여기에서 멈추지 않고 원헌(原憲)의 입을 빌려 이렇게도 말한다. 사적 이익만을 추구하는 "세상 판세에 따라 행동하고, 부화뇌동하여 패거리를 이루고, 남에게 알려지기 위해 학문하고, 자기 이익을 챙기기 위해 교육하고, 인의라는 도덕의 허명을 빌려 간특한 짓을 일삼고, 수레나 말을 화려하게 꾸미는 따위의 일이라면 나는 차마 할 수가 없다"(「양왕」). 그렇다고 해서 장자가 사회, 집단, 학문, 교육, 도덕, 문명 자체의 가치를 부정하기만 하였던 것은 아니다.

일반적으로 도가는 가치를 초월하고자 한 학파였다고 이해되고 있지만, 실상 도가 역시 수많은 가치를 언급하였고 또 다른 차원에서

도 지내지 않았다. 도척이 지나가는 곳의 큰 나라는 성을 엄히 지켜 들어앉고, 작은 나라는 산성으로 피해 들어갔다. 백성들은 그 때문에 모두 고통스러웠다. 도척은 사람의 간을 회쳐먹는 등의 포악한 짓도 일삼았다(『장자』「도척」). 더욱이 도척은 도둑질하는 데에도 도리가 있다고 주장하면서, 聖·智·仁·義·勇이라는 윤리도덕(가치)을 끌어다 붙여 설명하고 합리화하였다(『장자』「거협」).

는 그것을 지향하기까지 하였다. 도가가 '가치를 초월하고자 한' 것도 또 다른 차원의 가치에 해당하는 것일 수밖에 없다. 도가철학에서 '자연'과 '도'·'덕'은 생명의 존립과 보존을 위한 모든 긍정적 가치들이 생겨나는 근거라는 점에서 '근원 가치'라는 역설적 의미를 지닌다.[47] 말하자면 도가는 현상적 차별상이 아니라 그 차별상들에 내재하는 근원적 일자(一者)인 도로부터 모든 가치를 새로이 자리매김하였던 것이다. 이러한 역설 속에서 긍정되는 가치는 "항상 사람을 잘 구제하는 까닭에 어떤 사람도 버리는 일이 없고, 항상 사물을 잘 구제하는 까닭에 어떤 사물도 버리는 일이 없다"(제27장)라는 결과를 낳는다. 이렇게 하는 것은 또한 "천도는 사적으로 친애하는 일이 없이 항상 도를 잘 구현하는 사람과 더불어 한다"(제79장)라는 원리를 따르는 것이며, "물(水)은 만물을 이롭게 해줄 뿐 만물과 이익을 다투지 않으므로 도에 가까운 것"(제8장)이라는 도적(道的) 생명 존중 행위에 의거하는 것이기도 하다. 여기에서 '자(慈)'라는 관계적 가치가 뚜렷하게 되살아나는데, 이는 근원적이고 공적인 차원에서 저절로 시행되는 '보조-사랑'을 의미한다. 보조-사랑을 함에 있어 주의되어야 하고 또한 그 행위에서 관건이 되는 것은, 자타의 자연함이 깨어지는 단초가 무엇이며 그 지점이 어디인지를 정확히 파악하는 일이다.

이런 맥락에서 『장자』에서는 "선(善)이라는 관념을 버리면 저절로 선해진다"(「각의」)고 말한다. 또한 "행실이 단정하면서도 그것을 의(義)

---

47 궁극(근원) 가치는 '自然한 도'인데, 이것을 부정형식으로 표현한 것이 '無爲'이다.

로 여겨 자랑할 줄 모르고, 서로 사랑하면서도 그것을 인(仁)으로 여겨 자랑할 줄 모르고, 성실하면서도 그것을 충(忠)으로 여겨 자랑할 줄 모르고, 말이 마땅하면서도 그것을 신(信)으로 여겨 자랑할 줄 모르고, 서로 도와주면서도 그것을 은사(恩賜)로 여겨 자랑할 줄 모른다"(「천지」)라고 말한다. 이는 기존의 구속적인 가치를 비판하는 가운데서 새롭게 탄생시킨 존재-관계적 가치의 실질을 보여주는 것이다. 그리하여 진정한 선을 행하는 "덕인(德人)은 마음에 시비선악의 차별 관념을 두지 않는다. 다만 사해(四海) 안의 사람들에게 공히 이익이 되는 것을 기뻐하고, 사람들이 공히 넉넉해지는 것을 자기 마음의 편안함으로 여길 따름이다"(「천지」). 이러한 도가의 사유방식과 가치관은 기존의 독단적인 관점과 가치 관념을 총체적으로 전도시킨다. 그런 전도의 역설을 농축하여 표현하는 도가의 고유한 글자가 '현(玄)'이다. 그리하여 『노자』에서는 공평무사한 도적(道的)인 생산 방식을 '현빈(玄牝)'으로, 도적인 인식 방법을 '현람(玄覽)'으로, 도적인 소통 방식을 '현통(玄通)'으로, 도적인 어우러짐의 행위를 '현동(玄同)'으로, 도적인 관계성을 구현하는 가치를 '현덕(玄德)'으로 부르면서 이들을 일련의 유기적인 관계 속에서 논의한다.

마이클 에드워즈는 앞서 인용한 바와 같이 "시민사회와 관련한 규범들은 자유 및 민주주의와 더불어 관용, 평등, 비폭력, 신뢰, 협동을 공통분모로 하고 있다"고 보았다. 용어상으로만 보자면, 이들 중 '민주주의'를 제외한 모든 규범들이 도가철학에서도 거의 그대로 거론된다. 물론 그 근거와 구체적인 내용은 다소 다르지만, 예컨대 '소유유(逍遙遊)', '제물론(齊物論)', '균평(均平)', '부쟁(不爭)', '유약(柔弱)', '신

(信)', '화(和)', '용(容)' 등이 저들에 대응할 수 있는 개념이다. 도가에서는 이들뿐 아니라 '생(生)', '허정(虛靜)', '소박(素樸)', '공(公)', '동(同)', '상(常)', '장구(長久)', '명(明)', '자(慈)', '애(愛)', '보(輔)', '상덕(上德)', '현덕(玄德)', '보원이덕(報怨以德)' 등의 가치도 말한다. 특히 도가가 '자'·'애'와 '화'·'동' 등의 가치를 설정하는 것은 이미 개체들의 관계성을 전제하는 가운데 그들 간의 조화와 통일을 견지하기 때문인 것이다. 이런 다양한 것들 중에서도 관계적 가치의 특성을 대표하는 것은 단연코 '현덕'이다. 즉 '도의 현덕' 및 이것을 인간사회에서 그대로 구현하는 '성인의 현덕'이 중핵인 것이다.

시민사회의 기반인 자발결사체들이 지니는 규범 가치의 상대성 및 상충성을 해결하는 문제와 관련하여 도가의 관계적 가치의 중핵인 '현덕'을 고려하는 일은 중요하다. 협동이나 신뢰 같은 가치가 긍정적인 것으로 기능하기 위해서는 이들의 근거가 되는 상위의 근원적 가치가 요구된다. 그런 근원 가치로서 『노자』에서는 먼저 "유약함이 도의 작용 규율〔弱者, 道之用〕"이라고 제시하고, 이 규율을 구현하는 것이 '현덕'이라고 한다.

> 도는 만물을 낳고 덕은 만물을 기른다. … (도와 덕은 만물을) 낳되 소유하지 않으며, 만물을 위해주되 과시하거나 보답을 바라지 않으며, 만물을 길러주되 주재하지 않는다. 이것을 일러 '현덕'이라고 한다(제51장).
>
> (성인은) 백성의 생명을 유지시켜주고 길러준다. 생활하도록 해주되 소유하지 않고, 위해주되 과시하거나 대가를 바라지 않고,

길러주되 주재하지 않는다. 이것을 일러 '현덕'이라고 한다(제10장).

도는 무궁한 생산력을 발현하고 끊임없이 만물을 위해주지만, 그의 공덕을 과시하거나 그에 대한 보답을 바라지 않으며, 만물을 주재하지도 않고 소유하지도 않는다. 이는 기존의 천·제의 주재성 및 그에 의거하여 보장받던 통치자의 절대 권력을 정면으로 부정하는 의미를 담고 있다. 그러면 이러한 도의 현덕을 인간 사회에서 구현하는 자는 어떠한가? 성인이나 후왕(侯王)이 도의 현덕을 정치상에서 구현하면 '무위이무불위(無爲而無不爲)'라는 공효를 이룬다. 달리 말해 "최상의 덕을 지닌 자는 공덕을 자처하지 않는 까닭에 실제의 공덕을 보존한다"(제38장). 이런 맥락은 『장자』에서 "지인은 사적인 자기가 없고, 신인은 사적인 공이 없고, 성인은 사적인 이름이 없다"(「소요유」)라는 말로 이어진다. 성인이나 후왕의 이러한 처신에 말미암아 백성의 덕(德)·선(善)이 이루어진다. 즉 자발적으로 평화롭고 균평한 사회를 이루어 살아갈 수 있는 바탕(환경)이 마련되는 것이다. 그리하여 백성은 주체적인 자기 생명을 영위하게 된다.

도는 만물에 덕으로서 내재하기 때문에 도에 의해 소유되거나 주재되어야 할 타자는 따로 존재하지 않는다. 또한 도가 자기를 과시하거나 그의 공덕에 대한 보답을 받아야 할 대상으로서의 타자가 존재하지도 않는다. 그래서 노자는 또 이렇게 말한다. "대도(大道)는 범람하여 좌우 어디에나 두루 존재한다. 만물이 모두 이 대도에 의거하여 생겨나지만, 대도는 만물을 관리하지 않고 공덕을 이루어도 그 공명(功名)을 소유하지 않는다. 대도는 만물을 입히고 길러 주지만 그들을 주재하지 않으니 항상 욕심이 없으므로 소(小)라고 이름할 수 있다. 만물이 모두 그에게로 돌아가지만 대도는 그들을 주재하지 않으므로 대(大)라고 이름할 수 있다. 끝내 자기를 大라고 하지 않으므로 그 大를 이룰 수 있는 것이다"(제34장).

현덕은 좀 더 구체적으로 '부쟁(不爭)'·'처하(處下)'·'수자(守雌)'·'집후(執後)'·'유약(柔弱)'·'소박(素樸)' 등으로써 설명된다. 그런데 노자는 이들을 다시 축약하여 이렇게 말한다. "나에게는 세 가지 보배가 있어, 이들을 지키고 보존한다. 첫째는 자애로움〔慈〕, 둘째는 검박함〔儉〕, 셋째는 감히 세상의 선두에 서지 않음〔不敢爲天下先〕이다. 자애롭기에 용감할 수 있고, 검박하기에 널리 나눠줄 수 있고, 감히 세상의 선두에 서지 않기에 수장(首長)이 될 수 있다. 그러나 오늘날 사람들은 자애로움을 버린 채 용감하기만 하고, 검박함을 버린 채 베풀려고만 하고, 뒤섬을 버린 채 앞서려고만 하는데, 이들은 죽음의 길이다"(제67장). 노자가 제시한 세 가지 보배의 핵심은 강강(剛强)함에 의한 죽음의 무리가 아니라 유약(柔弱)함에 의한 살림의 무리가 되어야 한다는 데 있다.

도적인 자기 작용의 규율을 구현하는 자가 성인이므로, "성인은 만물(백성)의 스스로 그러함을 보조〔輔〕할 뿐 함부로 작위적인 일을 가하지 않는다"(제64장). 여기서 '보(輔)'·'불감위(不敢爲)'를 주목해 볼 때, 백성을 강제로 이끌어가지 않고 그들의 자발성이 제대로 구현될 수 있도록 유약·유연하게 보조 작용을 해주는 것은 백성의 자율성과 주체성을 보장하는 일이 된다. 자연한 인간인 성인은 타인들은 물론 만물에 대해서도 그들이 '스스로 그러한 상태'를 유지하도록 보조할 뿐 자의에 의한 작위적인 행위를 가하지 않는다. 자의적으로 과도함을 일삼지 않고 자연함을 알아 개별자의 부족한 상태를 보조해주는 것이야말로 관계적 가치의 핵심이다. 『노자』에서 '자화(自化)'·'자정(自定)'·'자정(自正)'·'자정(自靜)'·'자부(自富)'·'자박(自樸)'·'자빈(自賓)'·'자균(自均)'을 말하고 있는데, 이들은 모두 백성의 스스로 그러함인 본연의 삶을 가리키는 개념이다. 그런데 이들은 성인의 '무위(無爲)'·'호정(好靜)'·'무사(無事)'·'무욕(無欲)' 등을 조건으로 삼는다. 보다 직접적으로는 위정자가 정치적인 명령을 신중히 하거나 거의 내리지 않아 '불언(不言)'·'희언(希言)'·'귀언(貴言)'할 때 백성의 스스로 그러한 삶이 보장된다. 이것이 다름 아닌 "위무위즉무불치(爲無爲則無不治)", "무위이무불위(無爲而無不爲)"의 실제 내용이다. 성인이 된 자는 백성이 각자 자기의 자발성을 실현시킬 수 있는 현실적인 조건을 보조하는 역할을 하는 데서 스스로 행위를 멈춘다. 이것은 지엽적이고 단기적인 차원에서 평가되는 소극성을 뜻하는 것이 아니라, 근원적 차원에서의 생명의 활발성을 유지하는 방법의 제시인 것이다.

이처럼 인간의 행위에 있어 현덕은 1차적으로 백성을 대하는 성인의 자세가 어떠해야 하는가를 설명하는 방식으로 되어 있다. 축자적으로 보면, 이는 국가 차원의 정치문제에 해당하는 것일 수는 있어도 시민사회와는 관련이 없을 것으로 생각되기 쉬운 내용이다. 그러나 이러한 백성에 대한 성인의 처신 방식은 모든 인간관계에 전방위적으로 적용될 수 있을 것으로 생각된다. 왜냐하면 도가철학에서는 누구나가 성인이 될 수 있는 길을 존재론적으로 열어 놓기 때문이다. 성인 역시 처음부터 초월적인 존재이거나 선험적으로 특별한 능력을 지닌 자가 아니다. 일반 사람들(人) 중 도와 덕을 체득하여 잘 구현하는 자가 곧 성인이다. 그러므로 누구든 "만물의 항상성을 알면 포용하게 되고, 포용하면 이에 공평무사하게 되고, 공평무사하면 이에 왕이 되고, 왕이면 이에 하늘과 같아지고, 하늘과 같으면 이에 도와 하나가 되고, 도와 하나이면 이에 영구한 존재가 된다. 그리하여 육신이 사멸될지라도 도성(道性)은 위태롭지 않다"(제16장)라고 말한다. 그리고 『장자』「천하」에서 처음으로 제시된 '내성외왕(內聖外王)'에서도, 내성은 외왕의 조건일 뿐 내성이면 반드시 외왕(위정자)이 되어야 한다는 것을 뜻하는 말은 아니다. 다시 말해 '성인적'인 존재라면 그는 위정자가 아니더라도 개인 차원에서든 사회 차원에서든 외형의 타자들에 대한 보조 활동을 기꺼이 할 것이라는 의미로 읽을 수 있다.

여기에서 이끌어지는 하나의 중요한 문제는 이런 상태에 있는 자들이 상호관계에서 어떻게 질서를 확보하는가 하는 점이다. 만물은 서로가 서로를 대하는 관계와 자세를 스스로 성립시킨다. 이러한 자발적 질서는 곧 인간을 비롯한 만물의 자율성(自律性)을 의미한다. 이를 좀 더 적극적으로 표현하자면, '서로가 서로를 그 본성에 입각하여 돌아보고 보조하기'인 것이다. 이는 경직된 의도나 목적성을 조장하는 것이 아닐 뿐 아니라 자유방임을 허용하는 것도 아니다. 거시적으로 보면 "만물은 아울러 생장하는 것이며"(『노자』 제16장), 만물 가운데의 각 개체는 "이 세상과 함께 삶을 전개해가는 것"(『장자』「제물론」)이 된다. 자발적인 생명력에 의거하는 이러한 존재자들은 능동성·역동성(逆動性)·유연성을 동시에 지닌다. "필요한 것은 '어떠한 작용을 가하려는 것'이 아니라 '스스로 그렇게 되도록 도와주는 것'이다. 달리 말해, 우리의 생명력이 저절로 그 능력을 발현시킬 수 있도록 서로 도와야만 하는 것이다."[48]

보답이나 대가의 문제를 넘어서 호혜성에도 한계가 있는 것으로 생각된다. 다시 말해 공공성을 확보할 수 있는 가치는 호혜성을 지니는 것만으로는 부족한 듯하다. 호혜성은 '이덕보덕(以德報德)' 즉 '네 이웃이 너를 사랑하는 만큼만 네 이웃을 사랑하라'라는 말로 표현될 수 있을 것인데, 이는 여기에서 멈추지 않고 '국가가 무엇을 해줄 것인가를 바라지 말고, 국가에 무엇을 할 것인지를 먼저 생각하라'는 논리로 비약될 수도 있을 것이다. 그러나 도가적 공공성은 존재하는 모든 것들이 그들의 자연한 삶을 살 수 있는 조건을 충족하는 상태를 확보하고 유지하는 것이다. 그리하여 개인 간에서든, 사회 집단 간에서든, 국가 간에서든 관계적 대상을 대하는 데서 기본적으로 구현할 가치는 그들이 '자연한 삶을 살아갈 수 있는 조건을 유지하는 선'에서 그 행위의 기준(규범)을 설정하게 된다. 왜 그래야 하는가 하면, 자연한 삶을 사는 것이 존재하는 모든 것들의 자기 입법이자 자기 행위의 규율이기 때문이다. 물론 그 조건은 각각에서 다르기도 하고(현상차원) 동시에 하나로 같기도 하다(근원차원). 그 같은 점을 함께 보고 공유하고자 할 때, 각기 다른 것에 대한 무수한 그리고 적실성 있는 응대의 방법을 각자가 스스로 발견할 수 있을 것이다. 호혜성보다 근원적인 가치가 '현덕' 즉 '대가를 바라지 않는 보조'인 것이다. 이것은 '이덕보

---

48 프랑수아 줄리앙, 박희영 역, 『장자, 삶의 도를 묻다』(파주: 한울아카데미, 2014), 192.

덕(以德報德)'을 넘어서서 '보원이덕(報怨以德)'까지 고려한다. 이는 존재-관계적 개체들의 생존을 위한 근원적이고 원초적인 가치에 입각한 행위이다.

4. 지구시민사회와 확장된 시민

1) 지구시민사회의 요구

임마누엘 칸트는 1784년 「계몽이란 무엇인가에 대한 답변」에서 인류와 세계시민의 범위에서 이루어야 할 계몽의 목적과 지향점이 무엇인지를 논하였다. 그로부터 200여 년이 지난 오늘날은 정치·경제·사회적인 문제 전반이 지구적 차원에서 논의됨으로써 '하나의 지구'라는 점이 뚜렷해졌고, 이에 따라 시민사회도 지역이나 국가를 넘어서 지구 범위로 확장되고 있다. 우리는 지금 "국내 시민운동과 국제 NGO운동이 다른 흐름 속에 있는 것이 아니며 특히 지구화 경향으로 양자의 통합적 접근이 더욱 중요해졌다"[49]라는 주장을 실감하는 시점에 있다.

마이클 에드워즈는 이러한 지구적 범위에서의 시민사회는 무엇보

49 조효제 편역, 『NGO의 시대: 지구시민사회를 향하여』(파주: 창비, 2000), 5-6.

다도 공익을 추구하는 장이어야 한다고 말한다. 그러므로 지구시민사회(global civil society)란 단순히 결사적 삶에 더해지는 하나의 층위로서가 아니라, 새로운 국제규범들을 개발하고 보편적 인권과 국제협력을 이끌어내며, 차이들을 지구적 경쟁의 장에서 평화적으로 해소하는 일과 관련된 관념들과 접합시키는 하나의 기제로 인식된다.[50] 이에 더불어 존 키인(John Keane)은 지구시민사회를 현재 경제적 세계화가 파생하는 현상에 대한 대안으로서 '훨씬 덜 폭력적인 세계의 비전'을 담고 있는 담론공동체의 성격으로 묘사한다. 그가 말하는 지구시민사회는 권력을 공유하는 담론적 장치들을 통해 평화적인 세계 공동체를 만들어가자는 제안인 동시에 비전이다.[51] 새로운 국제규범을 창출할 수 있는 이런 담론 공동체를 우리는 '공공영역(the public sphere)으로서의 지구시민사회'라 부를 수 있을 것이다.

그런데 지구시민사회는 지극히 상이한 신념이나 관점 및 이해관계를 가진 시민들로 구성될 수밖에 없다. 그런 복합적인 사회의 실질적인 협치와 평화적 공존은 어떻게 가능할까? "다양성의 공간들의 운영과 관련하여 공통의 규칙과 기준에 대해 타협을 이루어내는 일이 21세기에 인류가 당면한 가장 중요한 문제이다"[52]라는 주장은 특히 오늘날의 시민사회가 주목할 만한 것이다. "다양성을 기꺼이 환영하고, 자신을 넘어서는 공통 이익들의 담지자로서 시민들이 동료 시민들과

50 마이클 에드워즈, 『시민사회: 이론과 역사, 그리고 대안적 재구성』, 91.

51 마이클 에드워즈, 『시민사회: 이론과 역사, 그리고 대안적 재구성』, 38.

52 마이클 에드워즈, 『시민사회: 이론과 역사, 그리고 대안적 재구성』, 147.

더불어 공동선을 추구하는 것은 도덕적 성숙이다. 이런 태도는 건강한 차이들을 존중하고 건강하지 못한 차이들(타인의 생명과 삶의 기회를 자신의 것만큼 소중히 여기지 않는 태도)에 대해서는 비판할 수 있을 만큼 확장된 민주적 정체성들을 형성하는 일과 직결된다. 공공영역들은 다양한 집단의 차이들에 대해 얄팍한 다원주의적 해석의 차원을 넘어 규범 및 가치들을 위한 공통적이면서도 포용적인 틀을 형성할 수 있는 공론장을 제공한다."[53] 그리하여 오늘날 국가들은 국제적 조약들의 의무담지자가 되었으며, 초국적 네트워크들은 조약의 이행을 강제하는 데 필수적이며 또한 어떤 지구적 공공영역은 국제규범들에 관한 토론을 육성하도록 요구받고 있다.[54] 이런 과제와 관련하여 지구시민사회는 공공영역으로서 대화와 논쟁 및 심의의 열린 장이어야 하는데, 그 장에서는 사회적 네트워크와 미디어가 획기적으로 작동함으로써 지식정보가 원활히 유통될 것을 강력히 필요로 한다.

그런데 이런 지구시민사회의 성립에 대한 요구는 지구적 차원의 관점에서 제시되는 것이며 여전히 인간 중심주의를 넘어서지 않고 있는 것으로 보인다. 지구적 관점에 머물러 있으면서 과연 지구적 문제를 전면적으로 해결해갈 수 있을까? 이에 대해서는 일말의 의문을 갖지 않을 수 없다. 사실 지구는 우주와 연결되어 있는 것으로서 우주적 토대의 영향을 절대적으로 받고 있다. 여기서 국가와 지구라는 범위를 넘어서는 상위 차원의 우주적 관점이 무엇일까를 생각하게 된다.

---

53 마이클 에드워즈, 『시민사회: 이론과 역사, 그리고 대안적 재구성』, 133.

54 마이클 에드워즈, 『시민사회: 이론과 역사, 그리고 대안적 재구성』, 180-181.

2) 확장된 시민의 의식과 관점

'확장된 시민'이란 지역 국가의 경계를 넘어 지구 범위에서 인류의 공동선을 위해 공개적이고 포괄적인 대화와 토론을 함으로써 지구적 문제를 해결해가는 시민을 뜻한다. 여기서 핵심이 되는 것은 새로운 국제규범의 도출과 인류의 공동선 구현이다. 그런데 지구적 문제를 원만히 해결해가자면 시민들의 의식과 관점이 지구적 차원을 넘어서는 관조적 포용력을 지녀야 할 것으로 보인다. 도가는 이런 문제와 관련되는 사유를 어떻게 전개하였을까? 도가적 견지에서 '확장된 시민'은 어떤 의식 차원을 지니고서 어떻게 행위 할 수 있을 것인가?

도가는 현실 삶의 갈등적인 문제를 해결하기 위해 '우주적 삶'이라는 차원으로 초월하고, 다시 그로부터 '천하(세계, 지구)'의 문제를 논한다. 즉 우주적 관점에서 천하의 새로운 행위 준거를 마련한 후, 천하 차원으로 하향 또는 복귀하는 방식을 취한다. 본래 우주 차원으로 열려 있는 천하를 '닫힌 천하'라는 편견으로써 바라보고 그런 우물 안 개구리 같은 관점으로 천하의 문제를 해결하려는 것은, 마치 꿈속에서 또 다른 꿈을 깬 것에 만족하는 것과 같다. 꿈속에서 꿈을 깬들 여전히 꿈이라는 차원에서 헤맬 따름이다. 따라서 꿈 자체를 벗어나야 꿈속의 문제를 제대로 바라보고 대응할 수 있다. 도가의 이런 논리에 따를 때, 우주 차원을 전제하지 않으면 천하 문제에 대한 근원적인 해결책을 찾는 것이 불가능하다.

도가는 우주와 천하 및 사회를 어떻게 이해하였는가? 『노자』에서 전체 존재계는 다음과 같은 방식으로 설명되고 있다. "천하의 만물은

유(有)에서 생겨나고, 유는 무(無)에서 생겨난다"(제40장). "혼연히 자기를 이룬 어떤 것이 있어서 천과 지가 생겨난 것보다 앞서 존재한다. 그것은 소리도 없고 형체도 없으며, 독립하여 자기를 바꾸지 않고, 두루 운행함에 궁진함이 없으므로, 천하(천지) 만물의 어미라고 할 수 있다"(제25장). "도는 하나를 낳고, 하나는 둘을 낳고, 둘을 셋을 낳고, 셋은 만물을 낳는다. 만물은 음기를 등지고 양기를 끌어 않지만 충기(沖氣)로써 조화를 이룬다"(제42장). "도는 만물을 낳아주고, 덕은 만물을 길러준다"(제51장). 이러한 우주발생론에서의 우주는 개별화된 가시적인 존재자들만이 아니라 감지할 수 없는 근원 세계까지를 포괄한다. 이 구도에서 천하 만물(세계 또는 지구)은 덕(유)에 포섭되고, 다시 덕(유)은 도(무)에 포섭된다.

『장자』「대종사」에서는 도의 특성을 이렇게 설명한다. "도란 실정(實情)도 있고 증험도 있는 실재이지만, 그 구체적인 행위도 없고 형체도 없다. 그것은 마음으로 전할 수 있지만 말을 통해 전수될 수는 없으며, 마음으로 얻을 수 있지만 눈으로 볼 수는 없다. 스스로 자기 존재의 근본이 되어 천지가 생겨나기 이전의 옛날부터 존재하였으며, 귀신과 상제를 신령스럽게 하였고 천과 지를 낳았다. 도는 가장 높은 태극의 위에도 있지만 높다고 여기지 않고, 가장 깊은 육극의 밑에도 있지만 깊다고 여기지 않는다. 천과 지가 생겨난 것보다 먼저 존재하였으면서도 오랜 세월이라 여기지 않고, 아득한 옛날보다 오래되었으면서도 늙었다고 여기지 않는다." 그런가 하면 「지북유」에서는 도가 곤충·식물·무생물·무기물에 두루 내재한다고 하면서 이렇게 말한다. "사물을 사물로서 존재하게 하는 도는 사물과 떨어져 있지 않고 모든 사물에 내재한다. 따라서 사물과 사물 사이에 저것과 이것이라는 구별이 있음은, 상대적인 것일 뿐이다. 사물과 떨어지지 않는 도가 상대적으로 구별되는 사물들을 낳는다면 (서로 구별되는 것으로 보이는 사물들도) 도의 관점에서 볼 때는 구별이 없는 하나이고, 따라서 사물들 사이에는 차별이나 대립이 없게 된다." 이러한 도의 자기 전개를 총칭하는 것이 곧 『장자』에서의 우주(宇宙)이다. '우주'는 고대 중국의 전적들 중 『장자』에서 처음으로 4회 등장하였는데, 「경상초」에서는 "실재하면서도 고정된 장소가 없는 것이 '宇'이고, 늘 지속하여 길면서도 시종의 끝이 없는 것이 '宙'이다"라고 하였다. 『장자』에서 제시된 '우주'는 기본적으로 공간과 시간을 의미하며, 나아가 이들의 무한성·무궁성까지 함축하는 개념이다.

그러면 노장은 현실의 천·지·만물의 세계 및 인간 사회를 구체적으로 어떻게 보았는가? 춘추전국이라는 대혼란의 시대는 실제로 패권 쟁탈을 목적으로 하면서 허울로만 천하(세계)의 안정을 표방하고 나선 위정자들 및 이들을 부추기는 야망에 찬 학자들에 의해 극렬해졌다. 그런 자들의 정치 이념 및 학술을 원초적인 차원으로부터 성찰하고 부정하는 데 투철한 학파가 도가였다. 이런 점에서 도가는 현실적인 대안을 내놓고 사회에 적극적으로 참여하기보다는, 단지 사회에 대해 비판적이고 부정적인 시각을 지닌 소극적인 학파라고 평가되기도 하였다. 오늘날에도 혹자는 이렇게 말한다. "장자의 가장 중요한 철학적 문제는 사회, 즉 공동체의 문제를 해결하는 데 있는 것이 아니라, 그보다 더 근원적으로 그 공동체를 실제로 구성하는 개개인들의 '개인적 자유와 해방'에 있다고 보는 강한 개인주의적 자유주의 철학을 표방하였다."[55] 이러한 이해와 평가에도 텍스트적인 근거가 없는 것은 아니지만, 이는 도가의 사회성을 지나치게 소극적인 것으로 치부하고 있음이 분명하다. 이에 대해 다음과 같이 반문해 보자. 그렇다면 기존의 질곡적인 정치적·사회적 환경으로부터 벗어나 자유와 해방을 얻은 개인들은 어떻게 살아갈까? 그들은 당대 사회를 등지고 어떤 별유천지에서 살아가는 자들인가? 만일 그들만이 사는 공간이 따로 있다고 해도 그곳 역시 또 다른 사회이지 않을까? 한마디로 도가가 사회를 그렇게 무모하게 바라보고 경시하였다면, 사회를 비판하는 저술을 남겼어야만 할 이유도 애초에 없는 것이다.

한편 노장의 사회성을 인정한다 하더라도, 그들은 당시의 사회와 문명을 근본적으로 부정하고 자급자족하던 원시공동체 사회로 돌아가고자 하였던 것이라는 평가도 있어왔다. 도가를 염세주의·은둔주의·소극주의·반문명주·복고주의 등으로 평가하는 것이 득세해왔지만, 관점을 달리해서 보면 노장은 문화와 문명을 부정하기만 한 것이 아니었고 오히려 정치적·사회적·경제적인 여건을 중시하였다는 점이 드러난다. 그리하여 노장은 거시적인 차원에서 사회환경과 자연환경의 중요성을 역설적으로 강조하였던 것이라고 볼 수 있게 된다. 『노자』에서는 인간을 포함한 만물의 본연적인 삶이 성인의 무위(無爲)·호정(好靜)·무사(無事)·무욕(無欲)의 정치를 조건으로 삼는다고 본다. 따라서 이들 모두는 사회라는 공동체를 인정하지 않고서는 불가능한 것

55 송영배 편저, 『제자백가의 사상』(서울: 현음사, 1994), 284-285.

이다. 장자의 정치성 역시 『장자』 내편 가운데의 「인간세」·「응제왕」은 물론 외편·잡편의 곳곳에 스며들어 있다. 또한 『장자』에서는 인간 사회의 상호 관계성을 직접적으로 표현하는 말로써 '상응(相應)', '상통(相通)', '상조(相造)', '상화(相和)', '상합(相合)', '상치(相治)', '상존(相尊)', '상망(相忘)', '상선(相禪)' 등을 사용하고 있다.

청대(淸代)에 이르러 도가의 사회성을 주목하고 강조한 학자들이 나타난 것도 우연한 일이 아니다. "만청(晩淸) 시기(1840-1911)는 전통과 근대의 전환기에 처한 19세기의 중국이 서구의 외래문화에 도전한 과정이었다. 이 시기의 학술사에서 눈여겨 볼만한 것은 제자학(諸子學)이 부흥하였다는 점인데, 제자학 가운데서도 도가가 특히 주목을 받았다. 당시의 주류 지식인들이 도가사상을 '사회사상'으로 재해석하기 시작함으로써 도가의 가치가 새롭게 부각되었다."[56] 도가의 사회비판은 우주 차원에서의 인간 정신의 전회를 바탕으로 한 사회 개혁을 모색한 것이었다. 도가는 당시의 시대 상황을 돌파할 원초적인 해법으로서 인간을 비롯한 만물의 주체성과 자발성, 그리고 이에 터한 소통과 화해(통일)를 강조하였다. 즉 춘추전국이라는 시대상황에서 최고의 갈등인 전쟁을 근원적으로 종식시킬 방안을 찾고 자유와 평등이 보장되는 공동체를 추구하였던 것이다. 자유와 평등을 확보하기 위한 목적에서 이루어지는 사회 정치에 대한 비판은 어쨌든 새로운 '사회'에 대한 비전을 지향한다. 이 역시 인간 사회를 인정하지 않고서

56 정석도, 「晩淸시기의 道家연구와 문화계몽」, 동양철학연구회, 『동양철학연구』 제83집 (2015), 275-276 참조.

는 불가능한 일이다.

도가를 사회 부정적인 철학사상이라고 보는 자들의 근거는 대개 도가의 이상사회에 대한 표면적인 이해에 집중되어 있다. 그것은 주로 『노자』에서의 '소국과민(小國寡民)'(제80장), 그리고 『장자』에서의 '무하유지향(無何有之鄕)'이나 '지덕지세(至德之世)' 등의 이상향에 관한 것이다. 물론 이에 관한 글귀들을 축자적으로 읽으면 저들의 주장에도 일리가 있는 것으로 보인다. 그러나 간과할 수 없는 중요한 사실은, 도가 역시 시대상황의 산물이면서 동시에 안정된 사회에 대한 강렬한 요구를 그들의 독특한 방식으로 표명하였다는 점이다. 『노자』에서 단 한번 제시된 '소국과민'의 구상은 당시의 통치자들이 백성을 수탈하는 정책을 강행하는 것과 겸병전쟁을 일으키는 것에 대한 극단적인 비판과 역설적이고 상징적인 설정에서 제시된 것일 따름이다. 이들 구절에 대한 심층적인 이해는 『노자』나 『장자』의 근본적인 문제의식과 철학적 취지를 견지할 때 가능해진다.

노자가 '도법자연'을 제시한 현실적인 이유도 유위(有爲)를 일삼는 패권자들에 의한 폭압적 통치를 도를 구현하는 성인에 의한 무위이치(無爲而治)로 바꾸어 놓으려는 데 있었다. 노자의 정치철학에서 기반이 되는 구도는 「개체〔身〕-가족〔家〕-마을〔鄕〕-국가〔國〕-천하(天下)」(제54장)이다. 물론 천하는 우주에, 궁극적으로는 도에 속해 있는 것이다. 『노자』에서는 대국을 다스리는 방법, 소국과 대국의 관계, 그리고 이들을 아우르는 천하정치를 할 수 있는 자의 자격 등에 관해 비교적 많은 논의를 펼친다. 그런 가운데 정치형태를 유형화하여 제시하면서, 최상의 위정자는 도덕에 근거한 신뢰로써 백성을 대하고 정령을 최대한 자제함으로써 국가의 일을 이루고 자신의 온전한 삶도 영위한다고 말하다(제17장).

『노자』에서는 단 한번 '소국과민'을 언급하였다. 이에 비해 소국과 대국의 관계 방식(제61장), 대국을 다스리는 방법(제60장), 바람직한 천하정치에 관한 것을 훨씬 더 많이 논의하였다. 따라서 노자의 주안점은 전자가 아닌 후자에 있었음이 분명하다. 후자의 내용을 범위상의 확장 관계로 제시한 것이 「身－家－鄕－國－天下」이다. 도가적 도덕에 근거한 개체들, 집안들, 마을들, 나라들, 그리고 그 도덕에 근거한 천하가 하나의 전체 속에서 각각의 단위로 존재하며 상호 하층과 상층의 관계를 형성한다. 즉 소집단과 대집단의 관계를 층층으로 형성하는 것이다. 그런데 『노자』에서의 '천하'는 정치체의 최고 범위이기도 하지만, 그것은 그 자체로서 하나의 온전한 도적(道的)인 자발결사체 내에 속하는 것이다. 그러므로 그것은 어떤 초월적 존재의 명령을 받은 지상의 대리적 절대 권력자에 의해 지배되고 간섭되는 공간이거나 대상이 아닌, 만물의 생명 활동이 자유롭고 평화롭게 어우러지는 자연한 공간을 일컫는 말이다.

이렇게 볼 때, 소규모 공동체들은 하나의 거대공동체와 유기적으로 연결된다. 여기에서 개체[身]는 천하 공동체로 연결되고, 궁극적으로는 우주적이며 대공적(大公的)인 개체가 된다. 여기서는 개체들의 다양성이 통일적인 전체성과 연결되며, 집단들의 연대도 자연스레 확장되어갈 수 있다. 이는 주재성을 갖지 않는 도에 의한 자연한 연결망에 따르는 것이지 상호 구속과 통제를 위한 인위적이고 임의적인 관계 설정에 복종하는 것이 아니다. 오늘날 식으로 표현하자면 이는 '열린 공동체' 또는 '수시로 변화하는 공동체'라고 할 수 있을 것이다.

『노자』에서는 성인(聖人)에 의한 천하정치를 구상하였지만, 『장자』에서는 마음 세계를 탐구하는 것을 통해 도리어 천하 밖으로 나아가는 경향을 보인다.[57] 이는 하나의 천하를 관조할 수 있을 만한 관점의 고양이 필요하다는 점을 뜻한다. 『장자』 「소요유」 첫머리에서 제시된 대붕이 구만리장천으로 초월하는 것도 이것을 상징한다. 『장자』에서 '사해의 밖' 즉 세상 밖의 우주로 나아가 노닌다는 말을 반복적으로 하는 것은 천하의 현실에서 도피하자는 것이 아니라, 오히려 천하의 현실을 통찰하는 일을 의미한다. 천하를 이해하고 관조할 만한 거시적인 관점을 가지게 되면 인간 사회를 보다 미시적으로 예민하게 이해할 수 있다는 말이다.

그리하여 장자는 이렇게 말한다. "큰 앎을 갖춘 사람이라야 원대한 도리와 비근한 일상의 사물을 아울러 관조한다. 그래서 작아도 그것을 작은 것이라고 여기지 않으며, 커도 그것을 큰 것이라고 여기지 않는다"(「추수」). 이렇게 장자는 우주 차원으로부터 현실의 천하정치로 접근하는 하향의 방식을 취한다. 그리하여 그는 무위자연의 삶을 사는 자들과 '더불어 벗이 되겠노라'는 표현을 자주하였는가 하면, 실제 생활상의 직접적인 경험과 실천도 중시하였다. 「천하」에서는 장자의 삶에 대한 평가를 제시하고 있는데, 그에 따르면 장자는 '여천위도(與天爲徒)'하는 삶을 추구하는 동시에 세속 사람들과 한 무리가 되는

---

57 "遊乎四海之外"와 "六合之外"(「소요유」), "出六極之外, 以遊於無何有之鄕"(「응제왕」), "入無窮之門, 遊無極之野"와 "出入六合, 遊乎九州"(「재유」) 등.

'여인위도(與人爲徒)'의 삶을 살았다고 한다. 즉 장자는 우주적 삶으로 초월하는 자들과 무리가 되기도 하고 다시 사회적인 삶의 무리로 복귀하는 것을 병행하였던 것이다. 장자 역시 사회생활을 인정하였고, 집단생활을 하는 속에서 각자가 어떻게 처신해야 하는가에 관해서도 많은 신경을 썼던 것이다. 『장자』 가운데의 「인간세」와 「응제왕」은 이런 점을 역설적으로 보여준다. 사회 정치에 대한 노장의 비판적인 언사와 행위는 그 자체로 이미 정치 참여적이다. 또한 노장이 개체성과 다양성을 인정하면서도 동시에 '화(和)'와 '동(同)'을 말하는 것도 집단들은 물론 그 집단들의 '관계성'을 전제하는 것이다.

『노자』에서 개체가 사회적으로 최종 확장된 것이 천하이듯이, 『장자』에서는 개체의 '무하유지향'들이 보이지 않는 선에 의해 연결된 것이 우주공동체이다. 『장자』에서 '대붕이 북쪽에서 남쪽으로 날아간다'라거나, '원추가 남쪽에서 북쪽으로 날아간다'라고 하는 것, 그리고 인간이 '사해(四海) 밖으로 나간다'라고 한 것들도 모두 현실 사회로부터의 도피를 뜻하는 것이 아니다. 그것은 특정한 장소를 고집하지 않고 어디든 자유롭게 찾아가 타자들을 해치지 않으면서 그들에게 관심을 보이고 보조하여 서로 어울릴 수 있다는 의미로 재해석할 수 있는 것이다.

노장의 이러한 사유는 당시의 현실을 직시한 데서 나온 것이다. 춘추전국시대의 위정자들은 거의가 '천하통일'을 목표로 삼았지만, 그들의 '마음 크기'는 그만큼 협소해지는 역방향으로 나아갔다. 그들은 닫힌 경계 속에서의 수직적인 통일이 정치의 전부인 것으로 착각하였다. 그러나 도가는 자기 이익에만 골몰하여 분열되고 협소해지는 인간의 마음을 열어 우주 차원으로 확장·확대시키고자 하였다. 그렇게 하는 것이 혼란한 시대 상황을 근본적으로 타개할 수 있는 방법이라고 보았던 것이다. 관점의 전환을 통한 확장된 시공간 의식은 우주적 소통을 가능케 한다. 관점의 전환을 이루려면 먼저 편견[成心]과 독단으로부터 벗어나야 한다. 편견에서 벗어나면 세상 만물의 수평적 평등성을 보게 되고, 이로써 자연한 조화를 이루게 된다. 이렇게 하는 것이 장자가 말하는 '대통(大通)'이고 '대동(大同)'이다.

장자는 우주적 시공간에서 도의 관점으로써 대통·대동할 수 있는 대화를 펼친다. 그는 실존인물들은 물론, 가상의 인물들, 식물, 동물, 무기물, 죽은 자의 영혼 등 상식적인 대화의 대상을 넘어서는 모든 존재자들 간의 대화에 관해 실감나게 묘사한다. 거기에서는 부자와 빈자, 귀족과 천민, 유식한 자와 무식한 자들 모두가 결국에는 하나로 어우러진다. 한마디로 생태계뿐 아니라 무기물계에 이르기까지 모두가 대화를 통하여 소통할 수 있다는 것이다.

그런데 마이클 에드워즈는 "의사소통 수단은 공중이 과거 소규모의 동질적 전통 공동체들의 특징인 면대면 상호작용을 넘어서서 상호관계를 형성하고 서로 관여하는 매개체이다"[58]라고 말한다. 그러나 노장은 언어의 기능에 대한 반성으로부터 그들의 철학을 시작하였다. 의사소통에서 언어 자체만으로는 한계가 있다는 말이다. 그러므로 소통과 화합을 위한 대화에서는 다른 어떤 것이 요구된다. 장자는 "귀

58 마이클 에드워즈, 『시민사회: 이론과 역사, 그리고 대안적 재구성』, 123.

로 듣지 말고 마음으로 들어야 하며, 마음으로 듣지 말고 기(氣)로 들어야 한다"(「인간세」)고 말한다. 내면의 감응이 있어야 한다는 말이다. 이것은 어떤 신비주의를 말하자는 것이 아니라, 생명 활동이라는 차원을 바탕으로 해야 진실한 대화를 할 수 있다는 점을 의미한다. 내면의 감응을 바탕으로 담담한 대화를 하는 것이 중요하다. 따라서 장자는 외적인 소통의 매개체를 발명하여 활용하는 것보다는 소통을 위한 내면의 안정과 자세 문제에 우선적인 관심을 두었다.

도가는 민주주의가 성립되지 않았던 고대 동아시아 사회에서 민주주의의 기본 원리와 상통할 수 있을 듯한 사유를 제시하면서, 모든 존재자들이 소통하고 어우러지는 새로운 세계상을 제시하였다. 이러한 도가적 사유가 오늘날에 의미를 가지려면, 이 시대의 시민 및 시민사회가 도가의 사유를 대하면서 새롭게 읽어내는 어떤 점이 있어야 한다. 도가 식의 자연한 생명관계 방식, 곧 '자애(慈愛)'라는 키워드와 문법이 그것일 수 있다. 이 자애는 혈연 집단에서의 내리사랑을 뜻하는 것이 아니라, 생명의 근원에서 저절로 발출하는 존재자들 상호 간의 보조 활동을 의미한다. 오늘날 지구시민사회로 나아가는 데서 일차적으로 필요한 것은 이런 근원적인 자애가 무엇인지를 깨닫는 일이다. 그럴 때 지구시민은 생명 세계에 대한 원초적인 통찰력을 지니고서 지구촌의 모든 존재자들을 근원적인 차원에서 바라보고 대할 수 있는 의식의 확장과 관점의 고양을 이룰 수 있을 것이다. 필자는 이러한 도가적 의식과 관점의 방향성에서 확장된 시민의 가능성을 찾는다.

지구시민사회의 시민은 '참여하고 책임지며 공공선을 추구하고 지구를 지향하는 집단과 사람'이라고 보는 것이 오늘날의 대체적인 견해인 것으로 보인다. 필자는 여기에다 한 가지를 더 보태고자 한다. 지구적이고 인간중심적인 사유를 넘어서 우주적으로 의식이 확장되고 관점이 고양된 사람이라는 것이 그것이다. 이는 지역적이며 동시에 지구적인 관점을 갖는 것, 즉 '지구적으로 생각하고 지역적으로 행동하라'는 기존의 모토를 한층 더 확장시킨 것이다.

참고문헌

박소정. 2010.「해외 장자 연구의 쟁점과 우리의 철학적 과제」. 한국동양철학회.『동양철학』 제34집.

송영배. 2005.『동서 철학의 교섭과 동서양 사유 방식의 차이』. 서울: 논형.

송영배 편저. 1994.『제자백가의 사상』. 서울: 현음사.

송호근. 2013.『시민의 탄생: 조선의 근대와 공론장의 지각 변동』. 서울: 민음사.

신일철. 2002.「東學의 "無爲"的 市民社會觀」.『동학사상연구자료집』 26. 서울: 열린문화사.

심의용. 2004.「서양인이 바라본 도가(Taoism)」. 한국동서철학회.『동서철학연구』 제33호.

에드워즈, 마이클. 서유경 역. 2005.『시민사회: 이론과 역사, 그리고 대안적 재구성』. 서울: 동아시아.

양일모. 2008.『옌푸(嚴復): 중국의 근대성과 서양사상』. 파주: 태학사.

유병래. 2013.「동양적 가치: 동양 전통의 관계적 가치의 원형」. 이동수 편.『시민은 누구인가』. 고양: 인간사랑.

이규성 편. 1995.『동양철학, 그 불멸의 문제들』. 이화여자대학교 출판부.

이부영. 2012.『노자와 융:『도덕경』의 분석심리학적 해석』. 파주: 한길사.

이성규. 1996.「諸子의 學과 思想의 理解」. 서울대학교동양사학연구실 편.『강좌 중국사 Ⅰ』. 서울: 지식산업사.

정석도. 2015.「晩淸시기의 道家연구와 문화계몽」. 동양철학연구회.『동양철학연구』 제83집.

조효제 편역. 2000.『NGO의 시대: 지구시민사회를 향하여』. 파주: 창비.

클라크(Clarke), J. J. 조현숙 역. 2014. 『서양, 도교를 만나다』. 서울: 예문서원.
________________. 장세룡 역. 2004. 『동양은 어떻게 서양을 계몽했는가』. 아산: 우물이 있는 집.
프랑수아 줄리앙. 박희영 역. 2014. 『장자, 삶의 도를 묻다』. 파주: 한울아카데미.
한국도가철학회 엮음. 2001. 『노자에서 데리다까지: 도가철학과 서양철학의 만남』. 서울: 예문서원.
한국도가철학회. 2000. 「도가철학과 미래사회」. 한국도가철학회 2000년 춘계 학술대회보.
한국칸트학회. 2009. 「칸트철학과 도가철학의 소통」. 한국칸트학회 2009년 정기학술대회보.
한국하이데거학회 편. 2001. 『하이데거 철학과 동양사상』. 서울: 철학과현실사.
황태연. 2011. 『공자와 세계 1: 제1권 공자의 지식철학(상)』. 파주: 청계출판사.
______. 2011. 『공자와 세계 2: 제1권 공자의 지식철학(중)』. 파주: 청계출판사.
郭慶藩 編; 王孝魚 整理. 1988. 『莊子集釋』. 臺北: 木鐸出版社.
羅安憲. 2005. 『虛靜與逍遙－道家心性論硏究』. 北京: 北京人民出版社.
樓宇烈 校釋. 1983. 『老子周易王弼注校釋』. 臺北: 華正書局.
司馬遷. 1992. 『史記』「太史公自序」. 北京: 北京中華書局.
陳一平. 1994. 『淮南子校注譯』. 廣州: 廣東人民出版社.
夏乃儒 主編. 1991. 『중국철학 문답』. 황희경·황성만 공역. 파주: 한울아카데미.

6장
유가적 가치와 현대사회

김시천

최근 어느 중국 현대사상 연구자는 21세기를 맞이하는 시점에서 '유학'이라는 오래된 사상을 논하며 다음과 같은 무게감 있는 어조로 책의 서두를 시작한다.

> 이제 중국에서는 거의 모든 문제를 유학의 눈으로 다시보기를 시작했다고 해도 과언이 아니다. 즉 현대세계에서 중국은 무엇인지, 무엇이어야 하는지를 유학의 재정위를 통해 고민하고 있다. 이 '당위적' 근거는 중국의 경우 학문적인 데에 있다기보다는 "역사와 문화의 중단 없는 계승이라는 역사적, 문화적 사실이 논리를 이겨낼 수 있다는 중국인의 확신"에 있다. 그러나 중국이 하드 파

위의 문제를 넘어 제국의 소프트 파워라는 자발적 동의 체계를 고민하는 단계에 오면 학문적 시스템의 구축은 매우 중요한 과제가 될 수밖에 없을 것이다.[1]

20세기 중국 사상사를 개관하는 저서의 첫 문장에서, 조경란은 당혹스러울 정도로 확신에 찬 어조로 '유교'의 21세기 위상에 대해 도발적으로 느껴질 정도로 위와 같이 규정한다. 특히 "거의 모든 문제를 유학의 눈으로 다시보기를 시작했다"는 문장은 진지함을 넘어 심각한 주의의 환기를 요청하는 듯이 보인다. 20세기의 근대화—혹은 서구화?—와 더불어 사라진 것처럼 보이는 저 '유교'가 세상을 보는 하나의 틀로서 다시 부활하고 있다는 이야기다.

하지만 다른 한편에서는 여전히 '유교'가 가진 특수한 역사성을 생각할 때 유교의 현대화라는 프로그램은 적절하지 않으며, 다만 새로운 현대적 삶을 구성함에 있어서 유교가 어떤 보완적 내지 부차적 역할을 할 수 있는가 라는 물음으로 시각을 바꾸어야 한다는 비판적인 주장도 여전하다. 황경식의 논의가 특히 두드러진다.

그러나 현대 유교윤리학 학자들은 정치에 대한 유교의 오랜 유토피아적 접근을 근대적 관점에서 숙고함으로써 거시적인 외왕(外王)의 방식과 미시적 내성(內聖)의 방식 간에 어떤 필연적 상관

1 조경란, 『20세기 중국지식의 탄생–전통·근대·혁명으로 본 라이벌 사상사』 (서울: 책세상, 2015), 9.

관계도 없으며 또한 없어야 한다는 점을 수용할 필요가 있다. 나아가 근대 이후에 전개되는 거시적 문제에서 행위 중심적 상황윤리에서 규칙 중심적 공공윤리로서의 철저한 전환을 할 필요가 있다는 점도 인식해야 한다. 오늘날 공맹의 기본 원칙인 인-의(仁-義)는 비록 규제적 원칙으로서의 기능은 있다 할지라도 더 이상 구성의 원칙이 되기는 어렵다는 점을 인식할 필요가 절실하다 할 것이다.[2]

황경식은 유교의 덕(德) 윤리적 측면은 오늘날에도 나름의 심대한 의미가 있지만, 그것이 명시화된 규칙체계가 전제되지 않는다면 유교의 행위지향적 상황주의는 바람직하지 못한 결과를 낳을 수 있다고 경고한다. 예컨대 가족 간의 사랑과 사회적 정의 간에 갈등이 생길 때 유교의 상황주의는 상당한 난점을 가질 수 있다는 것이다. 그럼에도 불구하고 서구 윤리학의 수용 이후 유교 자체를 논쟁의 구도 안에 포섭해 나가려는 시도 그 자체는 20세기 초반에서 중반까지 유교에 대해 '서구화된 무관심'으로 일관했던 것에 비추어 볼 때 커다란 변화라 할 수 있다.

이 글에서 필자는, 시민교육의 일환으로 "아시아적 가치와 현대 시민"에 관한 논의를 의도하고 있다. 그런데 이와 같은 광범위한 주제는 한 편의 짧은 논문에서 다룰 수 있는 범위를 넘어서는 문제이며,

2 황경식, 『덕윤리의 현대적 의의-의무윤리와 결과윤리가 상보하는 제3윤리의 모색』(서울: 아카넷, 2012), 404.

또한 필자의 그간의 연구 범위를 초과하는 영역에 걸쳐 있다. 따라서 필자는 이 글에서, 해당 주제에 대해 포괄적인 학술 연구에 기반한 논리적 주장을 제기하기보다, 그간의 연구 경험에서 얻는 다양한 견문(見聞)을 길잡이 삼아, 생각하게 된 몇 가지 문제의식을 세부 주제별로 서술하는 데에 그칠 것이다.

필자가 구태여 이 글에서 "왜 유교인가?"라는 제목을 내걸은 데에는 20세기 전통에 관한 논의에서 '유교'가 동아시아 전통의 대표로서 자리매김될 정도로 강력한 흡인력을 갖는 측면을 반영한 것이며, 다른 한편으로는 도교나 불교에 비해 정치적, 사회적 논의의 영역으로까지 확장되는 거의 유일한 부문이기 때문이다. 달리 말하면 20세기에 문제가 되었던 전통은 오로지 유교였으며, 도교와 불교처럼 종교화되지 않은 채로 여전히 강력한 사회적 확장성을 갖고 있다는 의미이다.

필자는 이러한 논의를 위해 먼저, 우리가 마치 자명한 것처럼 사용하는 '유교적'이란 말을 의미를 '근대'와 관련하여 되새겨 볼 것이다. 그리고 이어서 이러한 '유교'가 어떤 논쟁적 공간을 통해 다시 부상하게 되는지를 살피고, 그 결과로서 '아시아적 가치'와 '유교'의 부흥이 갖는 상관성을 다시 비판적으로 개관할 것이다. 마지막으로 이러한 유교 담론이 동아시아 공동체 구성과 시민사회 형성에서 요청되어야 할 것이 무엇인가에 대해 나름의 반성적 고찰을 하는 것으로 마무리하고자 한다.

1. 유교문화권과 서구의 근대

우리가 유교를 논하기 위해서 고민해야 할 문제는 우선 그 명칭의 문제이다. 단도직입적으로 말하면, '유교'는 유교(Confucianism)인가 유학(儒學)인가? 이를 달리 묻는다면, 유교는 철학인가 종교인가? 더 나아가 유교는 철학인가 윤리인가, 아니면 정치학인가? 아마도 대다수의 논자들은 이를 전부 포괄하는 것은 '유교'라고 주장할 것이다. 왜냐하면 철학은, 형이상학, 윤리학, 인식론이라는 넓은 분야를 포함하며, 동아시아의 사상 전통에서 철학과 종교는 분리되지 않았으며, 유학의 주된 관점이 윤리적 혹은 정치적이라는 점은 부인하기 어렵다는 것이 그 주된 근거일 것이다.

하지만 필자가 문제 삼고자 하는 것은 그런 차원의 논의가 아니다. 그보다 앞서 논의 선점의 문제, 논의의 방향을 그렇게 끌고 가도록 한 역사의 방향에 대한 기점이 우리 자신의 반성과 사색으로부터 비롯되지 않았다는 사실에 대한 인정이 선결되어야 한다는 점이다. 먼저 이 점을 확인하기 위해 한 가지 역사적 사실을 소개하고자 한다. 이 사건은 '유교'에 관한 세계 최초의 대규모 학술회의였고, 그것은 세계종교회의에서 일어난 일이었다. 말하자면 유교가 하나의 '종교'가 된 날인 것이다.[3]

---

3 이하의 논의는 다음을 참조할 것. 쑨장, 「'종교'(Religion)의 재구성: 1893년 시카고 세계종교회의에서의 '중국종교'」, 『개념의 번역과 창조: 개념사로 본 동

1893년 5월 1일부터 10월 28일까지, 미국 시카고에서 콜럼버스의 아메리카 신대륙 발견을 기념하는 세계박람회가 시카고에서 열렸다. 이 기간 중에 많은 국제회의가 열렸는데, 우리의 논제와 관련하여 주목할 만한 회의는 세계종교회의였다. 이 회의에서 세계의 여러 종교에 관한 발표가 있었는데, 그 가운데 하나가 유교였다. 이 세계종교회의 자료집에 실린 '중국종교'에 관한 논문에는 중국인이 쓴 논문이 셋, 나머지는 거의 외국인 선교사의 것이었다.

대다수의 논의가 말하자면 선교사들에 의해 재구성된 중국 종교였다. 하지만 거기서 발표된 독특한 논문이 하나 있었는데, 그는 중국의 공식외교관 팽광예(彭光譽)의 「유교(Confucianism)」였다. 다른 발표자들이 이른바 '종교로서의 유교'와 그에 대한 다양한 논의를 했다면 팽광예의 논의는 이와는 전혀 색다르다.

> 지금 토론의 주제인 'religion'이라는 단어를 보자. 명 말엽에 중국에 있는 유럽인들은 '교敎'라는 글자를 종교의 의미로 사용했다. 그러나 '교'라는 글자는 엄밀하게 말하면 동사로는 '가르치다', 명사로는 '가르침'을 의미한다.
>
> … 심지어 '유교'나 '유가'라는 용어도 오직 도교도나 불교도에 의해 사용되었는데, 그들은 사회적 관계의 원칙에 기반하여 확립된 가르침의 체계를 일반적 용어인 '교'에 접두어 '유儒'를 덧붙여

아시아 근대』(파주: 돌베개, 2012), 276-309.

서 '유교'로 명명했다. 그렇게 함으로써 도교도와 불교도는 유교를 그들 자신의 신념체계인 도교, 불교와 구분하고자 했다. 때로 그들은 이 세 종류의 이론을 '삼교三教' 또는 세 가지 체계적인 가르침이라 불렀다. 하지만 유학자들은 도교와 불교를 단지 '이단異端'이라 지칭했다. 이슬람교도들은 유가적 이론을 '대교大教', 즉 '위대한 가르침'이라 불렀다. 그러나 이 용어들은 모두 그들 자신을 독특한 용어로 명명하여 일반인들과 구분하고자 하는 사람들의 바램 때문에 생긴 것이라 할 수 있다. 이 용어들은 중국인이 만든 것이 아니다. 유일하게 중국인이 만든 것은 '예교禮教', 즉 올바른 예절에 대한 가르침이다.[4]

팽광예는 중국에 종교가 없다고 부정하지는 않는다. 팽광예의 눈에 서양의 언어 "'religion'에 적합한 것은 중국어 '주呪'이다. 예언자들은 중국의 참위지학讖緯之學에 능숙한 사람들에 해당"[5]한다는 것이다. 즉 팽광예는 오히려 서양의 기독교를 중국의 도교나 불교와 유사한 것으로 이해했다. 따라서 그는 서양의 언어 'religion'을 종교라 하지 않고 음역을 통해 '얼리리징'(爾釐利景)이라고 표현하였다. 이것은 매우 중요한 하나의 역사적 사실이다.

---

4 彭光譽, 『說教』(Tungwen College, 1896)(쑨장, 「'종교'(Religion)의 재구성: 1893년 시카고 세계종교회의에서의 '중국종교'」, 283-285에서 재인용).

5 彭光譽, 『說教』(쑨장, 「'종교'(Religion)의 재구성: 1893년 시카고 세계종교회의에서의 '중국종교'」, 285에서 재인용).

쑨장은 팽광예의 논문에 대한 분석을 마치면서 이렇게 평가한다: "그(팽광예)의 마음 깊은 곳에는 이른바 '세계종교회의'가 단지 '기독교회의'에 불과한 것으로 보였던 것이다. 그는 이 기독교회의에서 유교의 입장을 대변하는 '타자他者'였던 것이다."[6] 이러한 쑨장의 비평에 동의한다면, 최소한 우리는 청말(清末)의 유학자이자 공식 외교관이었던 팽광예의 주장보다는, 주로 서구 세계 출신의 기독교 선교사나 목사들이 바라보았던 유교의 시각에서 전통 유학을 바라보고 있는 것이다.

필자는 이러한 이유로 해서, 오늘날 우리가 알고 있는 유학 혹은 유교에 관한 이해와 논의는 대체로 '서구화된 것the westernized'이라 부르고자 한다. 물론 필자는 유학의 종교적 차원, 철학적 차원 등을 무시하거나 부정하지 않는다. 하지만 우리가 생각해 볼 것은, '중체서용'(中體西用)이나 '동도서기'(東道西器)라는 이념적 주장에 상관없이 실제로 학문과 삶의 역사는 서구화 혹은 '서체서용(西體西用)'을 축으로 전개되어 왔음을 솔직하게 고백하는 데에서 사태를 직시해야 한다는 점을 말하고 싶다.

우리는 오늘날 『시경(詩經)』, 『서경(書經)』에 대한 논문을 쓰면서 주제어와 분류표에 '경학'(經學)이라는 표현을 사용하지만, 그것은 실질적인 의미의 '경학'이 아니다. 마치 전통적인 문헌 분류에서 '경'(經), '사'(史) 그리고 '자'(子)가 나오듯이, 경학을 다룬 논문은 철학이라는

6 쑨장, 「'종교'(Religion)의 재구성: 1893년 시카고 세계종교회의에서의 '중국종교'」, 287.

커다란 카테고리에서 '동양철학', '중국철학' 그리고 '유가'라는 하위 범주로 분류된다. 달리 말해 그것은 말만 '경'을 쓸 뿐 그것은 서양의 'Philosophy'(철학)이거나 'Literature'(문학)이지 결코 경학이 아니다. 왜냐하면 경학은 철학과 문학 그 이상이기 때문이다.

이러한 상황을 그대로 이어서, 우리가 '유교적 가치'라고 말할 때 그 유교적이란 말은 어떤 위상을 점하는 것일까? 더 나아가 유교적 사회, 유교적 전통과 같은 말들이 의미하는 것은 도대체 무엇이란 말인가? 예컨대 최근 여러 학자들에 의해 모아진 『유교를 다시 생각하다-중국, 일본, 한국, 베트남에서 유교의 과거와 현재』[7]는 한국은 물론 중국, 일본, 베트남에서 이른바 '*Confucian*'이란 말이 하나의 실체적인 개념으로 쓰일 때 사상적, 제도적, 문화적으로 매우 모호한 개념임을 다각적으로 보여준다. 유교는 그 어떤 무엇이기보다 늘 누가, 언제, 어느 시대에, 어느 지역에서 '전용'(appropriations)하는가에 따라 그 의미와 기능이 달라지기 때문이다.

이러한 지적들을 고려할 때 필자는 이 '유교적'이란 개념에 회의적이다. 만약 우리가 '유교적'이라는 명칭으로 포괄할 수 있는 그 무언가를 갖고 있다고 주장한다면, 지난 2,000여 년간의 기나긴 철학의 역사에 대한 서술은 그 순간 무화(無化)된다. 철학사가 비록 유학의 자기 변화를 다루는 것이긴 하지만, 그 차이는 우리의 생각보다 엄청나다.

---

7 Benjamin A. Elman, John B. Duncan, Herman Ooms, (ed.), *Rethinking Confucianism-Past and Present in China, Japan, Korea, and Vietnam* (Los Angeles: University of California, 2002).

그런데 우리가 '유교적 관점'이라는 용어를 쓰는 순간, 이러한 역사적 사상적 차이들은 하나의 '관점'으로 압축된다.

말하자면, 우리가 해 온 서구화, 근대화는 산업의 현장에서 시간만을 압축한 것이 아니라 2,000년을 헤아리는 장구한 시간동안 체화된 수많은 경험과 체험을 하나의 관점으로 '압축'한다. 20세기 유학의 맹점은 바로 여기에 있다. 그 '압축'을 어떻게 풀어내느냐는 중요한 문제이다. 그런 점에서 보면 우리에게 '압축된 전통'을 풀어낼 '알집' 프로그램이 필요한 것 아닐까? 바로 이러한 알집 프로그램에 해당하는 것이 이른바 '서구의 근대'라고 필자는 생각한다.

아마도 20세기 한국의 사상적 전통을 '철학'의 의미에서 규정해 들어간 거의 최초의 저술로서 『한국현대철학사론-세계상실과 자유의 이념』에서 이규성은 20세기 한국의 철학적 이념을 이렇게 서술한다.

> 일반적으로 한국철학사 강의는 언제나 19세기 말에서 끝나고 그 이후의 철학에 대해서는 말할 수 없었다. 그러나 20세기 한국철학은 실로 견디기 힘든 역사적 현실에 대해 고뇌하고, 자기 나름의 개념들을 가지고 논설을 폈으며, 생명과 재산을 희생하고 민족과 인류애에 헌신했다. 그들의 언어와 문체는 오늘날 학자들처럼 논문 형태의 논증을 구성한 것은 아니었다. 그러나 그 언어들은 생의 고뇌에서 오는 심원한 의미를 담고 있었으며, 투박한 개념들을 구사하지만, 그 애매성은 폭 넓고 깊은 의미들을 함축하고 있었다.[8]

이규성에 의하면 '20세기 한국철학'은 대학의 강의에서는 일반적으로 '없었던 것'에 해당한다. 왜냐하면 철학사 강의에서 다룰만한 '논문 형태의 논증'이 없었기 때문이다. 하지만 필자의 눈에는 '투박한 개념'이라는 표현이 더 두드러지게 보인다. 말하자면 그 투박함은 '철학'이라는 엄격한 논리와 '다른 언어'의 형식으로 읽혀지며, 그것은 대체로 '종교적'인 것으로 치부되었기 때문이다.

이규성이 서술하는 '투박한 개념'의 저자들은 최제우, 최시형, 이돈화, 김기전, 전병훈, 나철, 이기, 서일 등 주로 동학(東學) 혹은 천도교(天道敎), 그리고 이른바 신종교로 분류되는 시천교(是天敎)와 같은 종교 전통으로 분류되었기 때문이다. 달리 말해 유학이 유교가 되었던 과정과 마찬가지로 전통적인 개념들로부터 비롯된 언어에 기초한 세계에 관한 사유와 사회에 대한 실천은, 적절한 '근대다운' 집단적 형식을—국가, 사회 그리고 정치—갖추지 못한 것으로 보았기에 '철학'이 될 수 없었고, 그것은 종교이어야 했던 것이다.

바로 여기서 서구-비서구라는 도식은 세계와 사회에 대한 이해의 방식을 '종교(신)에서 철학(인간)으로' 대체한 서구적 근대와의 관계에서 과거의 것, 극복되어야 할 것이라는 구도로 과거를 보게 했던 측면이 분명히 있다. 필자는 그런 의미에서 '유교문화권'이 동아시아 지역에서 과거의 전통과 오늘의 현재를 이어주는 끈으로서의 역할보다, '서구적' 근대와 조우하면서 스스로 창출해 낸 '동아시아적' 근대의

8 이규성, 『한국현대철학사론-세계상실과 자유의 이념』(이화여자대학교출판부, 2012), 10.

산물이라 이해하는 것이 중요하다고 생각한다.

2. 문화담론과 전통계승

이와 또 다른 차원에서 우리가 생각해 보아야 할 것이 또 있다. 그것은 이른바 '유교적'인 것의 재구성을 위해 쓰이는 또 다른 차원의 문제 즉 '고전'(Classics)의 문제이다. 필자는 오늘날 우리가 쓰는 '유교적'이란 말은 일차적으로 동양철학 학문 분과에서 사유된다. 왜냐하면 이런 '유교적인 것'을 담는 '고전'—유교적 경전—을 연구하는 학문이 철학과이거나 혹은 동양철학이란 학문 분야이기 때문이다.

동양철학은 처음부터 동양철학이었던 것이 아니다. 역사적으로 말하면, 우리가 오늘날 '동양철학'이라 부르는 것의 실체는 '고전'에 대한 재해석의 전통을 이름을 바꿔 부르는 것에 가깝다. 20세기 내내 애용되었던 무수한 '철학개론' 서적에서 철학이란 '지혜에 대한 사랑 *philosophia*'으로 정의되었지만, 그렇게 해서 철학적으로 재해석된 내용이란 『논어(論語)』, 『맹자(孟子)』, 『노자(老子)』, 『장자(莊子)』와 같은 고전에 대한 해석에 다름 아니다. 그런 의미에서 동양철학은 일차적으로 '고전학'(古典學)의 범주를 벗어나지 않는다. '유교적'이란 표현은 일차적으로 고전학을 통해 재구성된 것에 매우 가깝다.

그렇다면 공자는 어떻게, 또 왜 철학자가 되고, 또 동양철학으로서의 '유학'이 되었던 것일까? 공자가 철학자가 되었던 것은, 역사적으로 불가피하게 만들어진 측면들이 상당히 많기 때문이다. 공자가 본격적으로 서구 사회에 소개된 1687년, 그의 이름은 『중국 철학자 공자*Confucius Sinarum Philosophus*』를 통해 정해졌다. 기독교 전교사들이 라틴어로 소개하는 과정에서 그는 결코 종교적 지도자일 수 없었으며, 기독교와 과학의 대립이라는 틀에서도 안전할 수 없었다. 공자가 종교적 성인이라면 전교사들의 동아시아 전교 활동은 위축될 수밖에 없었기에 그는 종교와 무관한 철학자로 자리매김 되었던 것이다.

> 위대한 사람의 배우는 목적은 분명 하늘로부터 부여받은 합리적 영혼인 영적인 능력을 덕을 통해 환히 드러내어 동물적 성향으로 인해 흐려진 그 정신적 능력을 본래의 밝음으로 되돌리는 데 있다.[9]

『중국의 지혜*Sapientia Sinica*』는 1662년 『대학』의 첫 구절, '大學之道, 在明明德, 在止於至善'을 라틴어로 위와 같이 번역하여 소개

---

9 이 부분의 라틴어 원문에 대한 영역은 다음과 같다. The purpose of the learning of great men consists in illuminating spiritual power by means of virtue, that one may receive from heaven, certainly a rational soul, so that this may be returned to its original clarity, as the animal appetites have beclouded [them]. [1662] (258쪽).

하고 있다. 그로부터 25년 뒤인 1687년에 쿠플레 등 17명의 예수회 선교사가 번역하여 펴낸, 『중국 철학자 공자*Confucius Sinarum Philosophus*』의 『대학』의 첫 구절은 아래와 같이 번역, 소개하고 있다.

> 더욱이 대인이 배우는 목적은 하늘로부터 부여받은 합리적 본성을 다듬고 개선함으로써 왜곡된 욕망으로 생긴 얼룩을 깨끗이 닦아내어 투명한 거울처럼 최초의 본성의 맑음으로 되돌아가는 데에 있다. 다음으로 〔대인의 배움의 요체는〕 스스로 모범을 보여 백성을 새롭게 하는 데에 있다. 〔대인의 학문의 요체는〕 그 다음으로 지극한 선에 확고히 서 있거나 그것을 유지하는데 있다. 이것으로 말미암아 주석가들이 통치 행위들이 모두 올바른 이성과 합치되기를 바랐다고 나는 이해하였다.[10]

『중국 철학자 공자』는 같은 사서 가운데 하나인 『중용(中庸)』의 첫 구절 또한 다음과 같이 번역하여 소개하고 있다.

---

10 이 부분의 라틴어 원문에 대한 영역은 다음과 같다. Moreover, the purpose of the learning of great men consists in refining or improving the rational nature, that one may receive from heaven, so that certainly this, as if a most transparent mirror, by means of wiping away a blemish of deformed appetites, may be returned to its pristine purity. [The learning of great men] consists next in renewing or reviving the people, certainly by means of one's own example and exhortation. [The learning of great men] 11consists next 12standing firm, or preserving in the greatest good by which I understand that the interpretaters wished all the greatest actions to be in conformity with right reason. (278쪽).

하늘에 의해 인간 속에 자리 잡은 것을 합리적 본성이라 한다. 그것이 자연을 따르거나 모방하기 때문에 그것을 법도라고 부르거나 또는 이성과 조화된 것이라고 한다. 이 법도를 부지런히 반복하여 실천하고 그리고 스스로 그것을 규제하는 것을 가르침 또는 덕의 배움이라고 한다.[11]

다른 한편 근대 이후 과학과 첨예한 갈등 관계에 있었던 기독교의 입장에서 철학자 공자는 과학과도 구분되는 성격을 가져야 했다. 이렇게 해서 공자는 이미 17세기 서구 유럽에서 철학자로 다시 탄생하게 된다. 이렇게 철학자가 된 공자는, 전통 사회가 몰락하게 되면서 더 이상 현실적 이념으로 자리 잡을 수 없었던 유가 전통이 살아남을 수 있는 유일한 선택이었다. 그래서 철학자 공자는 종교가 아니면서 또한 과학과도 거리를 두는 철학자로서 생존하게 된 것이다.

20세기 후반 한국의 동양철학을 생각할 때 이 점은 더욱 분명해진다. 1923년 중국 대륙에서는 '과학과 인생관' 논쟁이 폭발했는데, 베이징 대학교수 장 쥔마이(張君勱)는 '인생관'이란 주제의 강연에서 과

---

11 이 부분의 라틴어 원문에 대한 영역은 다음과 같다. That which is placed into man by Heaven(t'ien ming) is called the rational nature(hsing). Because this is fashioned by means of nature and imitates it, it is called a rule(tao) or is said to be in harmony with reason. Repetition to the point of diligently practicing this rule(hsiu tao) and one's own regulating of it is called education(chiao) or the learning of virtue. (284쪽).

학은 객관적이고 논리적이고 분석적이라면, 인생관은 주관적이고 직관적이며 종합적이라고 규정한다. 그리고 과학은 인과론에 지배되지만 인생관은 자유의지적이기에, 과학이 인간의 삶의 문제를 결정할 수 없다고 주장하였다. 이러한 그의 주장은 20세기 후반 한국의 동양철학의 성격과 크게 다를 바가 없는 생각이었다.

20세기 내내 동아시아 사회는 서구의 '과학'(natural sciences)과 '민주'(democracy)라는 두 가지에 환호하면서 이를 수용하고자 했다. 그럼에도 불구하고 동양철학은 그러한 역사적 대세 속에서 과학을 적극 수용하고 소화하는 노력은 미흡했다. 동양철학은 오히려 과학과 거리를 두면서 형이상학과 존재론, 인식론과 윤리학이 철학의 본령이라 여기면서 거기에 골몰하였다. 현상과 현실은 과학이 다룰 부분이지 철학이 다룰 부분이 아니라고 생각한 것이다. 오늘날까지 한국의 동양철학은 과학과의 소통에 적극적이지 않은 듯하다.

그렇다면 우리는 이러한 현상을 어떻게 이해해야 할 것인가? 19세기 말에서 20세기 초반에 동아시아 지식인들을 압도했던 것, 서양을 대표하였던 것으로 인식된 것이 '과학'과 '민주'였다는 점에 비추어 볼 때, '전통'이 문제가 되는 오늘의 현실에서 이러한 주제들은 거의 전통의 '바깥'에 위치한다. 어쩌면 오늘날 우리가 다루는 '전통'은 동아시아의 고유한 '문화'(culture)에 해당하는 것이고, 따라서 '과거'에 속하는 것이 아니라 '다름'에 속하는 것, 혹은 더 나아가 '서구적 근대'의 '너머'에 존재하는 것으로까지 여겨지기도 한다.

하지만 앞에서 길게 논의했던 것처럼, '텍스트' 연구를 통해 성립한 20세기 '유교적 전통'은 사실상 서구적 근대의 성립 과정에서 '과거'

의 것으로 치부되었던 종교의 '바깥'에 그 탄생의 비밀이 있다. 이런 맥락에서 1980년대 중국의 '문화열'(文化熱)을 정리한 공동 연구서의 다음과 같은 서술은 주목할 만하다.

> 사실 중국식 사회주의는 동유럽이나 소련과는 다른 길을 걸어왔고 현재도 다른 길을 걷고 있다. 문화에는 그러한 중국적 의미가 들어 있다. 신해혁명 이후 전개된 5·4 신'문화' 운동, 중화인민공화국 성립 이후 사회주의를 강화하기 위한 신'문화'로의 개조, 반우파운동의 양상으로 나타났으며 모택동도 부분적으로 잘못을 인정했던 '문화' 대혁명, 그리고 오늘날 개혁 개방의 문제에서 시작된 '문화'열, 이 모두가 '문화'를 중심축으로 하고 있다. 따라서 우리는 중국인들이 역사의 전환기마다 '문화'를 중심고리로 논의를 전개해 왔으며, 또한 그러한 논의들이 모두 당시의 사회정치적 상황과 무관하지 않음을 알 수 있다.[12]

공동 연구된 형태의 논문들을 사조별로 엮어 소개한 『현대중국의 모색-문화전통과 현대화 그리고 문화열』은 대만과 홍콩, 싱가포르 및 구미 지역에서 활동하는 현대신유학자들의 유학부흥론, 중국공산당의 입장을 대변하는 비판계승론, 그리고 서체중용론과 철저재건론이라는 네 유파가 '전통'의 계승을 둘러싸고 일어난 논쟁을 소개한

12 김교빈, 「문화열과 현대 중국」, 한국철학사상연구회 논전사분과 엮음, 『현대중국의 모색-문화전통과 현대화 그리고 문화열』(파주: 동녘, 1992), 9-10.

책이다. 하지만 이 책이 발간되던 시점에서 어느 정도 시간이 흐른 지금, 이 책이 보여주는 프레임은 '문화'라는 개념의 프리즘을 통해 동양(과거)-서양(현대)라는 도식에서 벗어나 동서의 '차이'라는 구도로 재편하는 논쟁의 과정으로서, 전통의 현재성을 증명하는 것으로 보인다.

3. 아시아적 가치와 유교의 부흥

마지막으로 우리가 생각해 볼 또 다른 문제가 있다. 서구 학계에서 『노자』에 관해 신선한 입문서를 낸 한스 게오르그 묄러(Hans-Georg Moeller)의 다음과 같은 지적을 하면서, 현대 사회에서 동아시아 고전 이해가 어려운 점을 설명한다.

> 오늘날 당연하게 여기는 가치와 관념의 대부분을 우리는 『노자』에서 찾을 수가 없다. 『노자』를 정치적 텍스트로 읽는다 해도, 예를 들어 우리는 '민주제', '자유', '권리', '정의'와 같은 개념들을 전혀 찾아 볼 수 없다. 오늘날의 정치 담론은 2,500년 전의 중국과 아무런 공통점이 없다. 형식적인 선입견을 갖고 그 텍스트에 접근하는 것도 해석학적으로 문제가 되겠지만, 그것이 오늘날의 의미론에 똑같이 적합할 것이라 기대하는 것 또한 문제가 많은 태도이다.[13]

오늘날 전 세계적으로 인기 있는 고전 가운데 하나이며 대중적인 독서물이기도 한 『노자』는 정치적인 성격이 강한 배경에서 탄생했고, 특히 책의 제목이기도 한 '도'(道)와 '덕'(德)은 지난 2,000년 간 정치 사회 영역에서 가장 중요한 의미를 갖는 말이었다. 그러한 '도'와 '덕'의 경전(bible)이었던 통치 교과서 『도덕경(道德經)』은 오늘날 그 이름값이 무색하게 환경이나 페미니즘, 개인적 처세훈이거나 또는 기껏해야 나이든 현자의 오래된 지혜 정도로 소비되고 있다.

『노자』에는 묄러의 말처럼 '정의'나 '자유', '평등'은 물론 가장 중요한 '민주제'에 관한 언급은커녕 어떠한 암시조차 찾아볼 수 없다. 하지만 얼마 전까지만 해도 동양학 연구에서 이와 같은 의미와 가치를 동아시아 고전에서 찾아내라는 요구는 황당한 것처럼 여겨졌다. 묄러의 말처럼 그런 것을 기대하는 태도 자체가 '문제가 많은 태도'이다. 하지만 이러한 상황은 급변하였다. 오늘날 동양학 연구 분야는, 근대적 혹은 현대적 의미와 가치를 스스로 증명할 것을 요구받고 있으며, 변화하는 21세기 현실에서 무언가 의미 있고 가치 있는 관점이나 시각을 제시해 줄 것을 강하게 요구받고 있다.

우리는 조선(朝鮮)이라는 전통 사회를 지배하던 가장 중요한 하나의 그 무엇을 '儒教'(confucianism)라고 부른다. 그것은 황제 혹은 왕을 정점으로 하는 정치체제는 물론 사회의 다양한 영역 즉 경제와 교육, 사회와 문화, 종교 등의 사회 전반을 주도하고 기초를 이루었던 그 무

---

13 Hans-Georg Moeller, *The Philosophy of the* Daodejing (New York: Columbia University Press, 2006), xi.

엇이었다. 하지만 그것은 어떤 기준에서 보면 순수한 종교도 아니었고, 순수한 철학도 아니었다. 그래서 그것은 유교라는 종교적 형식으로 불리기도 하고, 다른 한편 유학이라는 철학으로 불리기도 한다.

한때 유교는 어떤 의미에서 공기와도 같은 것이었다. 왕과 사대부로부터 서민과 노예에 이르기까지, 또 고원한 예술적 활동에서부터 밥 먹는 일상적 활동까지 인간의 사회적 활동 전반과 관련하여 '儒敎'는 사고와 행동, 심지어 상상력의 영역까지 일정하게 영향을 미치던 공통이 언어였다. 그래서 누구나 그 공기를 숨 쉬면서 생각하고, 움직이고, 살아갈 수 있었던 그 무엇이었다. 비록 '근대'라는 프로크루스테스의 침대에는 혹 짧거나 혹은 긴 그 무엇이긴 해도 말이다.

지난 100여 년 간 동양학의 역사는, 그런 의미에서 이와 같은 공기를 서구의 근대가 창출해 낸 수많은 분과 학문이라는 작은 고무풍선에 공기 불어넣기에 비유해도 좋겠다. 공기는 본래 형체가 없는 것이었다. 그 형태와 모양은 고무풍선 그 자체의 형태와 모양에 의해 이미 결정된 것이었다. 공기는 단지 그 안을 채울 수 있는 것에 지나지 않는다. 하지만 아무리 그 고무풍선을 크게 불어 모양을 살려도, 그것은 작은 바늘 하나에도 뻥하고 터질 수 있는 그런 것이었다.

유교와 근대성이란 것도 이와 같다. 실상 그것은 공기와 같이 형태가 없는 것이기에 어떤 고무풍선에도 불어넣을 수 있다. 그래서 유교는 철학도 되고 종교도 되고 윤리가 되기도 했다. 심지어 그것은 정치학, 경제학, 사회학, 심리학 등 안 되는 것이 거의 없었다. 하지만 서양철학의 문제나 논리와는 다르기에 철학이라기보다 사상으로 격하되었고, 새로운 자본주의 경제, 복잡한 현대사회, 불안한 현대인의 심리를 설명하기에는 너무 낡은 것처럼 보였다.

게다가 오로지 윤리적 엄격성만을 따지는 이념적 성격은 현실의 정치를 설명하고 문제를 해결하기 위한 정치학이 되기에는 현실성이 떨어졌고, 변화가 거의 없는 농경사회의 공동체적 사회에나 적합했던 윤리적 처방들은 복잡한 산업사회나 정보화 사회와 같이 급변하는 현대 사회의 국가나 사회, 개인들의 정치적, 윤리적 문제를 다루기에는 너무 엄격하고 불가능한 이상주의로 비쳐지기 일쑤였다. 폐기될 정도의 것은 아니지만 이미 유통기한이 지났고, 간식이나 주전부리로는 적당하지만 매일 주식으로 먹기에는 부담스러운 것이 되었다.

그래서 유교는 그 어떤 것도 될 수 있는 것이기도 하지만, 자유와 평등, 민주주의와 과학, 페미니즘 등등 현대에 급부상한 새로운 사유와 제도가 요구하는 물음들은 마치 하나의 날카로운 바늘과도 같아서 한껏 부풀려진 풍선을 터뜨리고 만다. 상당히 비관적인 비유처럼 보일지는 몰라도, 어쩌면 이것이 유교가 21세기가 처한 실제 현실에 대한 솔직한 진단일 것이다.

특히 오늘 우리가 생각해 보고자 하는 '시민'과 시민교육, 국가, 정치 등과 관련된 주제는 어려운 주제라기보다 낯선 주제라 하는 게 더 적합한 표현일 것이다. 우선 '시민'은 전통 사회에서 존재한 적이 없는 특수한 지위를 갖는 개념으로서, 사농공상(士農工商)이라는 전통적인 국가 구성원 가운데 어느 누구와도 동일시 할 수 없다. 예컨대 "시민(citizen)이란 시민권(citizenship)을 갖고 있으면서 동시에 시민성(civility)을 발휘할 수 있는 사람"[14]과 같이 엄격하게 정의한다면, 전통 사회의 그 어떤 존재도 이에 해당한다고 보기 어렵다.

그렇다면 아시아적 가치와 유교의 부흥이라는 주제는 어떻게 이해되어야 하는 것인가? 우리는 20세기 중국에서 '유교'가 커다란 시련을 겪으며 몰락의 길을 걸었던 것으로 생각한다. 특히 중국에서 1920년대의 신문화 운동과 1960-70년대 문화대혁명 기간에 일어난 유교 비판은 전통을 송두리째 부정하였던 사상적 운동이자 정치적 운동으로 이해된다. 그러나 이 기간 중의 전통의 계승에 관한 모든 발표된 글을 조사한 캄 루이는 전혀 다른 결론에 도달한다.

> 나의 책 『현대 중국의 공자 비판Critiques of Confucius in Contemporary China』[15]에서 나는 청清 왕조 말 이래 전통에 관한 논쟁은 주로 공자에 관한 논란들로서 공자에 대한 해석들은 점점 더 비판적이 되어 1970년대 초 '반反 공자 운동'〔非孔〕에서 정점에 이르렀다고 보았는데, 이러한 테제는 단지 부분적으로만 정확할 뿐이다. 전통이 흔히 유교와 동음이의어였다 할지라도 50년대와 60년대의 〔공자 이외의〕 다른 고전 철학자들을 둘러싼 많은 격렬한 논쟁들은, 마찬가지로 중국에서 전통의 일부이면서 〔유교와〕 다른 중요한 사상 조류와 생활양식이 있다는 것을 분명하게 증명해 준다. 지금 이 책의 작업이 입증하려는 것은, 찬양하거나 비난하기 위해 과거 중국의 특정한 전통이 발탁되어 온 방식을 살

14 이동수 편, 『시민은 누구인가』(고양: 인간사랑, 2013), 5.

15 Kam Louie, *Critiques of Confucius in Contemporary China* (Hong Kong: Chinese University Press, 1980).

文化大革命(1966-1976)

펴보면, 공산주의 중국의 학자들이 왕조시대에 그들의 선배와 매한가지로 전적으로 보수적이며[16] 엘리트주의적이라는 점이다.

… 이들 철학자들에 대한 변화하는 평가는 '중국적 과거a Chinese past'를 중국의 학자와 정치 지도자들이 '계승해야 할' 필요성을 생생하게 반영한다. 곧 그 과거가 정통적인 것the orthodox one인지 아닌지는 그것이 중국적이기만 하다면 거의 문제가 되지 않았다는 것이다.[17]

캄 루이는 중국의 문화대혁명 기간 중에 이루어진 공자 비판이 실제로 정치적 비판은 있었으나 학자들 중에 학문적 신념으로서 유교를 포기했던 학자는 없었거나 혹은 아예 공자 비판이 존재하지 않았다는 뉘앙스를 남긴다. 어쩌면 그것은 중요한 문제가 아닐 수 있다

16 여기서 캄 루이가 말하는 '보수적'이란 1차적으로 정치적 관계보다 전통에 대한 태도를 의미하는 말이다.

17 Kam Louie, *Inheriting Tradition – Interpretations of the Classical Philosophers in Communist China 1949–1966* (New York: Oxford University Press, 1986), viii–ix.

는 것이다. 오히려 전통 부흥 혹은 계승의 핵심에 자리 잡은 문제는 사실상, "'중국적 과거a Chinese past'를 중국의 학자와 정치 지도자들이 '계승해야 할' 필요성"을 강조하는 데 있다. 이러한 캄 루이의 도발적인 평가는 현실의 지적 논쟁이, 논쟁의 주제보다 발화자의 정치적 위치와 더 깊은 상관성을 갖고 있음을 보여준다는 것이다.

4. 동아시아 공동체론과 시민사회

이제 필자는 유교와 관련하여 마지막으로 다루어야 하는 영역인 '윤리'라는 말에 주목하고자 한다. 어쩌면 지금까지의 논의와 달리 윤리의 영역은 20세기의 근대화 과정에서도 어느 정도 독자적인 연구 경향을 유지하였기에, 그리고 유학이 지닌 강한 윤리 지향적 성격은 유교의 융복합 윤리 혹은 유교적 생명(의료) 윤리와 비교적 쉽게 결합될 수 있을 것이라 생각될 지도 모르겠다. 하지만 필자는 전혀 다르게 생각한다.

최근 출간된 황경식의 『덕 윤리의 현대적 의의』[18]는 이와 관련된 논의를 하기에 매우 적절한 출발점이라 생각된다. 이 책에서 특히 우리의 주목을 끄는 글은 제2부의 6장, 「유교윤리의 현대화를 위한 과제」이다. 이 글에서 황경식은, "중대한 철학적 과제로서 제기될 직한 문제는 유교 자체가 전통윤리로서 어떠한 근대화·현대화가 요구되며 현대적 재해석 내지 수정의 가능성이 있는지 여부"라고 지적하며, "유교 자체의 근대적·창조적 자기혁신의 가능성을 평가하는 일"이라고 논문의 과제를 밝힌다.

그리고 이어지는 본문에서 황경식은, 다음과 같은 몇 가지의 변화가 요구된다고 한다. (1) 최대윤리에서 최소윤리로, (2) 동기 중심에서 결과 중심으로, (3) 행위 지향에서 규칙 지향으로, (4) 미시 윤리에서 거시 윤리로의 변화 가능성을 탐색한다. 하지만 이러한 자기변신의 가능성에 대한 평가는 그리 낙관적이지 않다. 그는 이렇게 결론짓는다.

> 앞서 논의한 바, 전통 유교윤리의 현대화 과제 중 유교윤리가 수용할 가능성이 가장 큰 과제는 행위 지향 상황주의에서 규칙 지향 객관주의로 전환하는 일이다. 이미 논의한 대로 전통 유교윤리에도 상황주의의 한계를 극복하기 위한 노력이 있어 왔는데, 이는 과거 역사와 전통을 통해 확립되어 온 예의 체계를 통해 예시된다. 물론 현대화를 위한 이 같은 과제가 좀 더 본격적으로 수행되기 위해서는 몇 가지 보완되어야 할 문제가 있기는 하나, 이 점에서 유교윤리는 친(親)현대화적 측면을 갖는다. 그러나 이를 제외한다면 다른 과제들에서 전통 유교윤리는 서구의 현대윤리적 틀을 차용하고 이를 기반으로 해서 유교윤리는 기껏해야 보완적 기능을 할 수 있을 뿐이라는 점에서 다소 부정적 평가를 면하기 어렵

---

18 황경식, 『덕 윤리의 현대적 의의-의무윤리와 결과윤리가 상보하는 제3윤리의 모색』.

다고 생각된다. …

전통 유교윤리는 기본적으로 소규모 공동체 사회를 배경으로 생겨났거나 그런 사회를 전제로 구상된 것이다. 사회구조와 윤리 체계가 본질적으로 상관적인 것이라면 전통 유교윤리가 오늘날과 같은 현대사회 속에 적용되는 일은 구조적으로 불가능하거나 지극히 어려운 일이 아닐 수 없다. 거시윤리가 미시윤리의 연장으로 간주되든지 최소윤리가 아니라 최대윤리를 요구하고 결과윤리가 아니라 동기윤리를 전제하는 것은 소규모 공동체 사회가 아니고서는 구상 불가능하고 실현 불가능한 일이 아닐 수 없는 것이다.[19]

이상의 논의에 따르면, 유교가 현대화 될 가능성은 희박하다는 평가가 중심인 듯하다. 먼저 유교윤리의 현대화는 인격완성을 요구하는 최대윤리 즉 성인이 되어야 한다는 내성(內聖)의 포기 혹은 자기수양의 과도한 요구를 포기하고 현실적이고 법적인 접근을 수용해야 한다. 또한 동기 중심의 윤리에서 결과 중심의 윤리로의 전환이 요구된다. 특히 여기서 강조되는 것은 의(義)와 리(利)를 이원적 대립항으로 보지 말고 양자의 조화 또는 화합으로 규정하는 것이 중요하다고 강조한다. 그리고 거시윤리 관점의 수용이란, 내성과 '외왕'(外王)의 필연적 관계를 부정하고 규칙 중심적 공공윤리로 철저하게 전환해야 할 것을 강조한다.

---

19 황경식, 『덕 윤리의 현대적 의의–의무윤리와 결과윤리가 상보하는 제3윤리의 모색』, 408.

이러한 분석은 철저하게 윤리설의 유형과 공동체의 구조 사이의 상관성으로부터 도출되는데, 전통 유교윤리는 앞서 인용문에서 보듯이 소규모 공동체 사회에서 발생하였거나 혹은 그러한 사회를 전제한 윤리이며, 익명적 개인들의 시민사회, 이익사회에서는 적절한 윤리설이 아니라는 것이다. 이 때문에 그는 전통 유교윤리가 현대화될 가능성은 오로지 예(禮)의 체계를 통해 규칙 지향의 윤리로의 변신 가능성만 어느 정도 긍정될 뿐이다. 이러한 냉혹하고 엄정한 평가에 대해 유교는 어떠한 답을 내놓을 수 있을까?

이제까지의 논의에 따르면서 주어진 논제를 다시 물음으로 정식화해 볼 수 있다. 즉 "유교가 현대 사회의 시민들 간의 실천윤리로의 변신은 가능한가?" 라는 물음이다. 이 말은 그대로의 의미로 풀이하면, 유교가 현대인의 삶 속에서 부딪히는 갖가지 구체적 실제적 상황에서 실천적인 지침을 줄 수 있는 윤리 체계로 역할을 할 수 있는가 하는 문제에 관한 것이다.

유교 윤리가 오늘날에도 일정한 역할을 한다는 것은, 황경식의 표현대로 한다면 현대화의 과제를 수행해야 한다. 우리는 어쩌면 지난 100년 동안 충분히 현대화의 논의를 해 왔다고 생각할 수 있다. 하지만 현대 윤리학자의 평가는 대단히 엄정하다. 성인되기 혹은 인격의 자기수양보다는 최소의 의무윤리를, 동기보다 결과를 중시하고 이익(利) 개념을 수용할 것을, 그리고 사회윤리와 개인윤리의 엄격한 구분을, 그리고 전통적 예규를 오늘날의 현실에 맞게 개조할 것을 요구한다.

지금까지의 논의를 통해 보면, 지금 우리가 생각해 보고자 하는 국가 와 정치, 시민 등과 관련하여 유교가 관련되는 매우 복합적이다. 오늘 우리는 헌법에 기반을 둔 법치, 그리고 사회와 국가의 일정한 구분, 시민권으로서의 참정권, 영리추구의 자유, 법 앞에서의 평등 등 이른바 근대 서구 사회에서 발생한 근대적 체제의 기반 위에서 살아간다. 따라서 이러한 근대성과 상관이 없는 전통사회에서 오늘날과 유사한 정치 현상, 국가의 개념 등이 있다 하더라도, 그에 관한 논의가 오늘날에도 의미 있는 담론으로 직결되는 것은 아니다.

필자는 현대의 정치적 문제의 하나로서 국가의 문제, 권력의 정당성, 시민 참여와 주권의 문제 등을 동일한 맥락에서 유교와 관련하여 논의하기는 쉽지 않다고 본다. 그래서인지 동양철학 분야에서 그간 다루어진 주된 주제는 통치자의 자질이나 리더십, 소통과 인치(人治)의 문제 등등 전통적인 논의의 맥락을 제한적으로 현대화한 영역에서 집중되어 다루어져 왔다. 이것은 전통 사상의 논의가 갖는 근본적 한계에서 비롯되었다기보다, 현대 사회가 부딪힌 문제의 특수성을 여과 없이 전통의 사유와 연결시키려는 긴박감에서 온 문제라고 생각한다.

최근 커다란 연구 성과를 낳고 있는 개념사적 접근 방법의 경우에도 문제는 크게 개선되지 않고 있다. '국가'의 의미를 다룰 때 가장 중요하게 작용하는 것은 서구의 해당 용어가 번역될 때 쓰인 한자어이다. 물론 용어 자체가 유사한 맥락을 갖는 경우, 이러한 번역어로 선택된 개념들을 추적하는 것은 해당 용어의 의미와 사상, 맥락을 이해하는 데에 커다란 도움이 된다. 그러나 개념사적 연구의 범위를 넘어서서 현실의 문제를 마주하는 경우, 이러한 논의들은 '역사적' 한계에 늘 부딪히곤 한다. 말하자면 "그래서 어쨌다는 말이냐?"[20] 하는 순환적인 물음에 시달려야 한다는 것이다.

우리가 서양의 '정치학'(politics)이나 정치철학을 논할 때든, 아니면 서구의 개념을 적용하여 논할 때든 기본적인 논의의 맥락은 서구에서 발생한 논의에서 주어진다. 예를 들어 서양의 '철학'에 해당하는 그 무엇이 '있다'라고 전제하는 순간, 이미 그것은 기존의 논의의 맥락을 바꾸는 경향을 무시할 수 없게 된다. 이러한 문제점을 극복하기 위해서는—이 글이 성공했는지의 여부와 상관없이—먼저 내적인 접근이 필요하다. 나는 서구적 국가 개념의 정확한 이해나 이를 통해 분석한 동아시아의 국가 개념 대신, 동아시아의 정치 담론이 갖고 있는 성격으로부터 국가의 성격을 규정하는 방식을 시도해 보았다.

동아시아의 국가와 정치는 폴리스 아테네의 아고라에 모인 시민들의 토론으로부터 유래하지 않았다. 따라서 거기에 시민적 자유나 정치 참여의 이념이 있을 리 없다. 마찬가지로 중세 봉건제를 넘어서는 부르주아 계급이 근대 민주제를 확립해 나가는 과정에서와 같은 민주화의 역사를 찾을 수도 없다. 따라서 거기에는 국가와 시장의 갈등이라는 주제 또한 없다.

그럼에도 불구하고 우리가 상식적으로 알고 있는 바와 같이 조선의 역사에는 사화(士禍), 당쟁(黨爭), 반정(反正)과 같은 정치적 갈등에서부터 '혁명'(革命)까지 정치적 갈등을 드러내는 사건들이 무수히 많다. 그렇다면 이러한 정치 현상들을 우리는 어떻게 설명할 것인가? 나

---

20 이승환, 『유가사상의 사회철학적 재조명』(고려대학교출판부, 1998), 서문 참조.

는 앞선 논의에서 이러한 정치적 갈등들이 일어나는 접면이 어디인가를 확인하는 데에서 논의를 출발하는 것이 중요하다고 본다. 그것은 당연히 이념적 대립, 이해관계의 갈등과 같은 공통된 요소를 갖고 있지만, 그러한 갈등이 쌓이고 노출되고 쟁점화 되는 방식은 그 시대의 제도와 문화, 이념, 갈등의 방식 등이 거시적으로 논의되어야 한다고 생각한다.

필자는 정도전이 추구하고자 했던 국가의 성격을 '政敎國家'라고 규정해 보았다. 그것은 본래부터 화합되기 어려운 두 가지 상이한 원리에 의해 비롯된 것이었다. 하나는 전통적으로 주어진 왕정(王政)을 인정하면서, 중심 정치권력이 갖는 자의성을 최대한 보장하고자 하는 절충이 만들어낸 국가의 모델이었다. 이러한 절충이 가능했던 것은, 일찍부터 인간은 도덕적으로 평등하다는 이념의 자리 잡았던 데에서 비롯된다. 유가의 기초를 놓았던 맹자와 순자는 모두 누구나 성인(聖人)이 될 수 있다는 전제에 동의한다. 즉 인간의 선천적인 도덕적 평등은 하나의 전제로서 자리잡았던 것이다.

이러한 도덕적 평등은 기본적으로 '敎'라는 문화 전승 행위에 의해 보장되는 것이면서 동시에 재생산되는 것이었다. 따라서 황제나 왕이라 하더라도 이 '교'가 지향하는 도덕적 가치에 위배될 때 그것은 어느 정도 단죄될 수 있었다. 이러한 의미에서 정치권력이나 국가 권력의 정당성은 도덕성으로부터 온다고 할 수 있다. 그러나 왕정(王政)의 토대가 세습에 두고 있다는 점은 언제나 권력의 자의성을 부를 수 있는 위험을 내포하고 있었다. 폭군(暴君)과 성군(聖君)의 대비는 늘 이러한 맥락에서 이루어지는 것이다.

필자는 이것이 '政敎'의 불완전한 결합에서 비롯된다고 본다. 역대의 왕이나 황제들은 '政'(정치적 자유, 정치권력)의 정점에서 늘 '敎'(도덕적 평등, 교육)를 권력의 안정과 확장을 위한 수단으로 이용하고자 했으며, 사대부와 관료들은 언제나 '敎'의 테두리 안에서 '政'을 제어하고자 했다. 게다가 황제가 자신의 세습 권력을 포기하지 않으려 했던 것처럼, 사대부들은 안정기에 들어서면 스스로를 세습 권력화하면서 정치적 자유의 확대를 낳지는 못하였다.

달리 말하자면, 도덕적 평등의 이념은 황제라 할지라도 혁명으로 변혁할 수 있다는 명분에서 출발하였지만, 실제적으로는 세습 군주에 기반을 둔 '정'(政)의 체제와 교육과 도덕에 기반을 둔 '敎'의 체제는 동일한 세습 권력을 좇을 때 양자의 관계는 균형을 이루지 못하고 극심한 혼란과 갈등을 가져왔다. 나는 이것을 '유교적 치(治)의 딜레마'라고 부르고 싶다.

달리 말하자면, 오늘날 유교가 정치와 문화, 시민적 삶에서 살아남고자 한다면, 이러한 자유와 평등의 문제에 대한 나름의 이론적 화해를 충분하게 숙고해야 한다고 생각한다. 특히 전통사회에서처럼 늘 지배층(왕과 관리) 사이에서 투쟁의 대상이 되었던 '정치적 자유'의 개념을 실질적으로 수용해야 한다고 본다. 그리고 원론적 차원에서 이념이 되었던 '도덕적 평등'은 이제 역사적 조건에 따라 변화해야 한다고 본다.

필자는 이러한 변화된 유교의 모습을 '정치적 자유와 도덕적 평등'이 아니라 '정치적 평등과 도덕적 자유'라는 새로운 이념으로 변화해야 한다고 생각한다.

하지만 우리가 여전히 조선조의 정교국가—비록 태종에 의해 이 모델이 수정됨으로써 실패하였으나, 조선 사회에서 여전히 반복된 모델—가 오늘날의 민주주의 국가와 일치하는 것은 아니지만, 국가를 협소한 '정치 공동체'(political community) 중심으로 사유하는 것보다 '교육과 문화'(educational and cultural community)라는 포괄적인 개념으로 사유하는 것이 매우 중요하다는 점을 강조하고 싶다. 조선조 유학자들이 비록 권력의 사유화라는 문제점을 보이지 않은 것은 아니지만, 왕권의 견제와 소통의 정치를 상당 부분 성취한 것은 국가를 '政'(정치/군사) 중심으로 보지 않고 '政敎'(정치/교육)이라는 넓은 틀에서 소통성과 합리성을 나름 확보하였기 때문이라고 생각한다.

조선 사회에서 '敎'가 일정하게 '政'을 제어하고 견제함으로써 중국에서 보이는 전제적 황제지배체제가 성립될 수 없었던 이유는, 조선 유학이 교육을 통한 재생산을 통해 놓치지 않고 '敎'를 장악하면서 나름 일정한 합리성을 확보하였기 때문이라고 생각한다. 오늘날 우리의 현실 또한 국가권력의 정당성을 어디에서 찾든 그것의 해법은 정치와 교육의 분리가 아니라 '政敎'라는 시스템에서 찾아야 하리라 생각한다. 또한 이러한 조류에 유교가 현실적으로 부응하며 살아남기 위해서는, 도덕적 엄격주의나 이제는 공허해진 도덕적 평등의 이념이 아니라, 도덕적 자유의 개념을 받아들임과 동시에 정치적 평등의 이념을 추구하는 것이 바람직한 방향이 아닐까 싶다. 이것이 오늘날 근대적 정치체제 속에서 유교와 시민사회가 갖는 일차적 과제가 아닐까 싶다.

참고문헌

김교빈. 1992. 「문화열과 현대 중국」. 한국철학사상연구회 논전사분과 엮음. 『현대중국의 모색－문화전통과 현대화 그리고 문화열』. 파주: 동녘.

먼젤로, 데이비드 E. 이향만·장동진·정인재 역. 2009. 『진기한 나라 중국－예수회 적응주의와 중국학의 기원』. 파주: 나남.

쑨장. 2012. 「'종교'(Religion)의 재구성: 1893년 시카고 세계종교회의에서의 '중국종교'」. 이경구·박노자·허수 외. 『개념의 번역과 창조: 개념사로 본 동아시아 근대』. 파주: 돌베개.

이규성. 2012. 『한국현대철학사론－세계상실과 자유의 이념』. 이화여자대학교출판부.

이동수 편. 2013. 『시민은 누구인가』. 고양: 인간사랑.

이승환. 1998. 『유가사상의 사회철학적 재조명』. 고려대학교출판부.

조경란. 2015. 『20세기 중국지식의 탄생－전통·근대·혁명으로 본 라이벌 사상사』. 서울: 책세상.

황경식. 2012. 『덕 윤리의 현대적 의의－의무윤리와 결과윤리가 상보하는 제3윤리의 모색』. 서울: 아카넷.

Elman, Benjamin A., John B. Duncan, Herman Ooms, (ed.). 2002. *Rethinking Confucianism－Past and Present in China, Japan, Korea, and Vietnam.* Los Angeles: University of California Press.

Kam Louie. 1986. *Inheriting Tradition－Interpretations of the Classical Philosophers in Communist China 1949–1966*. New York: Oxford University Press.

__________, 1980. *Critiques of Confucius in Contemporary China*. Hong Kong:

Chinese University Press.

Moeller, Hans-Georg. 2006. *The Philosophy of the* Daodejing. New York: Columbia University Press.

7장
21세기 동아시아 미래와 시민: '일본문제'와 '식민주의'를 중심으로

이명원

1. 시민연대의 딜레마

한국과 일본 간의 지식인·민중운동의 연대 문제를 사고하기 위해서는, 최근 서경식과 와다 하루키(和田春樹) 사이에서 진행된 위안부 문제를 둘러싼 '왕복 서한'을 음미해 보는 것이 필요하다고 생각한다. 2015년 12월 28일 한국과 일본 양 정부의 외교장관은 식민지기의 일본군 위안부 문제에 대해 전격적으로 합의했음을 기자회견을 통해서 밝혔다. 이 합의의 성격에 대한 자세한 논의는 다른 글에서 이미 밝힌

바 있거니와,[1] 필자가 침통하게 바라본 것은 이후 이 합의를 둘러싼 서경식과 와다 하루키 사이에서 이루어진 지상 논쟁이었다.[2] 이 짧은 지상 논쟁을 보면서, 필자는 '한일 연대의 아포리아'에 대해 숙고하는 계기를 얻을 수 있었다.

서경식이 와다 하루키에게 보낸 서한에는 한일 연대운동에 매진했던 선배 지식인에 대한 경의와 회한의 복합심리가 잘 드러난다. 재일조선인으로서의 서경식의 고통스런 실존적 배경도 여기에는 개입되어 있을 것이다. 일본의 패전 이후 아시아주의에 주목했던 중국학자인 다케우치 요시미(竹內好)의 지적 영향 속에서, 한반도 문제를 탐구하고 한국인들과 연대해 왔다는 와다 하루키에 대해 서경식은 그로부터 받은 청년기의 지적 충격과 영향에 대해 일단 고백한다. 청년기의 서경식에게 한국 민중에 대한 와다의 연대와 실천이야말로 자신 같은 재일조선인에게는 고통스런 한일관계사에의 자각과 일본 지식인과의 연대운동에 희망을 품게 한 결정적 계기였다는 것이다.

서경식은 일본의 식민지 지배 책임을 청산하기 위한 한국과 일본의 연대운동에는 네 시기의 호기(好期)가 있었지만, 현재에 와서는 결과적으로 실패한 것이 아니겠느냐고 말한다. 해방기인 1945년(제1의 찬

---

1 이명원, 「일본군 위안부 문제와 지식인의 지적 쇠퇴」, 『녹색평론』(2016년 5·6월호)에서 이 합의의 맥락과 의미, 문제점에 대해 검토한 바 있다.

2 서경식, 「초심은 어디 가고 왜 반동의 물결에 발을 담그십니까」, 《한겨레》(2016. 3. 13); 와다 하루키, 「아베의 사죄 표명이 12·28 합의 백지철회보다 중요」, 《한겨레》(2016. 3. 26).

스), 한일협정기인 1965년(제2의 찬스), 김대중 납치사건이 일어난 1973년(제3의 찬스), 그리고 일본의 쇼와 천황이 사망한 1989년(제4의 호기)에 만일 일본의 정치세력과 시민들이 식민주의의 문제에 대해서 예리하게 자각했다면, 한반도 민중과 일본의 민중들은 진정한 연대관계로 나아갔을 것이라는 게 그의 주장이다. 하지만 일본 사회는 이러한 연대의 호기에 적절하게 대응하지 못했고, 그 결과 한일 연대에의 희망은 쇠퇴국면으로 접어든 것이 아닌가 라는 침통한 자문이 그의 글에서 읽혀졌다.그렇게 본다면, 1991년 전(前) 일본군 위안부 피해자인 김학순 할머니의 등장 이후 전개된 위안부 문제의 진실규명 과정은 일본의 식민지배 책임을 다시 한 번 환기하고 한일 간의 진정한 시민적 연대를 가능케 할 수 있는 또 다른 호기였다는 것이 서경식의 인식이다. 일종의 '제5의 호기'인 셈이다. 그런데 서경식이 보기에 오히려 이 시기의 와다의 행보는, 위안부 피해자의 목소리 보다는 일본 정부 편에서 「아시아 여성기금」(1995)의 조직 및 실행의 주체가 됨으로써 충격을 안겨주었다. 급기야 2015년 12월 28일에 전격적으로 이루어진 위안부 문제에 대한 졸속합의에 대한 와다의 태도 역시 실망스러웠다고 서경식은 말한다. 그는 와다 하루키조차 아베 정권의 대두 이후 더욱 극악해진 반동적 상황에 말려든 게 아닌가 하고 날카롭게 와다를 추궁한다.

그러나 필자의 판단에 서경식이 와다에게 던진 질문은 만족할 만한 답변을 얻지 못했다. 서경식이 와다의 행동에서 충격을 받았듯, 와다 역시 서경식의 날카로운 편지에 충격을 받은 것으로 보인다. 그 각기 다른 충격은 서경식이 주장했던 한일연대의 호기에 대한 서로 다른 견해차에서 나타난다고 볼 수 있다.

와다 하루키는 서경식이 실패했다고 주장하는 호기에의 대응이 실패가 아니라 오히려 성공했다고 반박한다. 식민지 지배책임과 아시아 태평양 전쟁에 대한 책임을 지닌 쇼와 천황의 침묵 속의 죽음이 과거사에 대한 사죄의 호기를 휘발시킨 것은 명백한 사실이나, 중요한 것은 1980년대 한국의 민주화의 성취 과정에서 발생한 일본사회의 성찰적 자각이 고노(河野) 담화(1993)와 무라야마(村山) 담화(1995)와 같은 경우와 같이, 일본군 위안부 문제에 대한 일본정부의 입장을 일정하게 변화시킨 것은 역시 중대한 진전으로 인정되어야 하며, 한일연대의 성공을 보여준 명백한 사례가 아니겠느냐 하는 것이 그의 시각이다.

> 서씨는 한국 민주혁명의 승리가 일본에 영향을 끼쳐 가네마루 신 자민당 부총재, 다나베 마코토 사회당 위원장이 북한을 방문해 일조교섭이 개시되거나 1993년엔 고노 담화가 나오고, 마침내는 1995년의 무라야마 담화가 되는 것은 보지 않고 있다.
>
> 그런 비관적인 자세가 생겨난 이유가 문제의 논문 '제4의 호기' 안에 드러나 있다. 서씨가 '제4의 호기'라고 부르는 것은 천황의 죽음이다. 식민지 지배는 천황의 이름에 의해 이뤄진 것인데도 천황이 숨진 일본은 "천황의 전쟁책임을 면책하는 것에 의한 일본인 전체의 '일억총면책'을 시도하려고" 하고 있다고 말하고 있다. 서씨는 이를 통해 일본에 절망한 듯 보인다. '제4의 호기'도 아마 살리지 못할 것이라고 본다. 한국의 전진에 맞춰 일본인도 전진하고 있다고 보는 것은 "너무 나이브한 일일 것이다." 그 지점에서 서

경식씨는 경고한다. "일본인은 장래에 걸쳐 '항일투쟁'에 계속해 직면하게 될 것에 다름 아니다"라고. 그 말이 이번 글에도 되풀이 되고 있다.

일본인과 조선민중은 여전히 적의 관계에 머물 것인가. 나는 일한 양국민의 관계는 '제3의 찬스'를 살려내는 데 성공해 변했다고 생각한다. 한국국민의 협력을 신뢰하고 일본국민의 의식을 바꾸기 위한 노력을 이어가는 것. 이것이 우리들이 걸어가야 할 길이다.[3]

서경식과 와다 하루키의 왕복서신을 검토하다 보면, 오늘날 일본군 위안부 문제에 대한 서로 다른 견해차가 결국 한일 연대의 가장 핵심적인 쟁점 중의 하나라는 사실을 확인하게 된다. 동시에 한일 연대의 양상에 대한 한일 각 운동세력의 시각차 역시 이 문제를 중심으로 구성되고 해석되고 있음을 확인할 수 있다. 하지만 이 문제로만 한일 연대의 문제가 사유될 수 있는 것은 물론 아니다.

서경식의 와다에 대한 공개서한에서 강조되는 것은 식민지 지배 책임에 대한 일본정부의 인식이 부재할 뿐만 아니라, 오히려 현재는 과거사를 공세적으로 왜곡하는 방향으로 문제를 호도하고 있다는 강한 비판의식이다. 이것이 그로 하여금 쇼와 천황의 전쟁책임 문제에 대한 문제제기를 낳은 근본적인 동인이며, 일본의 리버럴.좌파 지식인

---

3 와다 하루키, 「아베의 사죄 표명이 12·28 합의 백지철회보다 중요」.

조차 이러한 상황에 사실상 편승함으로써 한일연대의 가능성을 봉쇄하게 되었다는 것이 서경식의 인식이다.

반면, 와다 하루키는 식민지 지배책임에 대한 전후 일본정부의 인식이 우려스러운 것은 물론 사실이지만, 현재 일본의 국내여론이나 정치상황을 고려해 보면 식민지 지배책임을 명시적으로 인정하는 한 방식으로 가령 위안부 문제에 대한 법적 보상을 하는 식으로 나아갈 가능성은 거의 없다는, 일본사회에 대한 비관적 인식을 보이고 있다. 그는 일본의 식민지 지배책임 문제는 1965년의 한일협약으로 해결되었다는 일본정부의 공식적 역사인식이란 결코 흔들린 적이 없으며, 따라서 현재 시점에서 가능한 현실주의적 대응이란 12·28 합의의 진정성을 '도의적'인 형태로나마 일본의 아베총리가 서신을 통해 보여주는 것이지, 서경식이나 요시미 요시아키 교수의 주장처럼 12·28 합의를 백지화할 수는 없다고 주장한다. 자신 역시 원칙적으로는 일본의 식민지배 책임을 '국회의결'을 통해서 결의해야 한다고 일본정부에 역설한 바 있지만, 현재의 우경화한 일본의 정치상황이나 국민적 여론이 그것을 수용할 수 있는 상황은 결코 아니라는 비관적 현실인식이 이러한 발언 속에는 내포되어 있다.

필자는 서경식의 주장을 실현이 어려운 '이상주의'로, 와다 하루키의 주장을 실현가능한 '현실주의'로 이분화시켜 이해하고 싶지는 않다. 서경식의 주장은 식민주의와 제국주의의 고통에 대한 '한국 민중의 현실주의'적 요구라면, 와다의 주장은 '일본 정부의 현실주의'라는 관점에서 이해하는 것이 보다 타당한 시각일 것이다. 그러니까 두 개의 현실주의가 충돌하고 있는 것이다. 문제는 이 각기 다른 맥락의 현실주의에서 역사적 정당성을 어느 쪽이 갖고 있는가 하는 점이다.

물론 필자의 생각에는 서경식 편이 이에 해당한다. 2015년의 12·28 위안부 합의는 일본정부의 현실주의에 한국정부가 졸속적으로 야합한 것 그 이상도 이하도 아니다. 명백하게도 이것은 생존해 있는 일본군 위안부 피해자들의 현실주의적 요구를 배반한 것이다. 필자는 '국가의 현실주의' 보다는 '시민의 현실주의'에 주목해서 연대하는 것이 한일 연대운동의 핵심이라 생각한다. 이것은 한일 관계뿐만 아니라 동아시아의 미래와 연대의 형식을 생각할 때도 준거점이 될 수 있다.

그런 점에서 보면, 1991년 김학순 할머니의 위안부 고백/증언 이후로 한국과 일본의 시민사회에서 동시에 전개된 일본군 위안부 문제의 진상규명 및 해결을 위한 국제적 연대운동은 역사적으로 큰 의미를 띠고 있다. 게다가 이러한 운동은 오늘날 한일 간의 국지적 연대의 문제가 아닌 세계적 연대운동으로 확산되어 나가고 있다는 점에서 이 연대운동의 역사적 의의는 명백한 것으로 보인다.

2. 아베의 전후 70년 담화와 '일본문제'

2015년은 한국의 해방, 일본의 패전, 중국의 승전 70주년을 맞는 해였다. 이 시기에 일본의 아베총리는 「전후 70년 아베담화」(2015. 8. 14)를 발표했는데, 아마도 이것이 현재 일본의 집권정치세력의 여과 없는 현실인식의 표명일 것이며, 향후 한일 연대운동 혹은 아시아 시민사회의 문제를 생각할 때 직면하게 될 장애의 중요한 상징일 것이다.

> 백년도 더 전에 세계에는 서양 제국(諸國)들을 중심으로 한 나라들의 광대한 식민지가 확대되고 있었습니다. 압도적인 기술 우위를 배경으로, 식민지 지배의 물결은 19세기 아시아에도 밀려들었습니다. 그 위기감이 일본에 있어 근대화의 원동력이 되었다는 것은 틀림없습니다. 아시아에서 최초의 입헌정치를 시작하고 독립을 지켜냈습니다. 러일전쟁은 식민지 지배하에 있던 많은 아시아, 아프리카 사람들에게 용기를 주었습니다.[4]

위의 인용문은 아베의 전후 70년 담화의 도입부이다. 현재의 일본정부가 전전(戰前)의 '일본문제'를 어떻게 인식하고 있는지를 위의 인용문은 잘 드러낸다. "러일전쟁은 식민지 지배하에 있던 많은 아시아, 아프리카 사람들에게 용기를 주었습니다."라는 주장은 홋카이도, 타이완, 류큐왕국, 대한제국, 이후의 만주국 등을 침략하고 식민화했던 일본의 제국주의·식민주의의 역사에 대해 현재의 일본정부가 어떠한 성찰적 자각도 없다는 점을 잘 드러낸다. 일본적 나르시시즘이라 명명하는 게 타당할 듯한 역사인식이다.

아베의 논설은 이어지는 문단에서 일본이 촉발한 아시아 태평양

---

4 아베 신조, 「전후 70년 아베 담화」, 이타가키 류타·김부자 엮음, 배영미·고영진 역, 『'위안부' 문제와 식민지 지배책임』(서울: 삶창, 2016), 262에서 재인용.

전쟁의 불가피성을 장황하게 진술한 후, 침략전쟁의 과정에서 희생당한 이들에 대한 "통석의 염(念)"과 "영겁의 애도"를 표한다. 그런데 여기서 아베가 취하는 수사학적 전략은 마치 가토 노리히코가 『패전후론』[5]에서 주장한 것과 유사하다. 즉 전쟁의 과정 속에서 희생당한 자국의 300만 명의 희생자를 일단 애도한 후에, '모호한 어조로' 침략당한 아시아 민중들의 죽음을 언급하고 있는 것이다.

> 전후 70년을 맞아 국내외에서 숨진 모든 사람들의 목숨 앞에 깊이 고개를 숙이고 통석의 염(念)을 표함과 동시에 영겁의 애도를 표합니다.
>
> 앞선 대전에서는 300만 여의 동포가 목숨을 잃었습니다. 조국의 장래를 걱정하고 가족의 행복을 바라며 전장에서 산화한 분들. 종전 후, 혹한의 또는 작렬하는 더위의 먼 타향에서 굶거나 굶주림이나 병에 시달리다 돌아가신 분들, 히로시마와 나가사키의 원폭투하, 도쿄를 비롯한 각 도시에서의 폭격, 오키나와에서의 지

5 加藤典洋, 『敗戰後論』(東京: 講談社, 1997). 가토 노리히코의 이 책은 천황의 전쟁책임, 전후 일본헌법의 정당성, 전사자의 애도문제에 대한 역사 수정주의적 견해를 미묘하게 표출해 일본사회 안에서 대단히 심각한 논란을 낳았다. 아시아 태평양 전쟁 과정 속에서 희생당한 사람들의 '애도' 문제의 경우, 죽은 자국의 병사에게 우선 애도와 감사를 드려야 아시아의 희생자에게 진심으로 사죄할 수 있다고 그는 주장했다. 가토 노리히코의 전후 인식은 일본에서도 큰 논란을 빚었는데, 이에 대해서는 다카하시 데츠야, 이규수 역, 『일본의 전후책임을 묻는다』(파주: 역사비평사, 1999); 고모리 요이치 외, 이규수 역, 『국가주의를 넘어서』(서울: 삼인, 1999) 참조.

상전 등으로 인해 많은 시민들이 무참히 희생되었습니다.[6]

아베의 전후 70년 담화의 핵심적인 논지는 일본 역시 제국주의와 전쟁의 피해자이며, 전후에는 일관되게 평화국가의 길을 걸어왔으니, 이제 전전에 대해 "사죄해야 되는 숙명"으로부터 일본인들이 벗어나야 한다는 과감한 주장이다. 이 피해자 의식의 극적인 강조와 합리화는 일본의 식민지배와 전쟁책임 문제를 소거하기 위한 아베의 효과적인 전략의 일환이었을 것이다.

그의 담화에서 일본이 자행한 침략의 기억은 소거된 대신 아시아·태평양 전쟁 말기 히로시마·나가사키에서의 피폭 기억과 참상은 적극적으로 환기된다. 오키나와 전쟁 과정에서의 미군에 의한 일본군의 희생은 강조되지만, 정작 현재도 그 진상에 대한 국가사죄를 하지 않고 있는, 일본군에 의한 오키나와인들의 '집단강제사'라는 비극적 사태는 철저하게 은폐된다. 한마디로 말하면, 전전의 일본의 식민주의·제국주의는 철저하게 은폐되고, 전후 일본의 '국민주의'에 입각한 국가적 자부심은 유례없이 강조되면서, 전전과 전후 일본은 다르다, 더 이상 전후 일본이 전전 일본의 부채를 상속할 필요는 없다, 역시 일본에게 중요한 것은 미래 아닌가라는 식의 기괴한 주장을 펼치고 있는 것이다.

1990년대 중반, 그러니까 일본이 전후 50년을 맞고 한국이 민주

6 아베 신조, 「전후 70년 아베 담화」, 263.

화를 성취한 직후 식민지 지배 책임 문제에 대해 비로소 주체적으로 입장을 개진하던 무렵까지는, 일본의 이른바 리버럴 세력 역시 한일 연대를 통해 부상하는 일본의 역사 수정주의와 극단적인 정치적 우경화를 제어하고자 하는 연대의 의지가 드높았던 시점이라 할 수 있다. 이 시기의 일본에서는 일본군 위안부 문제뿐만 아니라, 전후의 민주적 역사인식을 '자학사관'으로 격하시키면서 역사수정주의를 조직화했던 세력과의 싸움이 한창이던 시점이었다. 동시에 일본인들에게는 사실상 기억의 회로에서 이탈되어 있었던 오키나와의 반(反) 기지 운동이 충격적으로 상기됨으로써[7], 일본의 민주주의가 전진과 후퇴의 기로에 서게 되는 분기점이 1990년대 중반이었다.

그런 점에서 1995년 8월 15일에 발표된 「전후 50년 무라야마 담화」는 패전 이후 일본이라는 국가가 식민주의·제국주의를 최초이자 사실상 최후로 성찰하고자 했던 기념비적인 문건인 것만은 틀림없는 것 같다.

우리나라는 멀지 않은 과거의 한 시기, 국책을 그르치고 전쟁

7 1995년 9월 오키나와의 미군 해병대원들에 의한 소녀 성폭행 사건이 벌어졌다. 이 사건의 진상규명 과정에서 일미지위협정의 수정을 요구하는 '섬 전체 투쟁'이 발생했고, 이에 따른 후텐마 미군기지의 반환과 현외 이설을 둘러싼 오키나와 현민들의 요구가 폭발했다. 그 결과 12월에는 SACO(오키나와에서의 미군시설과 구역에 관한 일미특별행동위원회)의 최종권고를 통해 후텐마 기지의 반환에 대한 합의가 발표되었다. 新城俊昭, 『琉球·沖縄の歴史と文化』(那覇: 編輯工房 東洋企劃, 2010), 154.

에의 길로 나아가 국민을 존망의 위기에 빠뜨렸으며 식민지 지배와 침략으로 많은 나라들 특히 아시아 제국의 사람들에게 다대한 손해와 고통을 주었습니다. 저는 미래에 잘못이 없도록 하기 위하여 의심할 여지도 없는 이와 같은 역사의 사실을 겸허하게 받아들이고 여기서 다시 한 번 통절한 반성의 뜻을 표하며 진심으로 사죄의 마음을 표명합니다. 또 이 역사가 초래한 모든 희생자에게 깊은 애도의 뜻을 밝힙니다.[8]

위에서 무라야마 총리가 "식민지 지배와 침략"이 "아시아 제국의 사람들에게 다대한 손해와 고통을 주었다"라고 말한 것은 의미 있다. 식민지 지배책임 문제를 "우리나라"로 명명되는 일본이 최초로 자각하기 시작한 것이기 때문이다. 그러나 일본인 특유의 섬세함은 "통절한 반성의 뜻"의 주어가 "저"=무라야마 개인으로 한정되고, 사죄와 애도에 있어서도 "마음"과 "뜻"의 문제로 언표되고 있다는 것은 역시 흥미롭다.

무라야마 시기의 아시아 여성기금 사업(1995년 7월 발족)이라는 것 역시 이러한 '마음주의'의 산물인 것으로, 일본정부는 위안부 피해자들에 대한 '법적 배상'을 회피하는 대신 '도의적 책임'을 강조하면서, 식민지 지배 책임의 문제를 청산하고자 시도했다. 와다 하루키는 아

8 무라야마 도미이치, 「전후 50년 무라야마 담화」, 이타가키 류타·김부자 엮음, 배영미·고영진 역, 『'위안부' 문제와 식민지 지배책임』(서울: 삶창, 2016), 261에서 재인용.

시아 여성기금에 대한 서경식의 주장, 즉 일본의 진보적 시민과 한국의 반식민주의 세력이 연대해 일본정부에 대항해야 한다는 것에 대하여 "이런 인식은 현실과 상당히 괴리돼 있다."고 말하면서, 위안부 문제에 대한 일본 정부의 법적 배상은 불가능한 것이 명백한 현실이기 때문에, 아시아 여성기금과 같은 '도의적 보상'을 일본정부가 할 수 있는 '최선의 사죄'로 수용해야 한다고 주장한다.[9]

그러면서, 그가 서경식에게 보낸 답신의 끝에서 "일본인과 조선민중은 여전히 적의 관계에 머물 것인가."라고 말한 것에 사실 필자는 매우 씁쓸한 인상을 받았다. 백번 양보해서 와다 식으로 일본정부가 비공식적 사죄의 방식으로 아시아 여성기금의 시도를 했다는 것을 인정한다고 해도, 사실 일본인과 조선민중이 "적"의 관계에 머문다는 식의 비판은 감정적인 것에 불과하다. 일본군 위안부 문제는 '일본문제'다. 그것은 '한국문제'도 '중국문제'도 '대만문제'도 아닌 식민지기 일본 문제라는 점에서, 책임의 주체는 역시 일본 정부인 것이다.

따라서 이 문제의 해결주체는 와다가 속해 있는 '일본'이라는 국가 그 자신이다. 그런데 일본정부는 논외로 하더라도. 위안부 문제 해결에 임하는 와다를 포함한 일본 지식인들의 태도는 마치 이것이 '조선문제' 혹은 '한국문제'인 것처럼 발언하는 것을 당연시 하는 전도된 태도를 보여준다. 일본군 위안부 문제에 대한 책임을 요구하면, 우익은 말할 것도 없이 엉뚱하게도 일본의 이른바 일부 리버럴 지식인들

9 와다 하루키, 「아베의 사죄 표명이 12·28 합의 백지철회보다 중요」.

은 한국의 '반일 내셔널리즘'이 해결을 어렵게 하고 있다고 말하면서도, 이러한 식민주의 문제를 초래한 '야마토 내셔널리즘'에 대해서는 어떠한 언급도 생략하고 있는 것은 참으로 기묘한 일이다.[10]

일본군 위안부 문제를 포함한 일본의 식민지배 책임을 해결하지 못한다면, 그것의 파행적인 결과는 일차적으로 일본의 민주주의를 위태롭게 한다. 왜냐하면 그것은 본질적으로 '일본문제'인 까닭이다. 일본문제를 일본의 정부나 리버럴 세력들이 해결하지 못함으로써 위기에 빠지는 것은 주변국이 아니라 일본과 일본인 그 자신이다.

비슷한 사례를 환기할 수도 있다. 가령, 오키나와의 구조적 차별과 반(反) 기지 운동에 대하여 일본 본도(本島)의 정치세력들은 이를 '오키나와 문제'라고 호도한다. 그러나 류큐병합(1879) 이후 현재의 주일 미군기지 문제까지의 모든 오키나와 문제는 실제로는 일본 식민주의의 문제, 즉 '일본문제'다. 메이지 유신 이후 일본의 국민국가화와 야마토 민족주의에 입각한 천황제 파시즘, 패전과 전후 미일안보조약의 결과로 오늘날 오키나와의 비극이 심화되었다는 점에서, 이는 오키나와인들의 주체적 의지와 전혀 관련을 맺고 있지 않은 일본문제로 일본의 책임을 물어야 하는 것이다.

그런데 이처럼 명백한 사안임에도 불구하고, 일본군 위안부 문제

10 大沼保昭, 『'慰安婦問題とわ何だたのか』(東京: 中央公論新社, 2007); 和田春樹, 『慰安婦問題の解決のために』(東京: 平凡社, 2015); 能谷奈緒子, 『慰安婦問題』(東京: 筑摩書房, 2014) 참조. 이 저작들에서는 공히 박유하의 『화해를 위하여』, 『제국의 위안부』 등이 언급되고 있다는 점도 흥미롭다.

는 '한국문제'로, 오키나와의 주일미군 기지 문제는 '오키나와 문제'로 치환시켜 안심하고 또 그것을 정당화하는 것이 전후 일본이라는 국가의 오래된 관성이며, 아베 정권에 와서 그것은 반성의식 자체를 상실하는 방향으로 더욱 악화되었다는 점은 매우 심각한 역사적 일탈인 것이다. 물론 여기에는 당연히 와다 하루키나 오에 겐자부로 같은 한국과 오키나와와의 연대를 중시했던 일본 내 리버럴 지식인들의 책임도 없지 않다. 일본적 국민주의를 넘어서야 하는 것이다.

3. '일본 예외주의'의 극복

해방/전후 70년이 경과했음에도 불구하고, 일본이 민주주의의 차원에서 퇴행적 면모를 보일 뿐만 아니라, 아베정권의 노골적인 '전전체제로의 회귀'를 봉쇄하는 데 무력한 이유는 무엇일까. 나는 '일본적 예외주의'라는 근현대 일본 지식인들의 한계를 자각하는 것 역시 음미해 볼 필요가 있다고 생각한다.

일본만이 아시아를 대표하여 서구 식민주의에 대항했고, 일본만이 아시아에서 독립을 유지했으며, 1945년 이후 오직 일본만이 평화헌법에 기초한 평화국가를 수호해 왔으며, 오늘의 일본만이 아시아에서 부상하는 중국 패권을 견제할 수 있다는 자기기만이 여기에는 명백히 존재한다. 이른바 '아시아 연대'를 숙고하는 자리에서도 이러한 국가성향은 반복적으로 나타나는 문제인데, 가령 후쿠자와 유키치의 탈아론(脫亞論)의 노골성뿐만 아니라, 전후 다케우치 요시미의 중국과의 연대론에도 이러한 편향은 실제로 내밀하게 숨어 있다.

가라타니 고진은 『제국의 구조』에서 중세와 근대 아시아를 검토하면서 일본의 특이성을 아주변(亞周邊)이라는 개념의 설정을 통해 설명한 적이 있다. 일본이 근대에 이르기까지 동아시아의 중세적 정치경제 시스템인 조공-책봉 체제에 속하지 않고 독자적 자율성을 누린 것은, 가령 동시기의 '주변'인 조선과 달리 중국으로부터 멀리 떨어져 있는 '아주변'이라는 지정학 때문이었다는 것이다. 가라타니는 '주변'은 중심의 직접적인 영향을 받기 때문에, 중심의 질서를 체계적으로 내면화할 수밖에 없다고 분석한다.

반면, 일본과 같은 '아주변'은 중심의 영향을 거의 받지 않은 채 독자적인 체계와 질서를 유지할 수 있었는데, 이는 일본열도가 탁월한 주체성을 유지했기 때문이 아니라, 실상은 중심으로부터의 압력을 주변인 한반도 국가들이 '방파제'처럼 차단한 데서 나타난 부가적 현상이라는 것이다. 그럼에도 불구하고 일본의 사상가·지식인들에게는 이러한 시점이 결여되어 있다는 것이다.[11] 즉, 일본의 아주변성은 명백하게도 주변적인 한국에 의해 보증되었다는 사실을 대다수의 일본의 지식인들은 잊거나 간과하고 있다는 것이다.[12]

실제로 근대전환기 이후 일본의 사상가와 정치가들이 취한 아시아에 대한 일관된 태도는 멸시와 서구선망이었다. 반면, 패전 이후의

11 柄谷行人, 『帝國の構造』(東京: 青土社, 2014), 214.

12 柄谷行人, 『帝國の構造』, 221.

일본의 지식인들이 취한 태도는 과거에 비하자면 양가적인 것이었다. 마루야마 마사오(丸山眞男)와 같은 서구지향적 지식인들은 패전 이후의 일본에서 새로운 현대적 주체성을 구성한다면 일본이 새롭게 태어날 수 있다고 믿었다. 반면, 다케우치 요시미와 같은 사상가들은 패전 이후의 강요된 서구화에 반발하면서 대항적 주체화로서의 아시아주의를 제창했다.

흥미로운 것은 마루야마 마사오건 다케우치 요시미건 1945년 이후의 전후체제를 구축해가는 사상적 과정 속에서, 전전의 식민주의의 책임 문제를 자각적·근본적으로 성찰하지 못했다는 점이며, 특히 전후 아시아연대를 주장했던 다케우치 요시미조차 전전의 '일본 예외주의'를 극복할 수 있는 시야가 부재했다는 점이다.

어느 날 나는 일본에서의 좌파의 몰락을 역사적으로 검토하고 있는 마츠오 타다스의 『새로운 좌익입문』을 읽다가 다음과 같은 부분에서 눈길이 머물렀는데, 그것은 다케우치 요시미에 대한 다음과 같은 평가 때문이었다.

> 여기서 서양은, 무엇보다 동양에 대한 침략자로 위치하게 되었다. 다케우치는 중일전쟁에 대해서는 혐오했지만 태평양전쟁에 대해서는 희망을 견지했었다. 서양의 침략에 대한 동양의 대결전(大決戰)으로 위치시켰던 것이다. 이러한 태도는 말년에도 부정되지 않았다.[13]

아시아주의자로, 전후 중국의 문화대혁명을 기대에 찬 눈으로 바라보았던 다케우치 요시미조차 일본의 침략전쟁인 아시아 태평양전쟁을 서양에 대한 동양의 "대결전"으로 인식하고, 그것의 침략성을 자각하지 못했던 것은 그만의 한계는 아닐 것이다. 이것은 '일본 예외주의'라는 시각을 견지하고 있는 일본의 전전/전후 지식인·사상가 모두에게 반복적으로 나타나는 매우 끈질기면서도 고유한 사고형태다. 이런 관점에서 보자면, 오히려 가라타니 고진 식의 중심, 주변, 아주변이라는 메커니즘에 대한 구조주의적 사유가 한결 정확한 것이라 볼 수 있다.

다케우치 요시미로부터 지적·학문적 영향을 받아 한일 연대운동에 뛰어든 와다 하루키와 같은 지식인들에게서 필자가 발견하는 것은 피압박 민족에 대한 일종의 부채의식이다. 그들은 중국의 혁명을 지원하고, 한국의 민주화를 지원한다는 감각 속에서 연구와 운동을 지속했을 것이다. 그러나 말의 참다운 의미에서의 연대는 '부채의식'이나 '지원한다'는 감각의 비대칭성 너머의 공감적 협력=연대의 대칭성에 의해 가능해지는 것이 아닐까.

이것이 가능해지기 위해서는 각자가 속해 있는 정치공동체 안에서의 역사적 책임의 문제를 예각화하는 일이 필요하다. 일본도 마찬가지이겠지만, 한국이나 중국 역시 근대전환기를 거치면서, '일본 예외주의'라는 프리즘으로 채색될 수 없는 독자적인 역사와 운동의 경험을 축적해 왔다. 다시 한 번 강조하지만 식민주의나 제국주의의 문

---

13 松尾匡, 『新しい左翼入門』(東京: 講談社, 2012), 200.

제는 '일본문제'다. 이는 반(反)식민주의와 반(反)제국주의가 한국의 문제인 것과 마찬가지다.

이러한 재인식은 개별 국민국가에서 식민주의를 극복하고 민주주의를 수호하기 위해서는 국가와의 항쟁과 대립을 불가피하게 하는 측면이 있다는 점을 상기시킨다. 한국의 민주화과정이 권위주의적 군사독재 국가에 대한 지속적인 항쟁을 통해서 지식인·민중·시민이 주체화해 온 역정이라는 것을 상기해 보면, 지금 일본에 필요한 사유와 행동이 무엇인지를 우리는 묻게 된다.

한일 연대라는 용어를 통해, 우리가 상기해야 하는 것은 한 국가와 또 다른 국가의 동맹 또는 타협의 문제가 아니다. 진정한 한일 연대는 '아래로부터의 연대'를 의미하며, 그것은 각각의 국민국가 내부에서의 민주주의를 수호하기 위한 투쟁 및 항쟁을 요구하고, 이것이 국민주의 또는 국가주의라는 범주를 뛰어넘어, 공통의 의제를 중심으로 연합하는 것을 의미하는 것이다.

최근 한일 간 날카로운 쟁점이 되고 있는 일본군 위안부 문제라든가, 일본사회 안에서의 혐한감정에 기반한 재일조선인 차별 문제, 구조적 차별로서 그 모순이 심화되고 있는 오키나와의 미군기지 문제는 '한국' 문제도 '재일조선인' 문제도, 그리고 '오키나와 문제'도 아닌, 말의 바른 의미에서의 '일본문제'라는 점을 상기해야 한다.

해방/전후 70년을 거치면서 동아시아에서 나타나고 있는 긴장의 원인은 많은 경우 '일본 예외주의'가 초래한 억압되고 미해결된 문제가 역사의 시간대를 넘어 재귀 또는 귀환하는 데서 나타나는 문제이다. 이 문제의 일차적 해결 주체는 일본이라는 국가와 일본의 지식인 자신이다. 그런데 오늘날 일본의 퇴행적 정치상황이나 동아시아 역내에서 나타나는 미국과 중국 간의 패권 긴장에 따른 정국의 경색화를 생각해 보면, '일본문제'가 여전히 우심한 데서 그치지 않고, 아베 정권의 '전전체제로의 회귀'라는 위험한 욕망과 상승작용을 일으키고 있다는 점에서 매우 우려스럽다.

한일 간의 연대가 '아래로부터' 지속적이면서도 강력한 힘으로 작동하기 위해서는 무엇보다 각각의 국민국가 내부에서의 민주주의의 재건이 필요조건이다. 생각해 보면 한국에서 민주화 이후 2기에 걸친 보수정권의 대두와 이에 따른 민주주의의 후퇴는 아베 2기 정권의 우경화와 맞물리면서, 한일 민중 모두에게 '분단'과 '분열'의 감각을 초래했다고 할 수 있다. 반면, 두 국가는 표면적인 대립적 제스처에도 불구하고 이면에서 미국패권과 신자유주의 체제의 유지·보존을 위한 국가 간 동맹을 더욱 강화하고 있다. '위로부터의 동맹'은 강화되는 반면 '아래로부터의 연대'는 약화되고 있는 것이다.

4. 동아시아 시민의 연대 가능성

그렇다면, 어떻게 우리는 한일 간의 연대의 아포리아를 극복할 수 있을까. '일본문제'와 '식민주의' 문제를 근본적으로 재성찰하는 것으로서 이 장구한 연대와 협동에의 의욕은 다시 시작될 수 있다고 나는 생각한다.

그러나 이 문제와 함께 오늘의 동아시아는 실로 다채로운 모순과 갈등이 누적되고 있다. 한일 간의 문제 말고도 아시아 역내에서의 미국과 중국 간의 패권 갈등은 한미일/북중러 간의 신냉전에 가까운 안보위기를 초래하고 있다. 여기에 북핵문제를 기화로 한국의 사드 배체 문제를 둘러싼 갈등은 중국과의 마찰을 더욱 심각하게 초래하고 있다.

그러나 국가 간 갈등이 고조되는 시점에서도, 동아시아 시민사회의 연대와 협력의 과제를 회피할 수는 없다고 본다. 동아시아의 시민적 연대가 가능하기 위해서는 개별 국가 안에서의 시민의 정치적 역량과 자율성이 높은 수준에서 고양될 필요가 있다. 이런 관점에서 보면, 한국과 일본의 시민사회는 내부적 민주화의 문제와 함께 국가이익을 넘어선 시민적 정의의 추구를 위한 다채로운 국제연대의 경험을 갖고 있다. 반면 중국의 경우는 한국과 일본의 경우와 같은 시민사회가 존재한다고 보기는 어려운 측면이 있고, 또 공론장과 SNS에 대한 국가통제 경향이 강화되고 있어, 개별 국가 안에서 시민들이 처해 있는 상황은 매우 상이하다.

동시에 동아시아의 시민들은 항시 국민의식 또는 내셔널리즘에 의해 동원될 위험성에 갈수록 노출되는 빈도가 많아지고 있다. 이것은 역내에서 벌어지는 안보갈등을 둘러싼 의제가 흔히는 대중적 정념을 내셔널리즘으로 수렴/발산하는 기제를 작동시키고 있기 때문이다. 각각의 국민국가 안에서 조작적으로 나타나는 '혐한' '혐일' '혐중' 감정의 정치적 활용은 2000년대를 경과하면서, 한·중·일 시민 또는 시민사회가 연대와 협력을 통해 형성했던 유대감의 네트워크를 훼손할 높은 위험성을 내포하고 있다.

이런 가운데 우리들이 상상할 수 있는 시민적 연대의 가능성은 어디서 오는가. 국민국가의 한계와 제약과 서로 다른 정치체제의 한계를 뛰어넘어, 미래와 문명에 대한 아시아인으로서의 혹은 세계시민으로서의 공통감각을 확보하는 데서 오는 것이라고 생각한다. 근대전환기로부터 오늘에 이르기까지, 갈등과 협력을 모순적으로 동시 지속시켜 온 역사적 경험은 경우에 따라서는 현실의 복합성을 치밀하게 인식하면서도, 연대와 협력을 포기하지 않고 높은 수준에서 촉진할 수 있는 성숙한 역량을 단련시켜왔던 계기로서도 인식될 수 있는 것이다.

참고문헌

고모리 요이치 외. 이규수 역. 1999『국가주의를 넘어서』. 서울: 삼인.

다카하시 데츠야. 이규수 역. 1999.『일본의 전후책임을 묻는다』. 파주: 역사비평사.

무라야마 도미이치. 2016.「전후 50년 무라야마 담화」. 이타가키 류타·김부자 엮음. 배영미·고영진 역.『'위안부' 문제와 식민지 지배책임』. 서울: 삶창.

서경식.「초심은 어디 가고 왜 반동의 물결에 발을 담그십니까」.《한겨레》(2016. 3. 13).

아베 신조. 2016.「전후 70년 아베 담화」. 이타가키 류타·김부자 엮음. 배영미·고영진 역.『'위안부' 문제와 식민지 지배책임』. 서울: 삶창.

와다 하루키.「아베의 사죄 표명이 12·28 합의 백지철회보다 중요」.《한겨레》(2016. 3. 26).

加藤典洋. 1997.『敗戰後論』. 東京: 講談社.

能谷奈緒子. 2014.『慰安婦問題』. 東京: 筑摩書房.

大沼保昭. 2007.『'慰安婦問題とわ何だたのか』. 東京: 中央公論新社.

柄谷行人. 2014『帝國の構造』. 東京: 靑土社.

松尾匡. 2012.『新しい左翼入門』. 東京: 講談社.

新城俊昭. 2010.『琉球·沖縄の歷史と文化』. 那覇: 編輯工房 東洋企劃.

和田春樹. 2015『慰安婦問題の解決のために』. 東京: 平凡社.

에필로그

동아시아에서 시민 되기와 고전읽기: 시민적 관점에서의 고전읽기는 어떻게 가능할까?

김시천

우리는 그간 이 짧지 않은 책에서 여러 저자들의 연구를 통해 동아시아 전통과 근대라는 결코 쉽지 않는 주제를 다루었다. 서구의 도전으로부터 비롯된 '근대'의 형성과정에서 우리는 동아시아 3국이 어떤 경로를 통해 역사적 궤도 수정을 거치며 이에 대응하였는가를 살핀 후에, 우리는 다시 전통적 가치에 대한 다양한 현대적 논의와 일본의 사례를 통해 동아시아의 시민적 연대 가능성까지 타진해 보았다.

마지막으로 우리는 이 '에필로그'에서 이른바 '유교문화권' 혹은 '한자문화권' 등으로 불리며, 동아시아를 일정한 전통을 공유하는 하나의 지역적 개념으로 묶는 하나의 근거로서 '고전'을 어떻게 시민적 시각에서 읽어야 하는가에 대해 생각해 보고자 한다. 왜냐하면 동아시아의 고전은 한자(漢字)라는 공유 매체로 이루어진 텍스트들로서 동아시아의 공동의 자산이자 연대의 매개로서 일정한 가능성을 갖고 있기 때문이다.

그럼에도 이하의 논의에서 펼쳐지는 반성과 비판적 성찰은 주로 한국의 경험을 중심으로 서술할 것이다. 이는 우리 스스로의 고전읽기를 비판적으로 조망하면서, 향후 동아시아적 공간에서 '시민 되기'라는 새로운 가능성을 타진해 보기 위한 일종의 모험적 성격을 갖는다. 동아시아 3국이 서로 차이를 가지면서도 일정한 공감을 획득할 수 있는 시민적 시각을 고전읽기에서 확보할 수 있다면, 그것이 동아시아의 시민적 연대에 일정한 기여를 할 수 있으리라 기대하기 때문이다.

1. 문명의 '대조'에서 삶의 '유비'로

100,000 vs. 1, 즉 10만 대 1이다. 이건 도대체 무슨 숫자일까? 정확한 사실인지 아닌지 잘은 모르겠지만, 옛날 어느 선생님께 들었던 이야기다. 옛날 한국전쟁 즉 6·25전쟁 때 총구에서 발사된 총알 가운데 실제로 인명을 살상하거나 상해를 입힌 총탄의 숫자가 10만 발 당 '하나' 라고 한다. 처음엔 도무지 믿을 수가 없는 숫자였다. 아마 허공에 대고 기관총을 난사했을 때 지나가던 참새 한 마리가 적중하여 떨어질 확률이 이와 비슷하지 않을까?

도대체 전쟁 중에 어떻게 사격을 하였기에 이런 숫자가 가능할까? 하지만 전쟁의 실상을 알고 난 지금 오히려 나는 이 숫자도 과장이 아닐까 싶다. 과연 누가 총탄이 빗발치는 전쟁터에서 정확한 조준을 하고 사격을 할 수 있을까? 조금만 생각해도 뻔히 상상할 수 있는 것인데, 왜 10만 대 1이라는 숫자가 그렇게도 이해할 수 없는 비율의 숫자였는지 모르겠다. 그런데 그것을 실감나게 보여준 영화가 있다. 바로 〈씬 레드라인〉이란 영화다.

우리가 흔히 보는 '전쟁'이란, 빗발치는 포탄과 귓가를 스치듯이 지나가는 총탄에 굴하지 않고 용감하게 돌격하는 영웅들로 가득하다. 스티븐 스필버그 감독의 영화 〈라이언 일병 구하기〉의 주인공들이 그렇다. 병사들은 먼지 속을 군화발로 누비며 용감하게 진격해 들어간다. 그가 누구인지도 모르지만, 적진 속에 남겨진 라이언 일병을 구하기 위해 병사들은 용감하게 돌진한다.

그런데 미국의 영화철학자라 불리는 테렌스 맬릭 감독의 〈씬 레드라인〉의 병사들은 이와 전혀 다르다. 일본군이 점령한 고지를 계속 탈환하라는 대령의 명령에 불복하는 대위, 게다가 지휘관의 돌격 명령에도 아랑곳하지 않고 병사들은 엄폐물 뒤에 찰싹 누워서 고개조차 들지 않는다. 과연 어느 누가 감히 고개를 들고 죽음이 보이는 고지로 용감하게 진격해 나갈 수 있을까?

영화와 텔레비전에서 그렇게도 흔히 보았던 장면들이 실제로 얼마나 현실과 거리가 먼 것인가를 아는 것이 이렇게도 힘들게 된 까닭은 무엇일까? 알고 보면 당연하고 빤한 것인데도 우리는 현실적으로 생각하지 못하는 경우가 많다. 그런데 이런 일은 전쟁 영화에서만 일어나는 것이 아니다. 바로 20세기 동양철학의 경우 또한 사정은 다르지 않았다. 철학이 존재와 형이상학을 다룬다는 공식에 너무 골몰한 나머지 그 존재와 형이상학이 현실을 이해하는 개념이란 사실을 까먹었던 것은 아닐까?

우리는 다양한 경로를 통해 동양 고전, 그것도 주로 2,000년이 넘는 아주 먼 옛날의 책을 읽으며 살고 있다. 그런데 우리가 읽어 온 이런 책들에 관한 저간의 평가나 주인공들은 대개가 다 고매하다. 『논어』도 그렇고, 『맹자』도 그렇고 하나같이 어쩌면 사람이 그럴 수 있을까 싶을 정도로 고상하게 행동하고 고상하게 말한다. 우리는 그런 고상함을 담아 공자(孔子)나 맹자(孟子), 노자(老子)나 장자(莊子)를 철학자 혹은 사상가라고 부른다.

그리고 이들이 함께 경합을 벌였던 핵심 개념은 도(道)이다. 이 도라는 개념은 고대 그리스의 '로고스'(logos)처럼 우주의 이법이면서 실체이고 또한 말이고, 진리이기도 하다. 즉 도는 서구 철학의 로고스를 통해 이해된다. 이러한 논리의 요점은 간단하다. 공자나 노자와 같은 고대 중국의 철학자들 또한 소크라테스나 플라톤처럼 가장 근원적이고 근본적인 사유를 통해 나름의 개념 '도'를 정초하였다는 것이다.

예를 들자면 마치 아리스토텔레스가 말했듯이 세계에 존재하는 사물이 네 가지 원인 즉 형상과 질료, 운동과 목적이 결합하여 하나의 책상과 걸상이 있는 것처럼, 도(道)는 하늘이 형상을 부여하고 땅이 형질을 주어 하나의 사물을 이루는 것과 유사한 자연철학의 원리 혹은 궁극의 실체였다는 식의 해석이 고대 중국의 '철학'을 구성해냈다. 하지만 이렇게 구성해낸 철학은 철학이지만 서구의 그것과는 다른 방식의 방향으로 발전해 왔다.

그것은 특히 서구 근대에 이르러 극명하게 드러나는데, 서양이 물질 중심이라면 동양은 정신 중심이고, 서양이 분석적이고 논리적이라면 동양은 종합적이고 직관적이라는 식은 특히 1920-30년대에 유행한 형식이었다.

달리 말해 동양철학이 형성되던 과정의 '현실'은 우리가 사는 생활 세계가 아니라 서구 철학의 개념의 세계였다. 특히 동양철학의 개념들은 주로 서구의 것을 차용하면서 만들어지지만 동시에 서구 문명에 대한 규정과 대조(contrast)되는 방식으로 그 내용이 채워졌다. 그래서 기(氣)나 도(道)는 서구인의 눈으로는 이해할 수 없는 동아시아의 신비적인 그 무엇이어야 했다.

하지만 이제 서구의 문명이나 철학과 대조(contrast)하는 서술에서 벗어날 필요가 있다. 왜냐하면 우리가 사는 세계는 『논어』의 공자나 『장자』의 장주(莊周)가 살던 시대가 아닐뿐더러, 서구의 문명이나 문화가 마치 남의 것인 듯이 생각하는 것도 비현실적이기 때문이다. 말하자면 살았는지 죽었는지 알지 못하는 '라이언 일병 구하기'는 이제 물 건너간 비현실이라는 이야기다. 우리는 〈씬 레드라인〉의 병사들처럼 우리가 처한 현실에서 발버둥치는 과제가 있을 뿐이다.

2,000년대 초반의 어느 날, 강의를 끝내고 우연히 만난 선배와 이야기를 나누다 들은 생소한 단어가 있다. 그 때는 "몸매가 참 착하다!"는 말이 유행이었다. 선배의 입에서 튀어나온 말이 낯설어서 나는 무슨 말이 그러냐고 물었다. 그 선배는 웃으면서 요즘 유행하는 표현이고, 마음이나 사람의 품성에 대해서가 아니라 몸매나 얼굴이 예

쁠 때 '착하다'라고 표현한다는 것이다. 이 낯선 단어를 어떻게 이해할 것인가는 한동안 내게 중요한 화두가 되었다. 마음 씀씀이에 대해 '착하다'라는 말을 써 오던 2,000년의 전통에서 이 해괴한(?) 언어는 나에게는 그야말로 수수께끼였다. 어쩌면 동양철학이 부딪히고 씨름해야 하는 것은 현실의 이런 문제가 아닐까?

동양철학의 자연관을 잘 보여주는 '음양'(陰陽)의 개념을 예로 들어 보자. 본래 '양'은 햇볕이 잘 드는 양지, 산의 남쪽과 강의 북쪽 유역을 일컫는 말이다. 이와 달리 '음'은 햇볕이 들지 않는 그늘을 가리키며 햇볕이 잘 들지 않는 강의 남쪽과 산의 북쪽 지역을 가리킨다. 이렇게 짝을 이루어 쓰이는 음양의 개념은 한(漢)나라 때 우주론적인 체계를 갖추어 음양오행이란 개념으로 정착되었다.

그래서 이 짝 개념은 남자와 여자, 낮과 밤, 여름과 겨울 등등 다양한 주변의 현상이나 사물에 적용되는 자연철학과 형이상학의 개념이다. 그리고 이러한 논의가 나오는 글에서는 매번 "한 번은 음이 되고, 한 번은 양이 되는 것, 그것을 일컬어 도(道)라 한다"는 『주역』의 사상은 우주와 사물의 운동과 변화를 설명하는 중요한 근거였다. 동양철학의 강의는 대개 거기에서 멈추고, 이런 사유방식이 서구와 얼마나 다른가가 설명의 초점으로 떠오른다.

하지만 사실 이런 문제를 궁금하게 여기는 사람이 얼마나 될까? 정작 우리 사회에서는 호적제의 폐지, 남녀 역할의 변화 등 과거에는 상상할 수조차 없었던 커다란 변화를 겪었는데도 말이다. 이런 동양철학의 현실에서 음양은 "트랜스젠더 하리수는 음(陰)인가 양(陽)인가?" 하는 물음은 제기되지 않았다는 말이다. 바로 이것이 현실을 사유하는 것이 문제를 사유하는 것이 아닐까?

서극 감독의 영화 〈동방불패〉에서 주인공은 '규화보전'이란 기이한 무공을 연마한 후에 신체적으로까지 여성으로 변화한다. 구체적으로 어떤 변화가 일어났는지를 보여주지는 않았지만, 주인공 동방불패는 이제 여자와의 관계가 불가능한 존재가 되어 버렸다. 그렇다면 그는 어쩌면 무공(武功)을 통해 트랜스젠더가 된 사람으로 간주해도 무리하지는 않을 것이다. 전통 사회의 음양 이론은 이러한 문제에 어떻게 답할 수 있을까?

또 이런 예를 생각해 보는 것은 어떨까? 서구 뱀파이어의 대표자인 드라큘라 백작과 동양의 신선(神仙)은 모두 우주를 흐르는 시간의 법칙을 거스른다는 점에서는 동일하지만, 이러한 거스름 혹은 시간의 정지를 보는 시각은 매우 다르다. 게다가 드라큘라는 다른 인간의 피를 섭취하는 악(惡)으로 표상되며 그가 활동하는 시간은 밤으로서 선악의 대비가 충만하게 깔려 있다. 하지만 이와 달리 신선은 노화(老化)자체를 긍정적으로 보면서 거기에 덕(德)과 선(善), 자연과의 조화를 강조한다. 도대체 우리는 이러한 차이를 어떻게 이해하고 설명할 수 있을까?

어떤 의미에서 보면 드라큘라의 몸 그 자체가 악을 표상한다면, 신선의 몸 그 자체는 선을 표상한다. 여기서 나는 동서의 대비를 말하고 싶은 것이 아니라, 몸 자체에 대한 선악(善惡)을 말하는 방식에 관한 것이다. 과거의 논의에서 '몸과 마음'은 이분법적으로 사유되면서 신체는 악의 원천이거나 그 가능성으로, 마음은 인간의 도덕성과 사회성의 원천으로 파악되어 왔다.

이러한 생각은 오늘날과 같은 고령화 사회에서 '나이든 몸'을 바라보는 새로운 시선을 줄 수 있는 가능성이 있는 것은 아닐까 하는 생각을 해 보곤 한다. 요컨대 우리가 이제 동양 고전을 읽는다는 것, 달리 말해 우리 스스로 사유하기를 시작한다는 것은 다름 아니라 텍스트 속의 개념들의 의미를 천착하는 것도 중요하지만, 더욱 중요한 것은 우리들의 삶이 마주한 새로운 문제들에 마주하는 일이다.

우리가 고전을 통해 스스로 사유하기를 시작한다는 것은 바로 이렇게 우리가 마주한 현실의 문제와 '정면으로 대면하는 것'을 의미한다. 물론 공자나 맹자, 노자와 장자가 살았던 시대, 그리고 퇴계나 율곡이 생각하고 실천했던 그 시대와 지금은 많이 다르다. 하지만 인간이 부딪히는 현실의 문제는 어떤 면에서는 늘 중첩되기 마련이다. 우리는 그것을 삶의 유비적 차원이라고 말하고 싶다.

고대 중국에서 '덕'(德)의 개념은 세습적 특권에 대립하는 말이었다. 어떤 이들은 혈연과 출신에 의해 지위와 신분이 세습되는 귀족사회에서, 새로이 등장한 사람들은 후천적 노력을 통해 성취된 덕을 지닌 자야말로 천하를 다스릴 자격이 있는 사람이라고 주장했다. 『노자』의 또 다른 이름인 『도덕경』(道德經)은 그러한 가르침들을 모아 놓은 지침서이기도 했다.

또, 인간의 본성이 선한가 악한가를 두고 서로 다른 의견을 보여주었던 맹자의 성선설(性善說)과 순자의 성악설(性惡說)은, 오늘날 사회생물학과 진화심리학 논의에서 매우 중요한 논쟁을 벌여왔다. 본성인가 양육인가 하는 오랜 논쟁을 새롭게 점화했던 것이다. 이런 논쟁에 대해 맹자와 순자의 사상적 입장은 과연 어떻게 대응할 수 있을까?

바로 이런 물음들이 우리가 연습해야 하는 새로운 문제, 새로운 현실인 것이다.

물론 우리는 그러한 물음들을 제기하고 논의하면서 고전을 재해석하기도 할 테고, 문제에 충실한 답을 찾지 못할 수도 있다. 하지만 이렇게 현실의 문제를 사유한다는 것은 그 자체가 우리의 철학을 창조하는 것이자 우리 삶을 보다 풍요롭게 사유하는 길이 될 것이라 생각한다. 바로 거기에 동양 고전읽기의 미래가 있는 것이 아닐까?

2. 탈근대와 전근대의 착종을 넘어

『논어』에서 공자가 하는 첫 마디 말은 이렇다. "배우고 때때로 익히면 기쁘지 아니한가?" 한국에서 사는 사람, 혹은 동아시아 사람이라면 대개 살아가면서 몇 번쯤은 듣게 되는 말이다. 그런데 우리가 처음 만나는 그 공자는 배우는 것의 기쁨을 말한다. 나중에 그의 후학(後學) 가운데 가장 유명한 송(宋)나라 때의 주희(朱熹)는 그의 선배 정이(程頤)의 말을 빌려 그 기쁨을 설명한다. 공자가 말하는 기쁨은 마치 어린 새가 날갯짓을 통해 날아다니는 법을 배우는 것에 견줄 수 있다는 것이다.

둥지에 웅크려 있다가 어미가 물어다주는 먹이를 받아먹으며 자라던 어린 새가 자신의 날개를 퍼덕이며 처음 푸른 하늘로 날아오르는 그 순간의 황홀한 기쁨처럼, 공자는 삶의 기술로서 '예'(禮)를 배우고 익혀나가는 과정이 주는 기쁨을 노래했다는 것이다. 그런데 우리는, 적어도 필자가 동양철학을 강의하며 만나는 사람들의 경우는 공자의 말에 대개 시큰둥하다. 현대 한국인에게 '배운다'는 것은 기쁨을 주는 것과 무관하다. 그러니 『논어』가 잘 읽히지 않는 것은 어쩌면 당연한 일이다.

그런데 그런 당연함을 인정하는 사람 또한 드물다. 공자는 여전히 죽은 과거의 인물이 아니라, 현대인 가운데 모르는 사람이 없을 만큼 유명한 살아있는 인물이다. 형식적으로 보면 초등학교에서 중학교는 물론 고등학교와 대학교에서조차 『논어』는 여전히 가장 권장되는 '고전'이며, 그는 이천 몇 백 년 이상이나 최고의 권위를 갖는 스승으로서 지금껏 존경받고 있다. 이런 얄궂은 상황의 주인공이 바로 공자이고, 그의 어록인 『논어』가 처한 현실이다.

어떻게 해서 이런 얄궂은 상황이 일어난 것일까? 존경한다면서 읽지 않는 그 까닭은 도대체 무엇일까? 이유는 간단하다. 『논어』는 이제 재미없는 책이 되었기 때문이다. 그렇다면 『논어』는 본래부터 철학책이었기 때문에, 너무도 당연하고 지당한 말씀만 늘어놓는 책이기에 재미없는 것일까? 만약 그렇게 따진다면, 영문법 책이나 수학의 정석과 같은 책도 재미없기는 마찬가지이고, 육법전서와 같은 두툼한 책은 더더욱 재미없다. 그런데도 사람들은 그런 책들을 손에서 놓으려 하지 않는다. 오히려 기를 쓰며 읽고 외운다.

『논어』는 본래부터 재미없는 책이다. 하지만 『논어』는 막강한 힘을 가진 책이었다. 그래서 재미가 없지만 사실 쏠쏠한 책이었다. 그로 인해 벼슬을 하고, 절대 권력을 지닌 황제에게 호령할 수 있는 그런 책이었기 때문이다. 하지만 그 힘이 사라지자 이제 『논어』는 그 재미없다는 것이 문제가 되기 시작한 것이다. 『논어』가 재미없는 까닭은, 바로 이런 데에서 온 것이다.

동양철학이 처한 현실 또한 이와 마찬가지이다. 우리가 흔히 볼 수 있는 '동양철학' 책들은 한결같은 목소리를 낸다. 인간의 삶을 소외시키며 자연과 환경을 파괴하여 결국 인류를 파멸의 위기로까지 내몰고 있는 서구 근대문명의 폐해를 치유할 해결책이 바로 '동양철학'에 있다는 그 소리이다. 이해타산적인 이성이 초래한 도덕의 퇴보를 치유할 지혜는 『논어』에 있고, 인류의 터전인 자연을 파괴한 과학기술의 역기능을 제어할 삶의 지혜가 『노자』에 있다는 이야기는 늘 듣는 레퍼토리였다.

심지어 서구의 페미니즘 이론에 식상해진 어떤 이들에게는 『노자』가 인류 최초의 페미니스트 이론가가 되고, 산업 문명이 초래한 가족의 해체를 되돌리기 위해서는 다시 효(孝)의 가치를 회복해야 한다는 말이 심심치 않게 들린다. 이렇게 '서양 대 동양'이라는 도식 속에서 서양은 문제의 원인이고 동양은 문제의 해결책으로 귀결하는 논리는, 20세기 동양철학 논문이나 책이 의지하는 최고의 형식논리가 되었다. 그래서 동양철학은 '만병통치약'과 같은 존재로 거듭나게 된다.

더욱 이상한 모습은, 이러한 동양과 서양의 대결의 도식이 유가(儒家)와 도가(道家)에 대한 서술에서도 똑같이 재연된다는 점이다. 서구의 도구화된 이성에 비해 유가는 따뜻한 인간애(仁)와 도덕성을 강조한다고 말하면서, 또 한편으로 유가는 『노자』나 『장자』를 통해 인위와 강제를 수반하는 억압적 문명(文明)의 대명사처럼 비난받는다는 사실이다. 이렇게 해서 유교(儒教) 혹은 유학(儒學)은 도덕의 수호자이면서 동시에 자연의 파괴자라는 야누스적 존재로 간주되기도 한다.

이렇게 해서 동양철학은 괴물 같은 존재가 되어버렸다. 서구의 근대가 초래한 인류의 모든 문제에 대한 해답이 '동양철학'에는 있다. 꼭 해답은 아닐지라도 그 해결의 실마리는 분명 있다고 한다. 아니면 분명 있기는 한데, 아직 우리가 찾지 못하고 있거나 우리의 연구가 부족하기 때문이라고 한다. 그리고 우리가 동양철학에 더 커다란 관심을 가져야 하는 이유는 바로 여기에서 온다. 이제 서구 문명의 폐해를 치유할 해결책을 서구는 자신에게서 찾는 데 실패했으니, 동양에서 답을 찾아야 한다고!

그렇다면 과연 우리는 동양철학에서 서양철학이 해결하지 못한 문제들을 해결할 처방들을 찾아낼 수 있을까? 아마도 이 물음에 대한 정답은 찾을 수도 있고 찾지 못할 수도 있다고 말하는 것으로 충분할 것이다. 왜냐하면 물음 자체가 우문(愚問)이기에 그 답 또한 언제나 우답(愚答)이 될 것이기 때문이다. 물음 자체가 적절하지 않을 때, 그 답은 대답하나마나 한 문제이기 때문이다. 오히려 우리는, 동양철학이 서양철학의 미해결 과제에 답을 줄 수 있는가를 묻기 이전에 동양철학의 전근대성이 과연 탈근대와 동일한 것인가를 물어야 마땅하다.

동양철학은 처음부터 동양철학이었던 것이 아니다. 역사적으로 말하면, 우리가 오늘날 '동양철학'이라 부르는 것의 실체는 '고전'에 대한 재해석의 전통을 이름을 바꿔 부르는 것에 가깝다. 20세기 내내 애용되었던 무수한 '철학개론' 서적에서 철학이란 '지혜에 대한 사랑 *philosophia*'으로 정의되었지만, 그렇게 해서 철학적으로 재해석된 내용이란 『논어』, 『맹자』, 『노자』, 『장자』와 같은 고전에 대한 해석에 다름 아니다. 그런 의미에서 동양철학은 일차적으로 '고전학'(古典學)의 범주를 벗어나지 않는다.

동양철학을 '철학'이 아닌 고전학으로 다시 돌리는 작업은 무척이나 중요한 의미를 갖는다. 왜냐하면 우리는, 철학이란 언제나 보편적인 물음을 다루는 학문이라는 생각에 늘 골몰하기 때문이다. 하지만 '古典'이란 'classic'이기도 하지만 다른 한편으론 '오래된' 책이기도 하다. 고전은 인간이 언제나 삶에서 부딪히는 유사한 문제를 다룬다는 차원에서 시대를 넘어서기도 하지만, 오래된 언어와 말로 이루어진다는 차원에서는 낡은 책인 것이다.

동양철학은 이제 다시 고전학으로 돌아가야 한다. 다른 한편 동양철학을 고전학으로 되돌린다는 것은, 그것이 지닌 본래의 맥락을 회복한다는 의미도 갖고 있다. 그 속에는 오래도록 역사의 시련을 겪으며 그 빛을 발현하는 의미 있는 것들도 있지만, 그것을 구성한 언어와 생각은 역사의 오랜 흔적들로서 이미 빛이 바랜 것들에 감추어져 있다는 의미를 되새기는 것은 매우 중요한 깨달음이다. 보편성을 강조하는 철학의 이름 아래에서 그 낡음은 제대로 인식되지 않기 때문이다.

20세기 동아시아가 열렬히 추종하였던 과학에 대해서는 물론 동양철학은 '민주'의 가치를 수용하는 데에도 상당히 서툴렀다. 이러한 점은 동양철학의 성격이 아직껏 '경학'의 차원에 머물러 있음을 보여주는 특징이기도 하다. 마치 『성서*Bible*』는 신의 말씀이기 때문에 한 점의 오류도 있을 수 없다는 기독교의 주장처럼, '경전'의 말씀들은 지금도 여전히 의미 있는 것으로 간주하는 태도를 유지하게 하였다.

그래서 모든 '고전'들은 철학의 이름으로 비판이 아닌 옹호의 대상이 되었던 것이다.

하지만 이러한 고전에 대한 태도는 동양철학의 건전한 비판정신을 제대로 꽃피우는 일을 지체시켰다. 『장자』에서 '성인'(聖人)을 말하는 부분의 한 대목은 이렇다. 이 성인은 도(道)와 덕(德)을 온전하게 갖춘 이상적인 인간형으로서, 현대의 과학기술 문명의 폐해를 치유할 수 있는 하나의 이상적 인간상으로 해석된다.

〔성인은〕 자신의 삶을 세상에 맡겨서 백성들과 함께 나란히 걸어가지만 어디로 가는지 알지 못한다. 멍한 모습으로 순박함을 온전히 갖추고 있는지라 일의 효과와 이익, 기계와 기교 따위는 반드시 그의 마음에는 존재하지 않을 것이다. 그 같은 사람은 자기의 뜻에 맞지 않으면 어디에도 가지 않고, 자기의 마음이 원치 않으면 어떤 일도 하지 않아서 비록 온 천하 사람들이 칭찬하면서 그가 하는 말이 옳다 해도 오연(傲然)히 돌아보지 아니하고, 온 천하 사람들이 그를 비난하면서 그의 생각을 잘못이라 해도 태연히 들은 체하지 않는다. 온 천하가 비난하고 칭찬해도 그에게는 아무런 손익(損益)이 없으니 이런 사람을 일컬어 내면의 덕이 온전히 갖추어진 사람이라 할 것이다. 〔그에 비하면〕 나 같은 사람은 바람에 흔들리는 물결처럼 남의 비난과 칭찬에 흔들리는 인간〔風波之民〕이다."[14]

우리는 이러한 구절을 읽으면서, 학자이건 일반 독자이건 상관없이 무언가 긍정적인 언술이 이루어지는 것으로 이해하고, 긍정적으로 평가한다. 왜냐하면 전통 고전의 내용은 의미있는 것들을 담고 있기 때문이다. 하지만 이 문장의 주어 '성인'을 '대통령'으로 바꾸어 놓을 때 그 내용은 전혀 달리 보인다.

> 〔성인 혹은 오늘날 국정의 최고 책임자인 대통령〕이 자기의 뜻에 맞지 않으면 어디에도 가지 않고, 자기의 마음이 원치 않으면 어떤 일도 하지 않아서 비록 온 천하 사람들이 칭찬하면서 그가 하는 말이 옳다 해도 오연(傲然)히 돌아보지 아니하고, 온 천하 사람들이 그를 비난하면서 그의 생각을 잘못이라 해도 태연히 들은 체하지 않는다. 온 천하가 비난하고 칭찬해도 그에게는 아무런 손익(損益)이 없으니 이런 사람을 일컬어 내면의 덕이 온전히 갖추어진 사람이라 할 것이다.

아마도 이런 대통령을 두고서 '덕이 온전히 갖추어진 사람'이라 생각할 사람은 없을 것이다. 그럼에도 불구하고 우리는 그의 이름이 '성인'인 까닭에 그가 어떤 의미 있고 바람직한, 따라서 우리가 추구해야 하는 어떤 인간의 길을 제시하고 있는 듯이 읽고 해석한다. 사실 동양철학의 어떤 논의들은 이와 같이 전근대적인 것을 탈근대적인 것으로 착각하고 있는 경우도 있다.

---

14 안병주·전호근 역, 『역주 장자 2』(전통문화연구회, 2008), 186-187.

동양철학의 성립 과정을 잘 살피다 보면, 오늘날 동양철학이 보이는 현실에 대한 무기력증은 동양철학의 역사적 과정에서 잉태되어 온 것들이다. 인문학의 위기 때문에 동양철학의 위기가 온 것이 아니라, 동양철학이 변화하는 현실에서 능동적으로 우리의 현실과 삶에 소통하지 못하였기 때문에 위기가 온 것이라는 말이다. 그렇다면 우리는 이제 어떻게 '고전'을 다시 읽어야 하는 것일까?

3. 지식인, 독자 그리고 시민

동아시아 고전을 다시 읽는다는 것은 무엇보다 '읽기의 주체'를 새롭게 설정하는 데에서 시작된다. 같은 책이라 하더라도 사람에 따라 달리 이해될 수 있는 것처럼, 역사적으로 시대가 다르고 신분이나 사회적 위상이 다르다면 동일한 고전이라 해도 그 읽기의 방식과 이해는 상당히 다를 수 있다. 그리고 이는 역사적으로 볼 때 당연한 이야기이다. 바로 고전의 독자는 시대적 상황에 따라 정체성을 달리한다는 점이다.

예컨대 『논어』 '학이(學而)'의 한 구절을 살펴보자.

> (원문) 子曰: "巧言令色, 鮮矣仁."
>
> 공자가 말했다. "듣기에 좋은 말을 잘 하고 늘 예스하는 듯한 웃는 얼굴을 한 사람 중에는 어진 사람(仁)이 드물다."

사실 '교언'(巧言)이란 말을 아주 잘 하는 것을 말한다. 또한 '영색'(令色)이란 얼굴의 표정관리에 아주 뛰어나다는 뜻이다. 그런 사람에게서는 공자가 추구하는 '인'(仁)의 덕목을 갖춘 사람을 찾아보기가 드물다는 말이니, 이를 통해 보면 공자의 '인'은 자신의 속내를 속이거나 말로 교묘하게 회피하는 사람과는 거리가 있다는 정도의 뜻이 아닐까?

헌데 가만히 생각해 보면, 얼굴의 표정관리를 한다는 것은 그리 쉬운 일은 아닌 듯싶다. 심지어 오늘날처럼 각종 서비스 업종이 다양하게 발달한 사회에서 표정관리만큼 요구되는 것은 없다. 『감정노동』의 저자 혹실드는, 자신의 기분이나 몸 상태와 상관없이 늘 미소를 지으며 친절하게 고객을 상대해야 하는 오늘날의 서비스업 종사자들에게 '감정 노동'까지 요구하는 현실을 꼬집기도 했다.

이렇게 보면 '교언영색'은 조금 달리 보아야 할 부분도 있다. 조금이라도 이익을 취하기 위해 말을 교묘하게 하고, 얼굴빛을 꾸며야 하는 것은 속내를 감추려는 데에 있기보다 먹고 살기 위해 어쩔 수 없는 것일 수도 있기 때문이다. 하지만 분명한 것은 미소 띤 얼굴과 친절한 말씨는 누구에게나 편안함과 즐거움을 주기 마련이다.

오히려 자본주의 사회에서 '교언영색'은 속마음을 속이는 데에 문제가 있기보다 속마음을 죽여 가며 웃고 친절한 척 말해야 하는 현실에 더 문제가 있는 것도 지나친 말은 아닐 것이다.

그런데 송(宋)의 주희(朱熹)는 『논어』의 이 문장에 대해 다음과 같은 주석을 붙여 놓고 있다.

주희의 해석『논어집주』: 말은 좋게만 하고 낯빛은 착한 표정을 지으며 밖으로 꾸미는 데에 열심이고, 남의 환심 사는 일에 힘쓰면, 인욕(人欲)이 극성을 부려 본심의 덕(本心之德)은 없어진다. 성인은 말이 박절하지 않은지라 다만 '드물다'(鮮)고 표현했으나, '절대로 없다'(絶無)는 뜻임을 알 수 있다. 학생(學者)이 깊이 경계할 내용이다.

주희의 이 주석에서 『논어』를 읽는 학생(學者)은 오늘날 우리가 사용하는 말 학생(student)과 같은 존재인가? 양자는 비슷해 보이지만 그 의미와 신분은 전혀 다르다. 모두 배우는 사람의 뜻이지만, 전자가 관료의 후보자로서 선비(士)나 문인(文人)을 가리킨다면, 후자는 근대적 교육제도인 학교의 구성원을 가리킨다.

조선의 선비들이 읽었던『논어』

조선의 선비는 '사'(士)이며 정확하게는 사대부(士大夫)로서 양반을 의미한다. 이들은 문자를 읽고 쓸 줄 아는 지식인이면서 통치계층이었고, 경제적으로 부유한 사람들이었다. 이들은 조선 후기에조차 전체 인구의 10%를 넘지 않았던 것으로 추정된다. 선비가 읽는 『논어』가 오늘날의 육법전서나 고시를 준비하는 수험서에 해당한다면, 오늘날의 일반인이나 학생이 읽는 『논어』는 철학 연구를 위한 텍스트이거나 교양을 익히는 고전일 뿐이다.

또한 책의 형식과 구성의 방식 또한 커다란 차이가 있다. 오늘날 우리가 흔히 쓰는 책이란 말은 본래 한자이다. 일정한 규격에 맞추어 얇고 길게 다듬은 나무의 면에 글자를 쓰고, 가운데에 구멍을 뚫어 가죽끈으로 묶은 것이 이른바 '冊'(책)이다. '冊'이라는 글자의 모습이 바로 그 책의 모습을 상형한 것이다.

죽간(竹簡) 〈論語〉

인천 계양구 계양산성에서 발굴된 '論語木簡'(2005)

인천에서 최근 발굴된 계양산성 '논어목간'은 길이 49.3cm, 너비 2.5cm 정도 크기의 직육면체 형태로 되어 있으며 대략 기원후 4-5세기 정도의 것으로 추정된다. 김경호에 따르면 이 '논어목간'의 발굴이 보여주는 의미는 매우 역사적인 의미를 갖는다.

> 『논어』의 학습을 통한 관리로의 진출은 적어도 신라나 일본의 경우, 고대 율령국가 체제가 확립되었음을 반증하는 것임과 동시에 유교적 이념체계를 중심으로 국가의 통치 질서가 전환되어 가고 있음을 의미하기도 한다. 따라서 관리들이 『논어』를 학습하거나 서사한 습서의 성격은 한대(漢代) 하급관리의 경우 문자습득 여부에 따라 '사'와 '불사'로 구분되어 고과에도 반영되고, 『논어』나 『효경(孝經)』의 학습을 통한 관리로의 진출을 확인할 수 있었듯이 7세기 이후 신라의 독서삼품제에서도 국학(國學) 졸업 시의 『논어』가 성적평가 방법이었고 일본 역시 이에 대한 학습을 통

한 관리로의 진출을 도모하고자 한 것이라면, 지방 호족들의 적극적인 『논어』에 대한 학습태도는 율령국가로 전환하는 시대적 논리에 따르기 위해서는 불가피한 기준이 되었을 것이다."[15]

달리 말해 계양산성에서 발굴된 '논어목간'은 그 존재자체만으로 국가체제와 지배계층의 문화적 양식을 보여주는 증거가 된다. 즉 그것은 '철학'이라는 어떤 학문이나 사상의 존재를 보여주기보다, 당시의 국가형태와 지배층의 이념과 이데올로기, 그리고 사회적 성격을 보여주는 자료가 되는 것이다.

이러한 '목간'의 단계를 넘어 종이에 인쇄된 형태의 책이 널리 보급되는 송(宋)에 이르면, 책 안의 체제는 사회적 체제 자체가 형식적으로 구현된 방식으로 구성된다.

『논어』 「이인」(里仁): 子曰: "參乎! 吾道一以貫之." 曾子曰: "唯." 子出. 門人問曰: "何謂也?" 曾子曰: "夫子之道, 忠恕而已矣."

(번역) 스승님께서 말씀하셨다. "삼아, 나의 도는 하나로 꿰어져 있다." 증자가 말했다. "그렇습니다." 스승님께서 나가시자 제자가 물었다. "무엇을 말씀하신 거요?" 증자가 말했다. "선생님의 도는 충서일 뿐이다."

---

15 김경호, 「출토문헌 『논어』, 고대 동아시아사에서의 수용과 전개」, 김경호 외, 『지하의 논어, 지상의 논어』(성균관대학교출판부, 2012), 49-50.

이 대화는 『논어』에 등장하는 대화의 전형이라고 할 수는 없지만, 공자 이후 유교 전통에서 이루어지는 '사제적 대화-모델'을 대표하는 것으로 간주할 수 있다. 공자가 말한 "나의 도는 하나로 꿰어져 있다"는 말이 '경'(經)이라면, 증자에 의해 해석된 "선생님의 도는 충서일 뿐이다"는 말은 '전'(傳)이 된다. 그리고 그 이후 이어지는 갖가지 해석들은 다시 주(注), 소(疏)로 이어지며 하나의 위계적 모델(hierachial model)을 구축한다. 현실의 질서는 이러한 위계의 반영으로 사색된다.

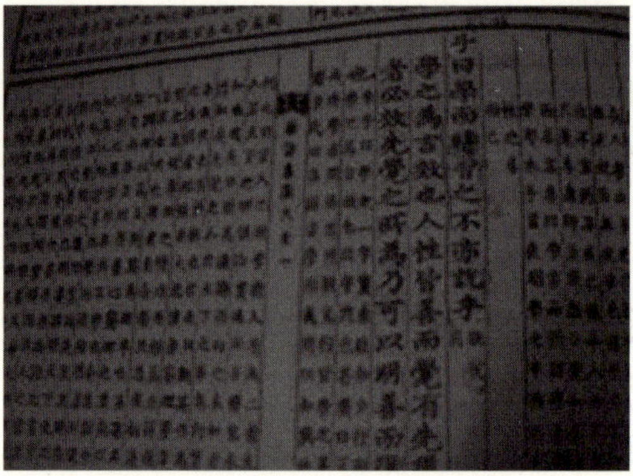

조선조에 널리 읽힌 활자본 『논어』

조선조에 널리 읽힌 활자본 『논어』는 인쇄형식에서까지 이를 구현하고 있다. 위 사진은 『논어』의 첫 구절 부분을 보여주는데, 공자의 말인 '經' 부분은 큰 글자로서 맨 위에서부터 인쇄되어 있지만, 그에 대한 주희의 '注'는 한 칸을 떼어 인쇄되어 있고, 후대 학자들의 주석은 작은 글자로 두 줄을 한꺼번에 인쇄하고 있다. 이렇게 가시화된 위계성만큼이나 주희의 주석은 내용상으로도 위계성을 명확하게 보여준다.

'삼호(參乎)'라는 것은 증자를 이름(名)으로 부르고 그에게 고유하시는 것이다. '관(貫)'이란 '통한다(通)'는 뜻이다. '유(唯)'라는 것은 대답을 즉시 하는 것이며 어떤 의심의 톤이 배어있지 않은 것이다. 성인의 마음은 혼연히 하나의 리(理)로 되어 있어, 넓게 대응하며 세밀하게 정곡을 찌르니, 그 용(用)이 각기 상황에 따라 다르다.

증자는 그 용(用)에 있어서는 이미 상황에 따라 세밀하게 관찰하고 힘써 실천하는 경지에는 이르렀으나 아직 그 체(體)의 하나됨(一理)은 알지 못하였다. 부자께서는 증자가 참된 것을 축적하여 왔고 힘써 행하는 것이 오래되어 마침내 깨달을 수 있으리라고 판단하셔서 이름을 불러 고유해주신 것이다. 그러자 증자는 과연 묵묵히 그 뜻을 알아차리고 빨리 응하였고 의심이 없었다.

자기의 내면을 다하는 것을 '충(忠)'이라 이르고, 자기를 미루어 생각하는 것을 '서(恕)'라 이른다. '이이의(而已矣)'란 다 말하여 더 말할 것이 없다는 표현이다.[16]

『논어』「이인」의 대화 구조는 공자-증자로 이어지는 계보의 해석적 권위를 보여주는 구조를 갖고 있다. 주희의 주석은 이러한 주석 형

16 김용옥, 『논어한글역주 2』(서울: 통나무, 2012), 186.

태를 확장한 것에 다름 아니다. 세 부분으로 이루어진 주석의 내용은 각각 성인(聖人)−현인(賢人)−학자(學人)의 위계와 상응한다. 달리 말해 전통 사회에서 『논어』의 화자, 기록자, 독자는 사회의 신분관계와 정확하게 일치한다. 이는 오늘날의 저자−독자의 관계와는 매우 다르다.

실제로 시민으로서의 '고전읽기'라는 것은 이러한 전통적 위계를 넘어서는 행위이기도 하다. 단지 오늘날의 책의 형식으로 물질적 매체를 바꾸는 것은 물론 책 속에 담긴 권위주의와 위계를 합리화하고 민주화하는 독해가 해석의 체계로서 자리 잡아야 함을 의미한다. 바로 그것을 우리는 '삶의 해석학으로서 고전읽기'라고 부를 수 있다. 쉽게 말해 전통 유교가 성인의 학이라면, 오늘날의 유교는 시민의 유교일 수 있어야 하고, 시민의 유교란 시민적 삶을 해석하는 매개가 됨을 의미한다.

4. 시민적 삶의 해석학

그렇다면 전통 사회에서 『논어』의 힘이란 무엇이었을까? 공자 스스로 말하고 있듯이 그는 분명 배움 속에서 재미를 느꼈고, 또한 그에게 수천 수만리 길을 마다하지 않고 찾아온 제자들로 붐비지 않았던가? 공자는 "배우고 때때로 익히면 기쁘지 아니한가?"라는 말에 바로 이어 "벗이 먼 곳에서 찾아오면 즐겁지 아니한가?"라고 말한다. 공자는 그에게 기쁨을 주었던 그 공부로 인해 꽤 높은 벼슬을 했다고 하며, 또한 그의 주변에는 평생 3,000명이 넘는 제자들로 붐볐다. 그가 기뻐하고 즐거워하지 못할 까닭이 없었던 것이다.

『논어』에 얼마나 심오한 형이상학이 담겨 있는가 또는 공자의 철학이 얼마나 체계적인가 하는 것은 전혀 중요한 문제가 아니다. 공자가 누렸던 그 기쁨을 느끼기 위해서는, 『논어』가 지닌 그 힘, 그의 주변이 3,000명의 제자들로 붐비게 했던 그 힘과 매력을 찾아가는 것이 첩경이다. 우리는 이제 공자를 잠정적으로 '철학자'라고 생각하도록 하자. 그의 사상이나 철학이 서구의 그것과 얼마나 닮았는가 또는 얼마나 깊이가 있었는가 하는 점은 옆으로 잠시 비껴두자. 중요한 것은 그의 말이 우리의 삶과 얼마나 밀착되어 새로운 시야를 열어주는가 하는 점이다.

우리는 공자의 『논어』가 역사 속의 전통 사회에서 내내 가졌던 힘의 원천, 수 천 수 만의 '공자 추종자들'(Confucians)이 그를 닮고자 했던 매력의 근원을 회복하는 방법을 '비판적 해석학'이라 불러보자. 여기서 비판적 해석학이란 말은 서양의 닮고자 했던 그간의 노력에 대해, 우리의 현실의 삶과 문제를 직접 고민한다는 것을 의미한다. 정답을 맞힐 수는 없겠지만, 늘 새롭게 일어나는 현실과 대면하려는 노력이라는 의미에서 그것은 연습이다.

하지만 전통 사회의 현실과 오늘날의 현실은 너무나 커다란 차이가 있다. 즉 우리가 전통이라 부르는 것은, 연속적이지 않고 불연속적이다. 우리는 서양의 근대를 삶의 양식으로 받아들였고, 현대의 최첨단 과학기술 문명에 둘러싸여 살아간다. 그래서 단지 고전을 다시 읽고 또 읽는다 해서 우리 삶의 문제가 그대로 해결될 수는 없다. 거기에서 우리는 역사를 초월하는 모험을 감행해야 하고, 우리의 삶에 맞지 않은 부분에 대해서는 과감하게 직시해야 한다. 그래서 오늘날 고전을 재해석하는 것은 '비판적 해석학'이 될 수밖에 없다.

우리는 이러한 비판적 해석학의 모델 또한 옛 학자들의 사례를 길잡이로 삼을 수 있다. 만약 누군가 당신에게 원한을 샀다면 당신은 어떻게 할 것인가? 성정(性情)이 격한 사람이라면 복수하겠다며 주먹을 불끈 쥘 수도 있고, 평생 원한을 갚는 일에 매달리기도 한다. 옛 역사에서는 그런 이야기가 꽤 있기 때문이다. 하지만 현대 사회처럼 법 규범이 발달한 사회에서 원수를 갚기 위해 사적으로 복수하는 일은 거의 없다. 하지만 적어도 억울한 일을 당하게 한 사람에게 좋은 감정을 가질 수는 없는 법이다.

그런데 『노자』는 황당한 말을 한다. 『노자』 63장에 보면 "원한을 갚기를 은혜로 하라"(報怨以德)는 말이 그것이다. 복수를 해도 모자랄 판인데 노자는 우리에게 성인(聖人)이 되기를 요구하는 것일까? 원한에 대해 오히려 은혜(德)를 베풀 것을 요구하는 것이다. 어쩌면 그것이 진정으로 덕(德)을 얻은 사람이 되라고 하는 『도덕경』(道德經)의 가르침인지도 모르겠다. 그렇다면 오늘 우리는 이 말을 그대로 받아들이면 되는 것일까?

공교롭게도 『논어』에도 이와 거의 동일한 이야기가 나온다. 『논어』 '헌문'(憲問)에서 공자는 어떤 사람에게 "은혜로 원한을 갚으면 어떻겠습니까?"(或曰: '以德報怨, 何如?')라는 질문을 받는다. 『노자』는 당연히 "은혜로 갚아라"고 답했을 것이다. 공자라면 이 물음에 어떻게 답변했을까? 공자의 답변을 듣기 전에 먼저 우리의 상식을 생각해 보자.

과연 원수에게 우리 자신은 은혜를 베풀 수 있는가 하고 말이다.

살신성인(殺身成仁)을 외치는 공자도 마찬가지로 "은혜로 갚으라"고 했을까? 유향(劉向)의 『신서』(新書)에서는 실제 공자가 그렇게 대답했다는 식으로 나온다. 공자는 "성인은 화를 돌려 복으로 삼고, 은혜로 원한을 갚는다"고 했다는 것이다. 하지만 『한시외전』(韓詩外傳)의 대화를 보면 조금 다른 대답을 생각할 수 있을 듯하다. 『한시외전』에서는 공자의 뛰어난 제자, 자로(子路), 자공(子貢), 안회(顔回)가 나누는 대화가 나온다.

여기서 자로, 자공, 안회는 나에게 잘 해주는 사람과 그렇지 못한 사람에 대해 어떻게 대할 것인가를 두고 자신의 소신을 밝힌다. 이 대화 속의 주인공들은, 어떤 철학적 원리나 진리의 발견과 상관없이 자신의 원칙을 밝히고 있다. 하지만 서로 간에 견해의 차이가 좁아지지 않자, 공자에게 묻는다. 공자는 자로와 자공, 안회의 말에 대해 각각의 달리 평가한다.

> 자로가 말했다. "남이 나를 잘 대해주면 나도 잘 대해 줄 것이고, 남이 나를 잘 대해주지 않으면 나도 잘 대해주지 않을 것이다." 자공이 말했다. "남이 나를 잘 대해주면 나도 잘 대해줄 것이고, 남이 나를 잘 대해주지 않으면 나는 그와 함께 상황에 따라 나아가기도 하고 물러서기도 할 것이다." 안회가 말했다. "남이 나를 잘 대해주면 나도 잘 대해 줄 것이고, 남이 나를 잘 대해주지 않아도 나는 잘 대해 줄 것이다."
>
> 세 사람이 주장하는 바가 각기 달랐기 때문에 공자에게 물었

다. 공자가 말했다. "자로의 주장은 야만인의 주장이고, 자공의 말은 친구 사이에서 있을 수 있는 말이며, 안회의 말은 친속 사이에서 있을 수 있는 일이다."

자로는 다른 사람이 자신을 잘 대해주면 자신도 잘 해주겠지만, 다른 사람이 잘 해주지 않으면 자신도 그 사람에게 잘 해주지 않겠다고 해서 공자에게 야만인들이 하는 짓이라고 핀잔을 받는다. 이와 달리 자공은 남이 나를 잘 대해주면 자신도 잘 해주겠지만, 상대방이 잘 해주지 않으면 그때 그때 상황을 봐서 달리 처신하겠다고 말한다. 그러자 공자는 그런 태도는 친구끼리나 가능하다고 말한다.

공자의 애제자였던 안회는 남이 잘 해 주든 그렇지 않든 자신은 그 사람에게 잘 해 주겠다고 하자, 공자는 그런 일은 친속끼리나 가능한 일이라고 말하여 안회를 긍정하지 않는다. 이 대화 속에서 객관성, 정확성과 같이 우리가 오늘날 고전을 대할 때 중시하는 별 의미가 없어 보인다.

어쩌면 우리가 20세기 배우고 추구했던 객관성과 정확성의 가장 좋은 모델은 정답이 있는 학교 시험문제일 것이다. 『논어』를 읽든 『노자』를 읽든 우리에게 중요한 것은 정답이 어떤 것이냐 하는 것이었고, 그 정답의 기준은 객관적이고 정확한 것이어야 했다. 하지만 우리가 살아가는 현실은 언제나 모호하고 애매하다. 공자의 대답은, 정답은 아니지만 그러한 모호성과 애매성을 제거하며 생각하는 길을 열어주고 있을 뿐이다. 바로 이 점이 공자가 지닌 매력 가운데 하나이다.

이런 공자에게 "은혜로 원한을 갚으면 어떻겠습니까?" 라고 묻는다면 그 대답이 어떠했을까? 분명 『노자』와 같지는 않았을 것이다. 그렇다면 유향의 『신서』에 나오는 이야기는 무언가 착오가 있는 게 아닐까 싶다.

『논어』에서 공자는 혹자의 물음에 이렇게 되묻는다. "그러면 무엇으로 은혜를 갚겠느냐?" 참으로 뒤통수를 치는 물음이 아닐 수 없다. 그리고 나서 공자는 이렇게 말한다. "공정함(直)으로 원한을 갚고, 은혜로 은혜를 갚는 것이다." 참으로 생각을 되새기게 만드는 말이다. 공자는 원한에 대해 복수할 것을 권하지 않는다. 하지만 원수에게 은혜를 베풀라는 요구 또한 하지 않는다. 다만 공정하게 대하라는 것이다.

하지만 이 또한 쉬운 일은 아니다. 하지만 이런 식으로 처리하는 것은 무척이나 중요하다. 『노자』에 뛰어난 주석을 낸 왕필은 주석에서 '원한을 은혜로 갚아라(報怨以德)'는 말에 대해 이렇게 설명한다. "사적인 원한은 갚고 말고 할 것이 못 된다. 그러나 〔천하 만백성에게 피해를 준〕 큰 원한의 경우에는 온 천하 모든 사람들이 죽이고 싶어 한다. 따라서 천하 모든 사람들이 똑같이 바라는 바대로 따르는 것, 그것이 진정한 덕(德)이다."

왕필의 주석은 『논어』의 공자의 말과 비슷하다. "원한을 덕으로 갚는다"는 말에 일정한 거리를 두면서도 글자 그대로의 뜻을 전부 인정하고 있지 않다. 상황이 어떻든 나중의 호의적 결과를 위해 '원한을 덕으로 갚는' 전략적 처방과는 거리가 있다. 이렇게 보면 분명 『노자』가 말하는 덕과 왕필이 말하는 덕은 그 의미 자체가 다른 것으로 생각된다.

이를 보다 분명히 하기 위해 『노자』의 말에 대한 다른 해석을 볼 필요가 있다. 과연 정치 세계에서 다투는 사람들에게 "원한을 덕으로 갚는다"는 논리의 근거는 어디에 있을까? 송취의 경우 초나라 사람들이 자기 마을의 밭을 망쳐 놓은 것을 오히려 덕으로 갚아 초나라와 양나라의 관계를 돈독히 하는 결과를 낳았다. 국경의 현령인 그에게 이는 아주 최선의 결과이다. 마찬가지로 제 환공의 경우에도 관중의 조언에 따라 원한을 덕으로 갚자 다음 해에는 더 큰 도움을 받았다. 이것이 『한시외전』이 "화를 돌려 복으로 삼고, 원한을 은혜로 갚는다"는 말의 의미이다.

그런데 어쩌면 이러한 논리의 배후에 작동하는 논리는 『노자하상공주』에서 아주 극적으로 표현하고 있는지도 모른다. "도를 닦고 선을 행하되 화근은 생겨나기 전에 잘라 버려야 한다"(脩道行善, 絶禍於未生也). 하상공주의 주석자는 원한과 덕(은혜)에 관한 이야기는 아예 생략해 버린다. 하상공은 아주 근원적인 메시지를 전하고 있다. 평소에 도를 닦고 선을 행하며 아예 원한을 사지 말라! 좋은 말이다. 그러나 그 다음에 이어지는 말은 시퍼런 날이 서 있다. 혹 원한을 사게 된다면 아예 생겨나기도 전에 화근을 잘라 버려라!

어느 시대를 막론하고 정치의 세계에서는 사욕을 위해 술수를 부리는 사람들이 있기 마련이다. 또 세상을 살면서 원한을 맺기도 한다. 그런데 왕필은 『노자』의 권고와 달리 원한을 은혜로 갚으라 하지 않는다. 오히려 사적으로 맺은 원한은 버려야 하고, 공공의 원한에 대해서는 단죄를 해야 한다고 말한다. 어쩌면 이것이 공자가 말하는 공정함(直)이다.

삼국 시대라는 난세(亂世)를 살았던 왕필의 시대에 충분히 나올 수 있는 그런 처방이다. 요즘 정치인이나 법을 집행하는 자 가운데에도 사적으로 맺은 작은 원한(小怨)은 다 앙갚음하면서 수많은 사람에게 고통을 주는 큰 원한(大怨)을 일으킨 사람에게는 모르는 척하며 봐주는 사람이 있는지 모른다. 왕필의 해석은 바로 그러한 부조리와 불합리를 경계하는데 『노자』를 이용하고 있다. 사실상 전통 고전에 대한 전근대 세계에서의 주석은 오늘날 우리가 생각하는 것과 다른 방식의 의미와 가치를 지니고 있었다. 그것은 객관성, 보편성, 정확성을 추구하는 것이 아니라 우리와 다른 것, 바로 가치의 보전 또는 가치의 전도를 꿈꾸었던 언어의 세계인 것이다. 바로 그러한 가치의 추구나 혹은 전복적 독해는 전통을 살리는 유가의 유연성을 보여준다.

오늘날 우리가 따라야 하는 길 또한 이와 다르지 않다. 그 학문이 얼마나 철학적인가가 중요한 것이 아니라, 우리의 '시민적' 삶과 가치를 얼마나 바람직한 방향으로 이끄는가가 더욱 중요한 일이다. 그래서 철학은 삶의 연습이 되고, 고전 읽기는 비판적 해석학이 되어야 한다. 이 작업은 예나 지금이나 늘 해 오던 동아시아 학문의 정체이며, 우리는 그 안에서 '고전읽기'의 의미를 정위해야 할 것이다.

참고문헌

김경호. 2012. 「출토문헌 『논어』, 고대 동아시아사에서의 수용과 전개」. 김경호 외. 『지하의 논어, 지상의 논어』. 성균관대학교출판부.

김용옥. 2012, 『논어한글역주 2』. 서울: 통나무.

안병주·전호근 역. 2008. 『역주 장자 2』. 전통문화연구회.

저자 소개

이동수

서울대학교 정치학과에서 학사와 석사학위를 받았고, 미국 밴더빌트대학교(Vanderbilt University)에서 정치학 박사학위를 취득하였다. 대통령직속 녹색성장위원회 위원, 대통령실 정책자문위원, 경희대학교 공공대학원장과 교무처장을 역임하였고, 현재 경희대학교 공공대학원 교수로 재직 중이다. 『행복과 21세기 공동체』(편저), 『시민은 누구인가』(편저), 『민주주의 강의 4: 현대적 흐름』(공저), *Political Phenomenology*(공저), 「지구시민의 정체성과 횡단성」, 「민주주의의 이중성」, 「그리스 비극에 나타난 민주주의 정신」, 「소통정치와 미디어」 등의 저서와 논문이 있다.

이현휘

고려대학교 산업공학과를 졸업하고 동교 정치외교학과 대학원에서 석사 및 박사 학위를 받았다. 현재 경희대 NGO 국제연구소 연구교수로 재직 중이다. 주요 역서 및 논문으로 『이데올로기와 미국외교』(공역), 『파멸의 묵시록 : 과학적 패러다임과 일상의 사유양식』, 「소명으로서의 전쟁 : 미국 대외정책 정신과 신의 눈물」, 「미국 대외정책의 관습과 21세기 미중관계의 전망」, 「화이트헤드와 근대 세계관의 철학적 성찰」, 「북한 레짐 체인지? 칸트의 영구평화론, 윌슨주의, 그리고 국제정치적 파국」 등이 있다.

김시천

숭실대학교 철학과를 졸업하고, 동대학원에서 철학박사를 취득하였다. 호서대학교 초빙교수, 인제대학교 연구교수, 경희대학교 연구교수를 지냈다. 현재 숭실대학교 철학과 초빙교수로 있다. 지은 책으로, 『철학에서 이야기로』, 『이기주의를 위한 변명』, 『기학의 모험 1, 2』(공저), 『번역된 철학 착종된 근대』(공저), 『찰스 다윈, 한국의 학자를 만나다』(공저), 『노자의 칼 장자의 방패』, 『무하유지향에서 들려오는 메아리』, 『논어 학자들의 수다, 사람을 읽다』 등이 있다.

이명원

서울시립대학교 국문과를 졸업하고, 동대학원에서 석사학위를, 성균관대학교에서 박사학위를 받았다. 1993년 〈문화일보〉 신춘문예 평론 부문에 당선, 문학평론가로 활동하고 있다. 〈상상비평상〉, 〈성균문학상〉, 〈한국출판문화상〉을 수상했다. 한국작가회의 대변인, 실천문학사 주간, 서울디지털대 문예창작학부 교수를 역임하고, 현재 경희대학교 후마니타스 칼리지 교수로 있다. 저서에는 『시장권력과 인문정신』, 『말과 사람』, 『연옥에서 고고학자처럼』, 『타는 혀』 등이 있으며, 「문학의 탈정치화와 포스트 담론의 파장」, 「김현의 문학비평과 기독교사상」, 「류큐왕국 시기 오키나와의 지배-종속 관계」 등의 논문을 발표했다.

유병래

동국대학교에서 「老子의 爲道者에 관한 硏究」로 철학박사학위를 취득한 후 주로 노장철학을 강의해왔으며, 아울러 수원시 평생학습관에서 동양고전을 강의하였다. 현재는 경희대학교 후마니타스 칼리지에서 〈중핵교과〉를 강의하고 있다. 주요 논문으로 「漢詩를 통한 서울의 도교문화 玩賞-조선 전기 사대부의 한시에 나타난 昭格殿의 情景을 중심으로」와 「장자철학에서의 노년의 삶」 등이 있다. 『태평경 역주』(전 5권)를 공동으로 역주하였으며, 『시민은 누구인가』를 공저하였다.

동아시아 전통과 시민

발행일 1쇄 2017년 5월 30일
지은이 이동수 편
펴낸이 여국동

펴낸곳 도서출판 인간사랑
출판등록 1983. 1. 26. 제일-3호
주소 경기도 고양시 일산동구 백석로 108번길 60-5 2층
물류센타 경기도 고양시 일산동구 문원길 13-34(문봉동)
전화 031)901-8144(대표) | 031)907-2003(영업부)
팩스 031)905-5815
전자우편 igsr@naver.com
페이스북 http://www.facebook.com/igsrpub
블로그 http://blog.naver.com/igsr
인쇄 인성인쇄 **출력** 현대미디어 **종이** 세원지업사

ISBN 978-89-7418-367-7 93340

이 도서의 국립중앙도서관 출판시도서목록(CIP)은 서지정보유통지원시스템 홈페이지(http://seoji.nl.go.kr)와 국가자료공동목록시스템(http://www.nl.go.kr/kolisnet)에서 이용하실 수 있습니다.(CIP제어번호: CIP2017012272)